中小企業診断士2次試験
事例問題攻略マスター【第2版】

与件文読み解き＆手の届く答案作成のメソッド

監修

著者 ［講師］橋詰 秀幸

同友館

改訂の辞

サラリーマン時代の余暇に一人ぼっちで書き上げた前回の出版から3年，最近の事例問題にアップデートするとともに，出題傾向の変化に合わせた改訂版を書かせていただくこととなりました。

最近の変更点としては，事例Ⅰでは明示性の低い雲をつかむような問題が影をひそめ，事例Ⅱでは図表を分析する問題が定着化し，事例Ⅲではメーカー経験者でないと普段接しない専門用語が当たり前のように使われるようになり，事例Ⅳではこれまで大企業の専売特許だったM&A，連結決算が連続して取り扱われるようになりました。

全般的に，事業承継を意識した問題も多く，世の中の趨勢を反映するとともに，中小企業診断士に求められるものが，より一層高度化していることの表れと，経営コンサルティングに関わるものとして背筋を伸ばされる思いでおります。

この3年間で掲載されている問題が古くなったのはもちろんのこと，私自身もサラリーマン生活に別れを告げ，3冊の名前を冠した書籍を世に出せるようになりました。現在では，事業承継や資金調達系の経営コンサルタントとして忙しくさせていただいております。

ということで，今回からは「handys97」ではなく，「橋詰秀幸」として，この書籍を書かせていただいております。

また，今回は問題分析等に多くの中小企業診断士の皆さんにご意見・ご協力をいただき，より充実したものを書くことができました。

ご編集いただきました同友館の佐藤文彦様はじめ，ご協力いただきました経士会の森藤啓治郎さん，柳井悟さん，前川修さん，田麦隆さん，島本昌輝さん，江口弘樹さん，北廣順子さん，西川和予さん，宮下雅樹さん，木戸貴也さん，タキプロ名古屋の八木俊太郎さん，新保隆之さん，臼井知美さん，岩本秀巳さんに深く感謝申し上げて，改訂の辞とさせていただきます。

はじめに

経士会中小企業診断士チーム勉強会講師の橋詰と申します。平成26年に中小企業診断士試験合格後，中小企業の社長さんのお手伝いをさせていただきながら，東京・大阪・名古屋の勉強会で受験生の方のご支援をさせていただいております。

その受験生の方々から，「受験機関の2次試験模範解答は，とても独力では思いつけません。実際に与件文を読みながら書ける『手の届く合格答案』を教えてほしい。」という声を数多くいただいておりました。

そもそも，中小企業診断士2次試験では「正解」というものが発表されません。それに，受験機関の模範答案もそれぞれバラバラ。中には与件文から飛躍したようなものもあり，受験生にとっては，何を参考にすれば良いのか，道しるべもなく，さまようばかりの状況です。

それでも，これまでに拝見させていただいた合格者のみなさんの答案から考えられることは，この2次試験では与件文と設問文をしっかり読み解いて，「どんな企業が，どんな手を打って，どこに進もうとしているのか」を考えながら『手の届く答案』を書けば，「出題者の意図にあった合格答案（60点以上取れる答案）は十分に書ける」ということです。

「なんとか，受験生の方に80分間でキチンとしたプロセスを踏んだ合格答案を書かせてあげたい。」そんな気持ちで書かせていただいたのが，この2次試験の解法と過去問答案解説集です。

決して，「100％正しい完全答案を導くやり方」と申し上げるつもりはありませんが，中小企業診断士としてコンサルティングの観点で真正面から事例問題に向き合った解法です。そして，受験生を指導する中で40％の受験生を合格へと導くことができた解法でもあるので，相応に効果のあるものと自負もしております。

ご参考にしていただき，合格への糸口にでもしていただけると，望外の極みと存じます。

本書の構成について

本書では，第1編で，これまで受験生を合格に導いてきた事例問題への取り組み方，ノウハウ・手順について解説し，第2編で，事例ごとの取り組み方と過去5年間の事例問題を解き，解説していきます。そして，第3編で解法を修得するための勉強の進め方や小技，お役立ち情報等についてお話しさせていただきます。

実際に，どういった考え方で取り組み，どういった材料で問題を解いていくのかを具体的に解説したうえで，最終的に無理なく飛躍なく導かれる答案をお示しします。

そうすることにより，合格者が与件文・設問文にあたる際に，どんなことを考え，どんなことに気付き，どんなプロセスで答案を導き出すのかを見定めていただくのが本書の目的です。

なお，本書において，答案での字数制限対策の関係上，本文における言い回しや漢字・仮名遣いと，答案での使い方とをあえて変えてある部分があります。謹んでご理解賜りますようお願い致します。

◉目　次◉

第3編
勉強法，ノウハウ，チョッとお得な情報

第1編

中小企業診断士２次試験についての全般的な考え方

第1章
中小企業診断士２次試験とは何だろう？

1 まずは，敵を知りましょう

8月の熱い中，2日間もかけた7科目の中小企業診断士試験1次試験をくぐり抜けて5分の1に絞られた合格者の方々には，10月に，そのまた5人に1人しか生き残れない難関の2次試験が待っています。

今度は，丸1日かけた，「人事・組織」，「マーケティング」，「運営管理」，「財務会計」4科目のコンサルティング能力を図る，各80分の戦いです。

2次試験は，1次試験のようなマークシートではなく記述試験。「4科目合計240点（平均60%）以上，1科目40点未満足切り」というのは1次試験と同様の基準ですが，今度は科目合格による救済はありません。また，事例ごとに各5問程度ですので，1問のミスで20点近くの大差がついてしまうと同時に，合格点前後に多くの受験生がひしめく，大変サバイバルな試験です。

正解も発表されず，近年までは不合格者に対してA（60点以上）～D（40点未満）評価が知らされるだけ。「どこを間違ったから不合格だったのか?」「どこが良かったから合格したのか?」すらブラックボックスで，「受験機関の成績上位者の不合格あり，ビギナーズラックあり」。確実な合格ポイントのわからない不可解な試験と言われていました。

最近，情報開示の時代の流れの中で，やっと科目ごとの得点開示がされるようになり，ブラックボックス的な部分が徐々に明らかになってきました。それでもまだ不明な点が多く，特に，独学者の方の中には，「合格できない理由」すらはっきりつかめないまま何年も跳ね返され続けてらっしゃる方を多くお見受けします。

しかしながら，運よく合格し，実務補習を経て，事業者の方を支援する立場に立ち，受験生を支援する経験を重ねて事例問題にあたってみると，出題者の意図や目的が理解できて「正しい方向」（各事例問題で6割程度は取れる方向）というものがわかってくるようになるものです。1次試験は努力の量が実を結びますが，2次試験は「正しい方向」に向かわなければ，無駄な努力を積み重ねるだけとなります。

まずは，敵をはっきり知るということが重要です。

2 中小企業診断士2次試験は，官製コンサルタント選抜試験

中小企業診断士2次試験の目的は，公式には「中小企業診断士として相応しい分析力・理解力・判断力・説明能力・提案力・助言能力を測ること」と言われます。

これをドラスティックに言えば，「『出題者の決めた世界とルールの中』で，戦略，人事組織，マーケティング，運営管理，財務のすべての分野について一定の水準でアドバイスできる人を選ぶこと」です。

出題者は言わずと知れた学者さん。現場の当事者でない学者さんが決めた「箱庭の世界」で，従来の学問に沿ったオーソドックスな答案が求められるのです。

すなわち，合格者とは「型にはまった思考ができる人」(普段からしている人とは限りません)。求められているのは，企業を大成功に導く画期的なアイデアではなく，「中小企業のおっちゃん」にも理解できる，「右に置いてあるものを左に移して効率性を高める」ような誰にでも考えられるような助言です。

ですから，事例問題を解くにあたっては，「①与件文の情報，②1次知識，③中小企業施策の中での旬な情報，だけを材料にして，出題者の意図を読みつつ，設問に素直に答えるスタンス」が，何よりも重要です。そして，与件文を出題者がどんなことを書き，設問でどんな問題を問ってくるかをあらかじめ理解しているかどうかが合否の分かれ目になります。

筆者が試験合格後に診断協会が行う実務補習に参加した際，合格者同士の対象企業に対するアプローチが非常に似かよっていたことにビックリしたことを覚えております。「協会は同じ思考ができる人材を仲間として望んでいる」ということなのでしょう。

余談になりますが，この実務補習というのは，中小企業診断士2次試験に合格したほとんどの方が参加する「企業診断の予行演習」のことです。先輩診断士の指導のもとで5～6名のチームを組み，各合格者がそれぞれ役割分担（戦略担当，人事・組織担当，マーケティング担当，運営担当，財務担当等）をして，実在の企業の調査・助言にあたります。

中小企業診断士2次試験の4事例は，まさにこの役割分担に対応しているのですが，実務補習での役割分担は，当人の専門性に関わらず指導員が決めたり，ジャンケンで決まったりしますので，全員がどの分野でも担当できるレベ

ルになってないと，実習企業にご迷惑がかかります。少なくとも，私の実習の時には，全員がどの部門でも任せられるレベルでありました。

また，2次試験は「コンサルティング能力」を測る試験であることを忘れてはいけません。「中小企業診断士になる」ということは，「経営コンサルタントになる」ということです。

それでは，「経営コンサルタント」とは具体的に何をする人なのでしょう？

この問いには，中小企業診断士試験の受験生でも意外と答えられなかったりしますが，一言でいえば「経営課題を解決するための支援を行う人」のことです。

すなわち，コンサルティングとは，
①クライアントの現状分析をして
②クライアントから，進んで行きたい理想の姿を聞き
（もしくはクライアントに対し理想の姿を示し）
③理想と現状とのギャップ（課題）を埋める方策を提案する
ことです。

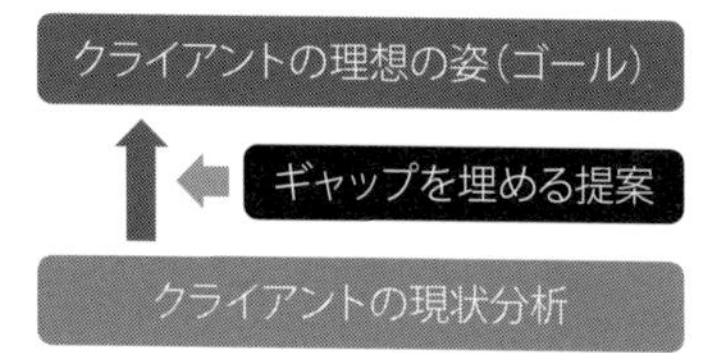

従って，経営コンサルタントを認定するための中小企業診断士試験の事例問題を解くにあたっては，漫然と与件文を使って設問に解答するために与件文・設問文を読むのではなく，
①現状分析
（与件文を適切に整理して読む）
②ゴール
（（出題者の意図する）事例のテーマを読み取る）
③課題
（設問を適切に解釈する）
を強く意識していくことが何よりも重要です。

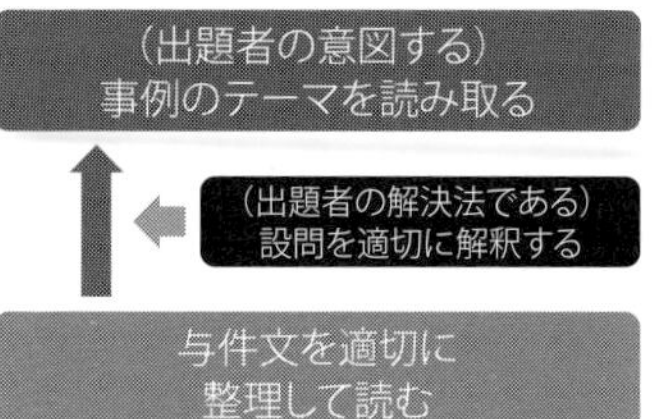

ですから，設問文には「事例企業のSWOT分析をして答えなさい」とは必ずしも書かれてはいませんが，合格者の多くの方は事例企業のSWOT分析をキチンとしつつ，与件文を分析的に読んで現状分析をしておられるようです。

そして，橋詰は，与件文をキチンと分析的に読めさえすれば合格レベルの答案がおのずから見えてくるものと信じております。

3 情報開示制度から見え始めた合格答案の方向性

2次試験は，長い間「相対評価」であると考えられてきました。それは，合格率が毎年大きな変化を見せることなく，概ね20%程度で推移してきたからです。また，事例Ⅳで「半分以上空欄だったのにA評価だった。」とか，「客観的に点数を計算しやすい事例Ⅳがすごくできたはずなのに，他の科目の不出来をカバーしきれず不合格になっている。」なんて話もよく聞かされており，「やっぱり相対評価なんだろう」と橋詰も思い込んでおりました。

しかしながら，ある合格者の方が協会に対して試験成績の情報開示を求めたのをきっかけに，多くの方が得点の情報開示請求を行うようになり，従来ブラックボックスであった採点に，少しずつメスが入るようになりました。

ここで，得点開示された多くの合格者答案を見てわかったことは，

①一応，絶対評価であること

②枝葉のキーワードにこだわらなくても，答案の『幹』がシンプルに書いてあればキチンと得点が取れていること

③そうは言っても，多少の得点調整はされていると推定されること

でした。

まず，①「一応，絶対評価であること」については，得点開示を請求するとキチンと1科目ずつ1点単位で得点がつけられていて，その通りの評価がされ

ていることからわかります。従って，単なる（答案を読んだ）イメージで，「これは20点答案」とか「これは15点答案」とするような，ざっくりとした定性的な採点ではなく，「この要素を記述されていれば○点」，「ここは誤字があるから△点減点」といった定量的な得点を積み重ねた採点方法が取られていると推定されます。そして，そのままの得点が開示されていると思われます。

従って，取れる得点はキッチリ積み上げて行くことが肝要です。

また，②「枝葉のキーワードにこだわらなくても，答案の『幹』がシンプルに書いてあればキチンと得点が取れていること」については，こんな例から推定しました。

ある科目について100点満点中70点を獲得（得点開示で確認しました）した友人合格者の答案は5問中4問しかマスを埋めてなかったのですが，その内容は，それぞれ100文字制限の問題で80文字ぐらいしか埋めていない非常に飾り気のないシンプルな答案でありました。しかしながら，設問に対してにキチンと一番大切な部分だけを答えている理にかなった答案でもありました。その答案が，80点満点中70点を取ったということは，設問毎にはほぼ満点を獲得しているという推定が成り立ちます。また，直接お会いして確認したわけではありませんが，あるサイトで拝見した「得点開示したら100点だった」という答案も，とてもシンプルな答案でした。

確かに，「キーワードをたくさん埋め込んで部分点をたくさん取る」という戦法もあろうかとも思いますが，「コンサルタントとして適切に解答している」という意味では「目からウロコ」の答案を見せていただくことができました。従って，キーワードにこだわり過ぎるよりも，取り上げるべき『幹』となる論点を落とさないことの方が高い点が取れることになります。

そして，③「そうは言っても，多少の得点調整はされていると推定されること」については，「個別の設問ごとの得点についての開示」をしたところ，拒否をされてしまったことです。引き続きブラックボックスを残している協会の姿勢から，「合格率20%程度に均一化するための調整余地は残しているだろう」という勝手な推測をしております。ただ，これまでの合格率推移をたどっていけば，やはり十分考えられることです。それに，平成28年の事例Ⅳについては問題自体が例年対比で簡単だったので「A判定」のオンパレードを期待していたのですが，あえて厳しい採点がされたのか，予想以上に厳しい判定だったご報告を受験生の方々から多数いただいたことからも同様の推定をしております。従って，みんなが取っている問題を逃さず取ることも重要です。

以上のように，得点開示制度から推定すると，合格しやすい答案とは「コンサルティングとしての幹をキチンと書いた上で，幹を飾るに相応しいキーワードをキチンと加えた奇をてらわない出題者が望む答案」というアタリマエの結論にたどりつきます。

4 受験生の8割が気付いていない「事例問題の構成」

ここで，一つ，受験生の多くの方が気付いていないことに「事例問題はどのように構成されているか?」ということがあります。

中小企業診断士2次試験はコンサルタント認定試験なので，当然コンサルティングができる能力を試せるようにできております。すなわち，2次試験では，ただ漠然と，例えば中小企業白書あたりから事例企業を選び，その企業についての説明文が与件文として出され，その課題を解決するアイデアコンテストとして出題されている訳ではありません。出題者が正しいと思っている手順で与件文を分析して，現状分析，ゴール設定，課題設定が行えるように事例設定を緻密に設定し，意図的な仕掛けがしてあるのです。

これは，一度事例問題を作成してみると良く理解できますが，出題者は，「事例企業をキチンとSWOTした姿や出来事を時系列に並べたもの，事例企業のあるべき姿や課題を整理したもの」を題材として与件文を作り始めます。そして，キチンと読めればある一定の方向に答案が収束するよう仕向けるためのヒントを文章の中に埋め込んでいきます。そうした上で，解答者を混乱させるために「てにをは」を変えたり，書く順番を前後させたり，1次知識を逆方向に使ったりして，実力のない受験生を振り落としていきます。そうやって作られた与件文は，受験生のコンサルティング能力を試せるように，「ある整理された事例企業の姿を恣意的にバラバラにしたり，時系列をグチャグチャにしたりして，あえて読み取りにくく作られた文章」となっているのです。

従って，与件文を丁寧に読み取って，SWOT，出来事の時系列，事例問題のテーマ（あるべき姿と課題）をキチンと整理さえすれば，十分に出題者の意図をくんだ合格答案にたどりつくことができます。

合格する2割の人は，意識している，していないにかかわらず，頭の中でこういったことを整理できている方が多くいらっしゃるように，合格後，合格者同士の交流を通しても強く感じます。

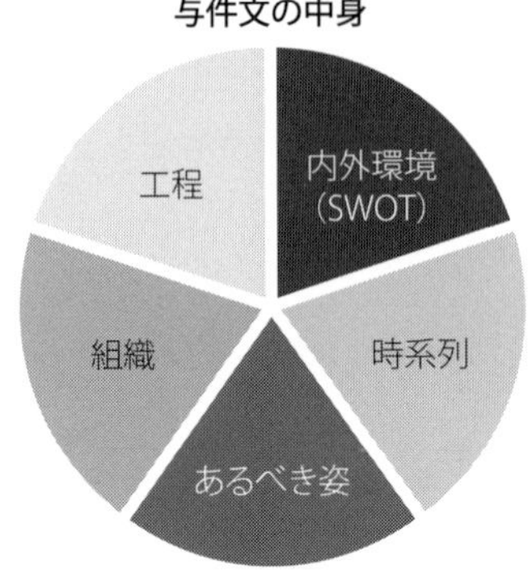

また，設問においても，従来から，

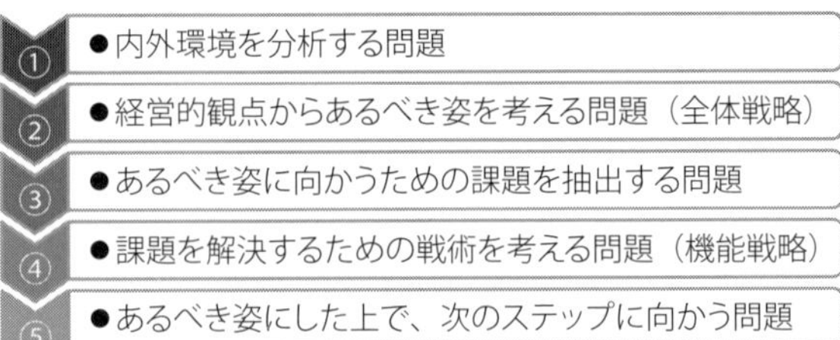

といった順序で出されることが多く，全体として答案が事例企業に対するコンサルティングになるように設計されています。ただし，過去に「ビックリ問題」として，出題の順番を並べ変えて出されたこともあるので，そういったゆさぶりにブレないメンタルを持っておくことも必要になってきます。

5 明らかに変わり始めた傾向と求められる合格者像

ところで，ここ数年間の事例問題を見る限り，平成27年の試験から明らかに傾向が変わってきていることを強く感じます。

どういうことかと言えば，事例企業の現状分析をキチンとした上で，上っ面な提案でなく，真に事例企業のためになる改善を提案させる「考え込ませる問題」が増えたことです。

従来は，与件文の設問への対応付けやキーワードをたくさん盛り込んで，受験テクニックやノウハウを駆使した上っ面だけの文章でも，合格答案にすることができておりましたが，最近は，問題をキチンと読みこなして，事例企業の背景をしっかり理解した上で書かないと対応しきれない，一段深い問題が出るようになってきております。

従って，これからの受験生は，受験テクニックやノウハウといった枝葉を身に付けるよりも，クライアント（出題者）の気持ちに寄り添った本質的な解決案を提案できる読解力・思考プロセスを身に付けることの方が合格への近道になります。それは，最近の合格者が，私の身の回りに関する限りですが，受験テクニックにたけたリベンジ組よりも，素朴な答案を書くストレート生の割合が多くなっている事実からも，「お作法」よりも「素直な答案」の方が力を発揮するということを物語っていると思われます。

確かに，受験テクニックやノウハウといったものは受験生にとって大変ありがたいものです。そして，その中にはコンサルティング実務に入ってからも役立つノウハウも多々存在します，ただ，一部の受験機関が推奨したりインターネットに流れているような，あまりに本筋を外れた一部の受験テクニックは出題者と受験機関との不毛の軋轢のもとだったようで，その結果，しばらく不可解な事例問題が続いた時期も見受けられました。

ただ，ここ数年の「原点回帰」ともいえるコンサルタントとして本当に事例企業に寄り添った解答を書ける人材を合格させようとしているような出題は，「コンサルタント目線」を大切にする我々の立場からすれば，非常に望ましい傾向変化と喜んでおります。

6　合格答案にたどりつくための事例問題への対処の仕方

1．事例はミニコンサルティングと心得よ

先ほど，コンサルティングについてお話しましたが，事例問題もコンサルティングと仮定して考えると解きやすくなります。

すなわち，
「事例企業」＝「クライアント」

「与 件 文」=「社長からヒアリングした情報」
「設 問 文」=「クライアント企業の分析と課題解決の方向性に対する質問」
と考えます。

そして，事例問題というのは，「単なるケースワークと能力を測るための質問」ではなく，「事例企業を分析し，課題を抽出し，課題解決を図るミニコンサルティング」と仮定するのです。

そうすると，与件文をSWOT，時系列分析，構造分析しながら丁寧に分析的に読むことは，決して「回り道」ではなく，「設問に答えるための必須事項」となることが理解できると思います。実際に，私の受験時代でも，そのように意識して事例問題にあたるようになってからの方が，答練や模擬試験でも，安定的に得点を重ねることができるようになりました。

2. フレームワークを意識し，メインテーマを整える

2次試験は，事例ごとに意識すべき骨格（フレームワーク）と，整えることを求められている課題（メインテーマ）が想定されています。

たとえば，フレームワークについていえば，すべての事例に共通なのは，下図の順序になります。

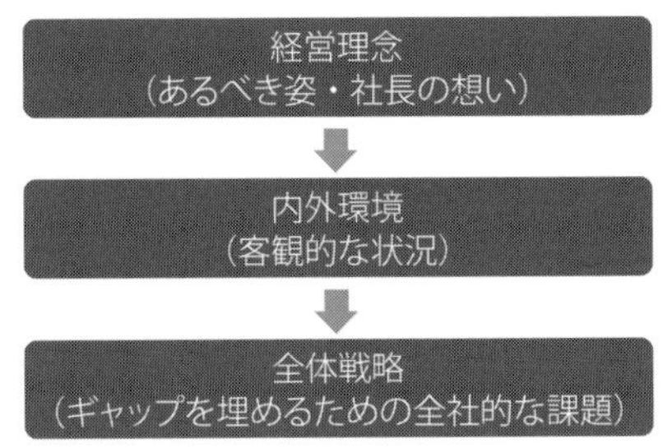

そこから，具体的に課題解決するため事例ごとにの下記の機能戦略（具体的な対策）を整えることを求められます。

事例Ⅰ	●人事・組織戦略
事例Ⅱ	●マーケティング戦略
事例Ⅲ	●オペレーション戦略
事例Ⅳ	●財務・投資戦略

そして，機能戦略から個別の具体的戦術に打ち手が細分化されていきます。

設問で問われているのは，事例ごとのメインテーマです。
すなわち，

事例Ⅰ	●組織文化と組織構造
事例Ⅱ	●STP・マーケティングミックス
事例Ⅲ	●受注～納品のQCD
事例Ⅳ	●財務分析と投資効果

これらを整えることが，事例問題の変わることのない本質的な目的です。
（最近の傾向変化にも，ここにブレは見られません）
従って，事例を解くに際し，フレームワークとメインテーマを強く意識して対処すると，出題者の多少のゆさぶりにもブレることなく対応することができます。

3．事例の枠から愚直に飛び出さない

事例は，「出題者が支配する箱庭の世界」です。その世界では，与件情報と1次知識（白書の情報も含む）のみが効力を現わします。従って，その範囲でしか正解は存在しません。与件情報から離れた画期的なアイデアや身の回りで気付いた思い付きは，有害無益の存在です。
また，事例ⅠやⅢで「どうやって売り上げを上げるか?」と問われて，マーケティング的手法で答えてはいけません。あくまで，組織を営業向きに変えることや技術提案で売上げを上げる形で解答する必要があります。
前述のとおり，出題者は事例ごとに整えるべきテーマを設定しておりますの

で，事例を飛び越えた解決法を主たる答案骨子としてしまうと，他の部分とのバランスが取れない苦しい答案となってしまいます。2次試験では，あくまで事例ごとに求められた範疇で解答することが基本です。合格答案を書けるときは，全問を通して無理のないスムーズなロジックで結ぶことができるものです。なぜならば，出題者はそういった正解を想定した上で問題を作っているからです。ですから，答案の一貫性に無理が生じてきたら，どこかで間違った読み方をしていないかどうか振り返ることが，大事故を防止する予防策です。

4. 答案作成作業全体のマネジメントが何より重要

事例問題を解くにあたり，何よりも優先すべきは「80分間での得点の極大化」です。ただ，各設問ごとに難易度は異なりますし，80分間は非常に短い時間です。加えて，出題者は受験生を振り落とすべく様々な心理的なゆさぶりを仕掛けてきます。全問に対して真正面からぶつかっていては到底80分間では足りません。そして足りなくなった時間で解くはずだった問題の空欄には，それがどんなに簡単な問題であったとしても，確実に1点も入りません。

従って，確実に取るべき設問と部分点を狙うべき設問を見極めて，キチンと精度を高めて真正面から解く問題と，幹となる解答骨子だけでラフに埋めていく問題や1次知識を極力多く埋め込んで部分点を狙う問題とに分けて対応する現実的対処が必要です。

そして，

①80分間の内，読み取る時間，考える時間，書く時間を割り振る

②問題ごとに難易度を測り，優先順位を決めて，取組姿勢の濃淡を決める

③難問にぶつかった場合には，勇気を持って次の問題に移る

といった，「すべてのマスを埋めつつ点数を極大化する」冷静なマネジメントができるようになった人が合格者となることができます。

第2章
事例Ⅰ～Ⅲ共通の解き方

1 基本的な考え方

事例問題の解き方とは，コンサルティングの観点から言えば，前述の通り，与件文の情報を効率的に整理して，的確な現状分析とあるべき姿に整える道筋を助言できる手法を身に付けることです。これは事例Ⅰ～Ⅳまで共通の考え方です。ただ，事例Ⅰ～Ⅲが文章の読解と論述が中心であるのに対し，事例Ⅳは計算が中心であることから，それぞれ対応の仕方が異なります。本章では事例Ⅰ～Ⅲに共通の対応の仕方について述べさせていただき，事例Ⅳについては第2編で述べさせていただきます。

さて，事例Ⅰ～Ⅲの典型的な設問構成は，下記の通りでした。

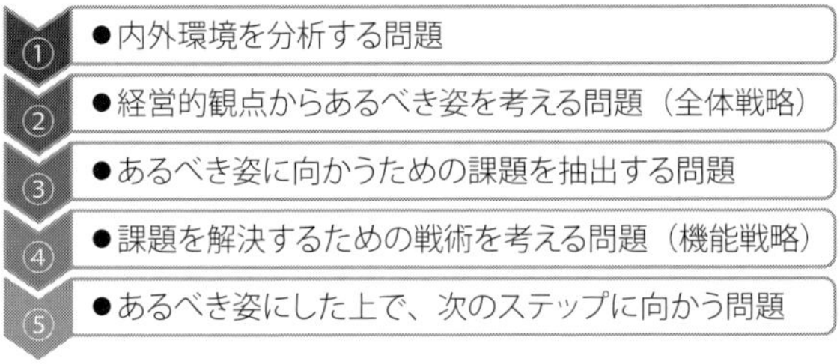

① ●内外環境を分析する問題
② ●経営的観点からあるべき姿を考える問題（全体戦略）
③ ●あるべき姿に向かうための課題を抽出する問題
④ ●課題を解決するための戦術を考える問題（機能戦略）
⑤ ●あるべき姿にした上で、次のステップに向かう問題

この点を理解して事例問題を解いた時，時間さえかければ，おそらく合格答案を書くことはそんなに難しいことではないと思います。

ただ，2次試験には80分間の時間制限がありますので，その時間内で上記のことをこなすためには，やはり「受験テクニックとしての解法手順」を身に付ける必要があります。

私がおススメする手順は，

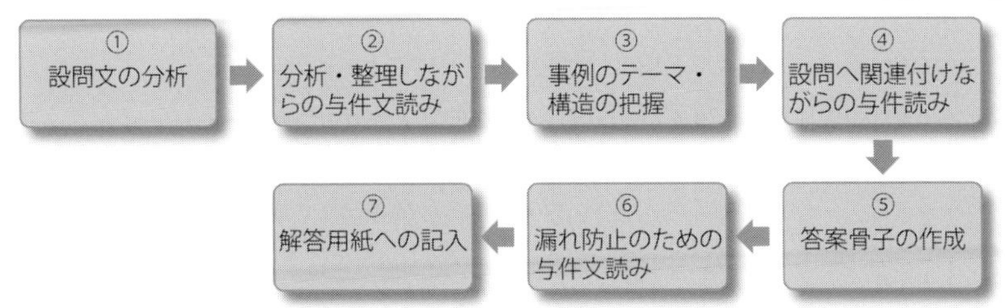

といった手順です。

なぜ，「この手順がおススメなのか?」は，順次説明させていただきます。

2 手順について

1. 設問分析と骨子の作成が安定的な高得点のベースです

ご存知の通り，中小企業診断士2次試験は記述式問題です。だいたい1問あたり100字～200字程度の文章で解答することが求められます。たまには「20字で答えなさい」という問題（これはこれで難しいんですが‥‥）も出たりしますが，「400字で解答しなさい」という長文問題が出たりもします。

限られた時間の中で，制限字数に応じた答案を作るためには事前準備が必要です。何も事前準備をせずに書き始めた場合，よほど頭が整理された方でない限り，バランスの取れた答案など書けません。

まずは設問文をしっかり分析をして，
「どんな性質の問題なのか?」
「何文字で解答を求められているのか?」
「何を答えれば良いのか?」
「何を答えていはいけないのか?」
「配点は何点なのか?」
をしっかり考えたうえで，答案骨子をつくります。

答案骨子というのは，答案の『幹』となる解答すべき論点のことです。ただ，あまり難しく考える必要はなく，100字であれば，「主語＋論点2つか3つ」というように，単純に制限字数によって骨子の構成を決めてしまいます。

こうすれば，「100字以内で～の理由を述べよ」ときたら，与件文をしっかり読み取って書くべき論点を2つか3つ選び，「理由は，①‥‥，②‥‥，である。」と並べるだけです。

その骨子に，与件文からのキーワードを飾り付けて答案を作っていきます。それにより，限られた時間の中で，キチンとした『幹』のある答案を作ることができます。

もし，「答案骨子」を作らずに書き始めるとどうなるでしょう？

主語は，「理由は」で始められたとしても，ポイントを押さえていない漫然とした文章となりますし，書きながら「てにをは」の使い方ひとつで，想定していた方向と違う方向に行ってしまうことも，しばしばあります。また，時間制限のプレッシャーの中で，余計に方向がブレがちになります。

出題者が答案のどこを見ているかといえば，こういった記述問題の場合，「書くべき論点がキチンと拾われているか?」が主たる得点を占め，「使うべきキーワードが拾われているか?」で加点をしていくというのが一般的です。事実，合格者の答案は，「素直でシンプル。でも一貫性あり。」というものが多くみられます（過去には，キーワードをごちゃごちゃと並べて，論理性も全く感じられない合格者答案もありましたが，現在の原点回帰の傾向変化の中ではかえってリスクが高いものと思われます）。

余談ですが，本を書く場合もそうです。本文をいきなり書いて，後で目次を付けるようなことはしません。必ず「全体の構成」（骨組み）を作ってから，それに肉付けしていきます。わかりやすく言えば，まず目次を作ってから本文を書いていきます。皆さんが合格後作ることとなる企業診断書をはじめ，中小企業診断士が作る書類は，すべからく，骨子を作ってから文章を作っていくものなのです。

限られた時間・文字数の中で適切に説明することを求められる診断士試験では，設問に適切に対応する答案骨子を作って，まず一番得点がもらえる部分を書き漏らさない形にしてから書き始めることが，最も得点を稼げる方法と橋詰は考えております。

2. まずは設問文を最初に分析します

なぜ設問文を先に分析するのでしょうか？

コンサルティングの観点から言えば「与件文が先」です。相手の現状分析ができて，初めて課題抽出→課題解決ができるのですから‥‥。

ただ，「試験問題を解く」観点から言えば，設問文を先に分析する方が効率的です。

理由は2つ。

一つは，客観的な設問分析ができることです。

システマティックに答案骨子を作り出すためには，与件文に引きずられないで，設問の種類・制限字数・制約条件・書き出し文を機械的に判定していくことが安定的な合格答案にたどりつく近道です。

与件文を先に読むと，どうしても設問を解きたくなります。そうすると全体構成を考える前に，いつのまにか第1問から順番に解き始めてしまいます。出題順が「現状分析→課題抽出→課題解決」とオーソドックスな順番になっていれば良いですが，出題者が時々意地悪で順番を変えてくることがありますから，そういった時には対応できず，パニックに陥る原因をつくりだすことになります。冷静に，そして全体の一貫性を考えてながら答案作成することが，高得点につながっていきます。

もう一つはタイムマネジメントです。

短い80分間の中で与件文を手掛かりなく読んで設問にあたるよりも，戦うべき相手（解くべき設問）をつかみ，プロットすべき場所・形を整えた上で与件文を読むことが，目的感を持った与件文読みにつながります。それにより，初回の与件文読みの段階である程度設問への対応付けがイメージでき，答案骨子を作りやすく，答案作成プロセスに掛ける時間を少なくすることができます。

おそらく，何の前提条件がなくても与件文をキチンとSWOT分析できて，時系列・ポイントごとに整理をして，事例企業の課題，解決の方向性を抽出できる人であれば，与件文を先に読んでも合格答案にたどりつくことができると思いますが，限られた80分という時間の中，設問文を読まないで精神的にも不安なく与件文を読んでいける人は少ないと思います。

そして，すべての設問に対して均等に対峙していては，80分間ではとても足りません。合格答案までたどりつくためには，緻密に得点の最大化を狙う問題とラフに得点の極大化を図る（満点を狙わない）問題とを見極める必要があります。そのためにも，設問文を分析する段階で問題の種類・難易度についてキチンと判断しておいた方が良いと思います。

3. 具体的な設問分析のやり方

① まずは，設問の問い方を確認して，オウム返しでの答案の書き出しを決定。

当然のことですが，試験の答案とは「出題者から問われたことへの回答」です。しかしながら，この試験で多く見られる誤りが，「問われたことに答えていない」ことです。たとえば，企業の「課題」（修正する点）を問われているのに「問題」（短所）を答えたり，「戦略」を問われているのに「打ち手」を答えたりします。

それを防止するのが，「書き出しのオウム返し」です。

すなわち，設問文に「～について助言せよ」とあれば，「助言する内容は，‥‥。」と書き出しを決めることです。単純なことですが，非常に重要なことです。それにより，解答の方向性をブレない形にすることができます。

② 制限字数をチェックしながら答案骨子の枠を作ります。

前述のとおり，2次試験の答案作成作業では「骨子づくりが最も大切」と考えておりますが，答案骨子は「書き出し」+「解答すべき要素の箇条書き」で作ります。

論述試験ではあるものの，答案においてストーリー性とか起承転結とかは組み立てませんし，そんな時間もありません。当然求められてもいません。仮に400字の長文であったとしても，箇条書きの羅列で十分です。20文字ぐらいで解答する問題は別ですが，100字～400字で解答する問題では，骨子を作らないで，解答を考えながら流れで書いていくと，ろくなことはありません。

考えをまとめるのに時間がかかるばかりか，書くべき論点を書き忘れたり，「文字数合わせための点数にならない無駄な語句」を並べてしまったりします。そして，書いているうちに，書いてしまった言葉により方向が変わり，当初の予定と異なる答案になってしまったり，突飛なアイデアが途中で浮かび，飛び跳ねた答案になったりします。当然，書き直しによるロスも発生します。

そういったことを防止する答案骨子の中心になるのが，「オウム返しされた書き出し」です。

書き出しが決まったら，制限字数（○○字以内で）を確認し，30字～40字で割り算して，書くべきことの数（論点の数）を決めます。

答案は，前述のとおり，書き出しを主語として論点を箇条書きで並べるのが基本です。たとえば，「助言する内容は，①○面からAであり，②X面からBである。」というように箇条書きにします。その論点の数を全体の制限時数が100字であれば2～3つ，200字であれば5～6つというように仮置きします。

具体的には，設問文の余白の左上部あたりに，まず答案の書き出し（助言する内容は‥‥）を書いておき，残りの余白を仮置きした論点の数だけシャーペンで大きめの○で囲ってメモのスペースを確保します。そして，与件から対応付けのメモを取る時には，その囲われた余白ごとに，対応する言葉を分類して書いて行くのです。

（具体例をp.29に載せてあります）

例）

平成26年事例Ⅰ第5問

A社は，若干名の博士号取得者や博士号取得見込者を採用している。採用した高度な専門知識をもった人材を長期的に勤務させていくためには，どのような管理施策をとるべきか。中小企業診断士として100字以内で助言せよ。

助言する施策は～

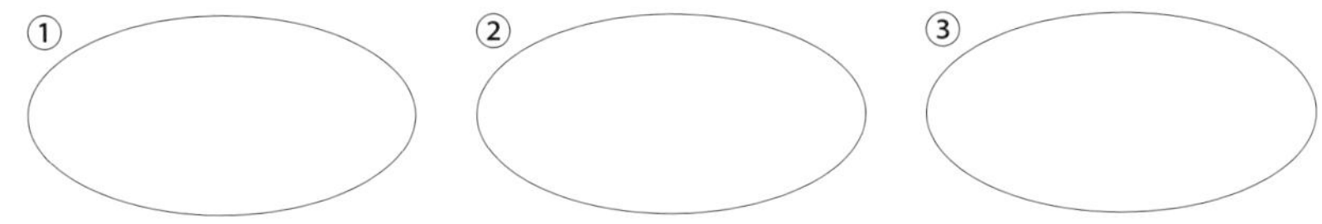

そうすることにより，「答案文の主語とそれに続ける論点」という形で自然と答案の骨子が決まり，仮置きした論点の数だけ書くべきことを探すため，多面的に与件文を読むようになります。

また，仮置きした論点数に合わせて切り口を使えば，よりMECE的（モレなく，ダブりなく）な分析ができているように見えます。

（これはあくまで受験対策なので，企業診断を実施する際には，ホントに切り口を正攻法に使った分析をすべきなのは言うまでもありません。）

③ 仮説思考で設問文を分析する

正攻法で与件文を読んで，設問文に対応する答案を一から考えることを80分の短い時間の中でこなすのは，至難の業です。

その作業を円滑に進めるためのツールが，①フレームワーク思考と②仮説思考です。「フレームワーク思考」とは，p.12でご説明したとおり，設問文を分析しつつ，「『事例企業のあるべき姿と整えるべき部分』を理解することであり，仮説思考とは『この問題は出題者が，現状分析・課題抽出・全体戦略・機能戦略・部分戦術等どういったことを答えさせたいのか?』を推定する。」ことです。それにより，設問に対応する答案をスムーズに導き出すことができます。また，仮説思考を実施するためには，設問中のキーワードから，連想する答案用キーワードを選び余白に記述して，答案骨子を作る礎とします。

例）

専門職への特化，特許取得への報奨

平成26年事例Ⅰ第5問　　**→資格取得支援**

A社は，若干名の博士号取得者や博士号取得見込者を採用している。採用した高度な専門知識をもった人材を長期的に勤務させていくためには，どのような管理施策をとるべきか。中小企業診断士として100字以内で助言せよ。

モラールアップとロイヤルティ（ヤル気とお金・処遇?）

そして，そのためには，2次試験用の知識をしっかり整理して，反射的に想起すべき知識をしっかり使えるようにしておくことが必要です。

④ 設問の種類（抜出系，分析系，助言系，提案系）により，解答する順番，問題取り組みの精度を決める。

また，全体の得点を極大化するためには，80分の時間を有効に使うべく，問題によりメリハリをつける必要があります。100点を狙った答案は概して全体を通して薄っぺらとなり，結果として得点要素の少ない評価の低い答案となる危険性があります。

取るべき設問については精度を上げて得点を確実に稼ぎ，難問やはずしやすい設問については精度を下げて，部分点や方向性・論理の一貫性での得点を狙うことが，全体の得点の極大化につながります。

具体的には，抜出系・分析系の設問は合格者全員がキチンと高得点を取ってくるので，精度を上げて，字数合わせも綿密に行い満点を狙います。逆に，助言系・提案系の設問は，いわゆる難問が多く，ひとによって様々な答えが出たり，出題者の意図が読めないケースが多いので，精度にこだわらず，ある程度書くべき論点を大まかに決めて，ラフに解答します。

こうやって設問により掛ける体力にメリハリをつけることによって，得点の極大化を図ることができます。

上記のような手順で，与件文に入る前に，答案の型枠をつくり，設問に対処する方針を決めておくことが，得点の安定化に寄与するのです。

4. 1回目の与件文読み

橋詰のプロセスでは，与件文を3回読みます。

1回目は与件文全体を分析・整理するため，SWOT・時系列と組織図，工程図等について簡単にメモをとりつつ行います。

2回目は設問に対応付けするため，読みながら各設問の余白に論点を記入していきます。

3回目は漏れを防ぐため，使用していない与件部分をサッと確認しつつ行います。

よく「3回も読むの?」と聞かれますが，与件文から必要な情報を効率的に抽出整理する目的を持ち行っている作業であり，それぞれ読む密度も異なるので，思ったほど時間はかかりません。実質的には1回目が勝負です。1回目でしっかり情報を収集整理しておけば，2回目，3回目は補足のようなものです。

それに，3回目を読み終えた後には，必要な情報をほぼすべて，メモの部分と設問間の余白に集めてあるので，もう答案作成のために与件文に立ち返る必要はなく，それらの情報で答案を作成することができます。

この作業手順を確立する前は，答案作成段階になっても，与件文と設問文の間を確認のために何度も行ったり来たりしていたのでロスが多く，「時間をかけた割に情報が適切に集められていなかった」ように思います。

また，私は，よく言われるような，「設問文を読む前に第1段落だけ読む」とか，「全体像をつかむために1回目はサラッと読む」ということは，おススメしません。設問文を読めば業種等をある程度推定できますし，サラッと全体を読むことによって全体を理解したような気になり，大切なところを見逃すクセがついてしまうことのリスクの方が高いと感じます。せいぜい2，3ページですので，一つ一つ丁寧に読んでいけば全体像もつかめるものです。

① 具体的な与件文の読み方について

a）概要

事例企業の全体像と事例のテーマをつかむことが第一です。「事例企業がどんな企業で，どんな課題を持ち，どの方向に進もうとしているのか?」を分析し，設問とあわせ，「出題者がこの企業を整えるためにどんな打ち手を想定しているのか?」をイメージします。

従って，SWOT，時系列に並べられる出来事の並び替え，課題，社長の想いの抽出，組織図の作成，工程の流れ図の作成等を行います。あえて，与件と設問との関連付け（設問付近へのメモ書き）まではしません。

次の表は，私が事例問題を解く際に与件文の分析のために作成している表ですが，本番の時も1回目の与件文読みの際，こういった内容を問題用紙の余白のページに自分にだけわかるレベルで簡略化して，情報をまとめておりました。

（平成27年事例Ⅰ与件文の整理）

事例企業の概要

業　種　プラスチック製品メーカー

主力商品

	売上（同割合）	従業員数
プラスチック容器製造	約22億円（60%）	70名
（別会社で楽器容器，自動車部品，バスタブ）		
自動車部品製造	約8億円（24%）	35名
健康ソリューション事業	約6億円（16%）	40名
（標的市場絞らず，体力促進プログラム等のソフト開発）		

資本金　10百万円

所在は，都市部から離れた農村部

ほとんど正社員。給与・昇進は，ほぼ年功ベース

時系列の出来事

1950年代

創業（プラスチック製スポーツ用品）

1955年以降

バドミントン用シャトルコック

木製ラケット（台湾にラケット製造工場）

1970年代初め

第一次オイルショック後，台湾・中国製ラケットや金属製フレームの台頭により経営危機に直面（最大70%減）

当時従業員40名

<table>
<tr><td rowspan="2">事例企業の概要</td><td colspan="2">ブロー成型技術（自動車部品，レジャー部品用）が支える
減社長（創業者の子）就任。
ブロー成形技術高度化進めつつ，全国を営業
→楽器メーカーのケースのOEM
↔自社ブランドのバドミントンとは事業の考え方が異なる
↓
1979年
プラスチック容器製造会社設立
→急速発展，次なる成長戦略模索
1980年代
認知度の高まりつつあるゲートボール市場進出。
→数々の特許，バドミントン工場の全面改装
→次第に陰りが見えるも大型成型製品受注，シニア層標的のグランドゴルフ市場参入
2000年代半ば
地元自治体・大学と連携し福祉産業に参入，健康ソリューション事業に。
ここ5年
売上構成比変わらず，業績横ばい，低利益</td></tr>
<tr></tr>
<tr><td rowspan="2">SWOT</td><td>強み
○創業者の先を読む力，数々の特許（かつてコア技術）プラスチックの射出成型技術
○高度なプラスチックのブロー成型技術
○シニア向け事業で培ってきた知識・経験・ネットワーク</td><td>機会
○少子高齢化社会</td></tr>
<tr><td>弱み
○地縁に配慮が必要な人材構造
○業績のマンネリ状態
○事業構造のアンバランス</td><td>脅威
○スポーツ事業の流行の栄枯盛衰，参入障壁の低さ</td></tr>
</table>

可能な方は，1回目の与件文読みから設問への関連付けをしても良いと思います。先行して設問文を分析しているので，ある程度は可能と思います。

ついでに，私は「出題者が文脈上必ずしも必要でないのに使用している不自然な言葉（私は，これを『光る言葉』と呼んでます）」にグリグリッと目印をつけてました。

b）SWOT分析

企業の内部環境・外部環境分析は，企業の現状分析のイロハです。

勉強を始めたばかりの時は「なんでこんなまどろっこしいことをやるんだろ

う？直接対応付けをすればいいじゃん。」と考えてましたが，浅はかでした。

設問でストレートに「強み・弱み」を問われる場合もありますし，ドメインを考える場合に「強みを機会にぶつける」ことの分析も可能になります。

それに，出題者は，SWOTで分析していることを前提に弱みの改善や脅威への対応策を直接問ってきたりします。コンサルティングなので当然といえば当然です。受験生の方を指導する中でも，合格された方にはSWOT分析をキチンとされている方が多く，残念な結果になった方には私が口を酸っぱくして言っていたにもかかわらず，最後までSWOT分析をされておられなかった方が多かったように思います。

SWOTを4面でメモをする時間が惜しいと考えるのであれば，4色ボールペンやマーカーで強み・弱み・機会・脅威（せめて内部環境と外部環境の別だけでも‥‥）の色分けをしてアンダーラインを引かれることをおススメします。

c）出来事の時系列での並び替え

出題者は，与件文（特に最近の事例Ｉ）において，事例企業の経緯の時系列を故意に分解したり，前後させたりするトリックを仕掛けてきたりします。これは，実務での経営者からのヒアリングの際に，経営者の話が時系列を無視してあちこちに飛んだりするケースを想定し，それをまとめる能力を測っているようです。ここ何年かの事例Ｉの難問で，時系列をキチンと整えてさえいれば解ける問題が，いくつか見受けられます。

並び替えてメモを作ることが大変であれば，最低限，自分だけがわかる記号等超簡単で良いので，出来事の時系列がわかるように与件文中に印をつけて整理することは必須と言えます。

d）組織図，工程の流れの書き出し

出来事の時系列と同様に，事例Ｉ，事例Ⅲでは組織図・工程の流れも書き出しておいた方が良いです。情報として資本金・売上高は参考程度でしかないのですが，組織図は部門毎の人数のバランスや組織形態などをイメージすることができるので有用です。

また，事例Ⅲでの工程の流れは，どこがボトルネックになっているのかがわかり易くなるので同様に有用と思います。

製品の特徴
　標準部材　通信事業者ごとに規格化。在庫対応・ロットサイズ大型化可能。専用機による量産体制。関東工場。
　補助部材　通信施設の大きさ，設置条件，使用機器にあわせ製造。汎用加工機による多品種少量生産。関西本社工場。
業務の流れ
　受注　技術部
　施設現地調査　技術部
　設計　技術部
　製造　製造部
　物流　関東工場生産品は，関西工場（物流センター）へ出荷し組立
　現地据付施工　技術部
新製品開発について
　取引先・仕入先情報，社内提案による。大きな成功例なし。
Y社からの提案
　オフィス用OAフロア事業化
　Y社＝建材メーカー・全国に販売拠点・多くの建設会社との取引
　関東工場建設→Y社の物流センターで在庫→Y社の販売網で営業→過剰品質で価格競争に陥る（ビル完成後で良い，シンプル，軽量，低価格な方が売れる）→低迷撤退。

（平成25年事例Ⅲ）

e）課題・社長の想いの抽出

事例問題はコンサルティングですので，あるべき姿に行く道筋をつけるのがお仕事ですが，与件文中（特に最後の段落に書かれていることが多い）に事例企業の行くべき方向や課題，社長の想いが明示されていることがあります。

その部分こそが，向かうべきゴールですので，必ずこれを解決し，社長の想いを実現する提案が要求されております。私は，その部分をマーカーで目立たせてました。

f）「光る言葉」の抽出

ついでに，「光る言葉」の抽出も，1回目の与件文読みで行います。

先ほど申し上げた「不自然な言葉」です。2次試験では与件文中に同じ言葉が何回も使われたり，必ずしも使う必要のない言葉がワザとらしく使われていることが頻繁にあります。

これは，出題者がヒントとして与件文上にちりばめている言葉であり，それ

は，ほぼ100％答案のキーワードとなります。例えば，「○○学部卒の社長」とか，「途中入社の」とか‥‥。出題者が，わざわざ「この言葉を使って解答してくれると得点をあげるよ。」と言ってくれているのです。従って，乗らない手はありません。「光る言葉」を見つけたら，一生懸命その言葉をどの設問で使うのかを考えてください。

g）会社の全体像と設問による事例のテーマを想定する。

上記のような手順で，与件文の整理と設問文の分析ができたら，全体を見渡して「事例のテーマ」を考えましょう。1, 2分で結構です。「こういった状況で，こういった課題のある企業を（設問の）こんな手法で，こういった方向に導こうとしている事例」という出題者の想定する姿が見えてくると思います。

例）平成27年事例Ⅰの事例のテーマ
「家族主義経営で，全く方向性の異なる複数事業を経営してきた経営者が，伸び悩み状態を組織文化の変革や人材育成で解決を図ろうとする事例。」

与件文をキチンと分析し，設問文と照らし合わせ，全体像を俯瞰することにより，対応付けの精度が上がり，スムーズに一貫性のある答案骨子を作ることができる様になります。

ここが理解できれば，もう合格したようなものです。あとは，キチッとアウトプットを整えて，合格答案を作成しましょう。

5. 2回目（関連付けを行いながら）の与件文読み

2回目の与件文読みでは，各々の記述を各設問に紐付けて行きます。

その際，私は紐付けをするごとに，当該設問の余白の○で囲われた場所に，対応する与件文の要旨をシャーペンでメモしておりました。

メモの記入は，解答に使う情報を1ヶ所に集中させる作業です。最終的に解答用紙に記入する際に，この部分だけを見て書ければベターです。

作り方は，前述の通り，設問間の余白の左上側に「書き出し」を書いたら，要素を書くために○で囲われた余白の部分に，与件文から抽出した，もしくは推定した論点となるべきキーワードを並べていきます（箇条書き）。字数に余裕がある場合は，理由も書きます。とりあえず，キーワードを適当な場所に書いて，後で考えながら同種のものをまとめてもかまいません。最終的に解答用紙に整理されたものが書ければ良いので，中間作業はご自身の一番しっくり来る手法でやりましょう。

例）平成27年事例Ⅰ第1問

A社は，小規模ながら大学や企業の研究機関と共同開発した独創的な技術を武器に事業を展開しようとする研究開発型中小企業である。わが国でも，近年，そうしたタイプの企業が増えつつあるが，その背景には，どのような経営環境の変化があると考えられるか。120字以内で答えよ。

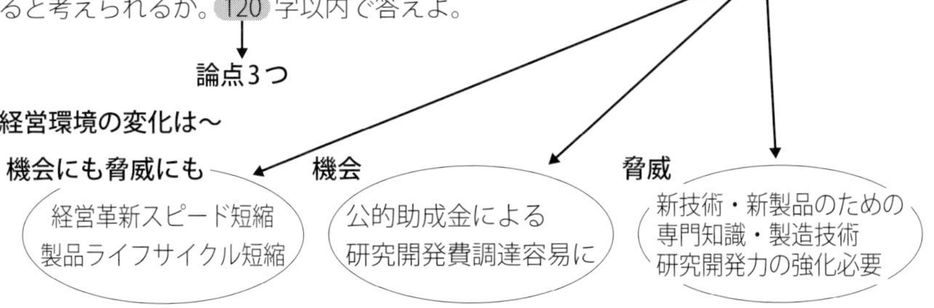

ひとによっては，マーカーを設問の数だけ用意して，設問ごとに色分けして対応付けをする方もいます。マーカーを使うことには，「メモする時間が省ける」という利点があり，メモでもマーカーでも，どちらでも良いと思います。私は，メモすることにより自動的に骨子の作成ができることと，マーカーを使うと記憶にうまく刷り込まれず，マークした与件文と設問文を何回も往復するハメになったので，設問文と一体化できるメモをする方を選びました。

ただ，メモは時間を大きく消費します。なるべく簡潔に書きましょう。

6. 答案骨子の作成

答案骨子の作成は，メモで1ヶ所に集めた情報を答案として整理する作業です。

基本形は，

「書き出し」＋「論点の箇条書き」＋「論点を選択した根拠の箇条書き」

です。

採点者は，一人当たり大量の答案を読みます。そして，この試験は「受からせる試験」ではなく，「振り落とす」ための試験です。受験機関の講師のように「親切丁寧になるべく高い点を付けてくれる」わけではありません。おそらく答案を一読して，書いてあることの意味がわからなければ「×」をつけておしまいでしょう。

ですから，そんな採点者にわかりやすく伝えるためには，①結論を一番最初に書く，②短い文で書く，③箇条書きで書く，のが基本です（下記ご参照）。

そして，字数に余裕があれば「論点を選択した根拠」を次に箇条書きします。これは，400字の長文問題であっても同様です。

ex）成長の要因は，①～，②～，③～，である。
　　　　　　理由は，①～，②～，③～である。

ただし，推定問題や提案系の問題は，答えが割れやすく題意を外してしまう可能性もあります。そういった，自信のない答案を書かざる得ない場合には，「書き出し」＋「理由＋結論」（下記ご参照）で逃げを打ちます。なぜならば，結論を外した場合には，誤った結論を先に並べると先に「×」を付けられて飛ばされたりして，根拠の部分を読んでもらえず，部分点すら取れない可能性もでてくるからです。

こんな場合は，根拠となる理由を先に書いた上で，「考え方は誤っていない」分の部分点からまず取りにいくため，前述のような答案構成にして，全文読んでもらえる書き方をします。

ex）提案する内容は，①～という理由でA，
　　　　　　　　　　②～という理由でB，
　　　　　　　　　　③～という理由でC

7. 3回目の（漏れ防止のための）与件文読み

答案骨子作成までの作業について，緻密にやってきたつもりでも見落としはあるものです。特に，時間に制限がある中での作業ですから，漏れや思い込みがあっても当然です。

念のため，もう一度与件文を見直して下さい。とはいっても，全部緻密に精査するのではなく，どこか整合性の合わなかった部分とか，使用しなかった部

分を見付け，答案に組み込めるかどうかの判断のための作業ですから，さっとチェックします。それでも，意外と見落としがあるものです。

8. 解答記入作業について

① 解答を書き込む順番と精度について

試験開始から骨子作成までで，大体30分～40分使います。

ここから書く作業に入りますが，落ち着いて丁寧な字で書いていきましょう。設問文の分析の際に決めた順番で，確実に点を取るべきものから解答用紙に書き込んで行きます。そして，抜出系・分析系の設問については，時間が許す限り下書きをして，精密に字数合わせをして満点を狙っていくことです。

また，提案系・助言系の設問についても下書きができればベターですが，おそらく時間が足りなくなってくると思います。ただ，既に答案骨子は作ってあるので，それを元に書いていけば，正しい方向性である程度得点の取れる答案が書けるはずです。最後は「エイヤッ！」で書いていくことになりますが，そうすることで，メリハリのついた得点極大化答案ができると思います。

② 全体のマネジメントが大切

そうして，なるべく書き直しが発生しないように落ち着いて書くことです。あくまで手書きでの作業ですので，書く欄を間違えたり，脱字があったりすると，修正作業に大幅な時間を浪費します。また，少なくとも部分点や方向性による得点を確保するため，絶対に空欄を残さないことです。

ただ，事前にある程度の骨子ができてさえいれば，何にも下ごしらえしていない場合に起こりがちな，「残り時間の少なさと記入していない設問の多さによるパニック」に陥ることなく，「Aの設問は精密にやろう。Bの設問はある程度『こんなことを書く』と決めてあるので○分あればできる。」というように，落ち着いてタイムマネジメントできるようになると思います。

やはり，1問ごとにいちいち初めから考えているのでは，80分では到底足りません。ステップが多すぎると時間がなくなりますし，ステップが少なすぎると情報分析不足や薄っぺらな解答の原因ともなります。

従って，答案作成においても，生産計画と工程管理が大切です。ただし，この手順は，それぞれの受験生の特性に合わせ，一番しっくり来る方法を事例問題を解くことで試しつつ確立するべきものと考えます。

何よりも，ご自分で「最終的に80分間で点数を極大化できる」と納得できた手順で固めるべきです。

以上，事例Ⅰ～Ⅲに共通の解き方の概要について解説してきましたが，おそらく，本番でここまでキチンと分析的に与件文・設問文にあたることができれば，どんなゆさぶり問題が出てきたとしても，合格答案を作りだすことはそんなに難しいことではないと考えております。

第2編

中小企業診断士2次試験事例ごとの対応と過去問解説

第1章
事例 I

1 特徴と対応

1. 事例Ⅰのメインテーマ

「コアコンピタンスを確立し，組織構造と組織文化を整えて，向かうべき方向へ」

2次試験は，事例ごとに出題分野が定められています。事例Ⅰは「人事・組織」となっていますが，これだけではどんなことを問われるのかイメージがわきません。受験生を惑わせるためか，毎年出題スタイルは変ってはいますが，どの事例においても一貫して問われている根幹的な論点が存在します。それを私は「メインテーマ」と呼んでおります。事例Ⅰにおいてのメインテーマは，「コアコンピタンスを確立し，組織構造と組織文化を整えて，あるべき方向へ進む」ということです。

2次試験では，こういったことに気付いているかどうかが合否を分けることになります。気付いていない受験生は，試験前に「今年はどんなゆさぶり問題が出るんだろう？」と不安を抱えたまま試験にのぞみ，試験中に「あ～でもない。こ～でもない。」と考えて右往左往していますが，気付いている受験生は，メインテーマに沿った分析提案をすれば良いので，仮説思考で真っ直ぐ正解へと向かうことができます。

合格者は意識的でないにしても，こんな思考を身に付けている方が多いと思います。

そして，事例Ⅰでは「集中と選択」で「コアコンピタンス」と「非コア」に分けて「非コア」を外注したり，組織を戦略に合わせたり，モラールアップ施策を講じて組織文化を整えたりすることにより，あるべき方向に企業が向かうことができるように進めていきます。

2. フレームワーク

ここでいうフレームワークとは，事例ごとの事例企業の打ち手の流れのことです。戦略から戦術，戦法へと具体化されていきます。

事例Ⅰでは，「理念と環境変化に応じた全体戦略を実現するために，能力開発・モラール向上という打ち手で人事組織戦略を進めていく。」イメージです。

全体戦略までは各事例共通です。そして，事例Ⅰは組織・人事事例なので，組織の再構築や人を育て，やる気を出させて，業績UPに結び付けていきます。

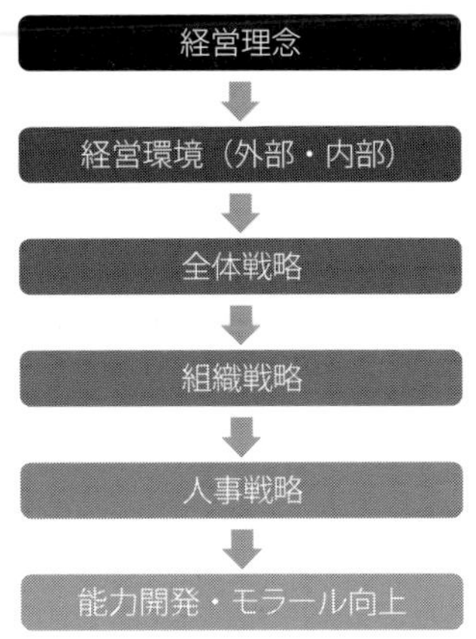

3. 事例Ⅰの特徴

事例企業の現況は，だいたい組織構造か組織文化が，今の外部環境・戦略とアンマッチになっているケースが多く，この部分を整えるような設問が出されます。また，最近の与件文は情報満載の出来事の時系列をワザとバラバラにして書かれていることが多く，①SWOT，②出来事の時系列化，③組織図の整理，が必要です。

そして，2次試験で最初に解く事例であることから，第1問に「ビックリ問題」「ゆさぶり問題」が多く出されるため，あわてないことが何よりも大切です。いきなり後回しにする勇気も必要です。

ただ，それだけに事例Ⅰは受験生の得点がバラつきがちです。高得点を狙うような冒険はせず，内外環境を問うような与件文から抜き出す問題や1次知識問題など確実に取れる設問に落ち着いて対応し，取りこぼししないように気を付けないと，事例Ⅰで敗退する憂き目にあいます。

また，このところA社が「農村部」にあることが多い（5年中3年）のは何故なんでしょう？私はおそらく「家族的な経営」→「成果主義」への移行を示唆していると思っていますが，受験機関の模範解答を読むと気にかけておられない機関も多いようです。ただ，与件文は細かなところまで出題者の意図が注ぎ込まれています。深読みや妄想は禁物ですが出題者のちょっとしたヒントを見逃さないようにしましょう。

2 事例Ⅰ必要知識一問一答

1	事例Ⅰのポイントを3つ答えよ。	コアコンピタンスを見極める→外部環境に合わせたドメインの再設定→戦略に合わせた組織構築を行わせる。
2	事例Ⅰのフレームワークは？	理念→内外環境→経営戦略→組織戦略→人事戦略→雇用・育成→能力向上・モラールアップ→戦略実行に寄与。
3	経営資源を5つ答えよ。	ヒト，モノ，カネ，情報，ノウハウ。
4	SWOTとは？	強み，弱み，機会，脅威。
5	SWOT分析で大切なことを述べよ。	強みを活かし，機会にぶつける。
6	一般的に使える切り口を5つあげよ。	メリット・デメリット，ハード・ソフト，時間・空間，内部・外部，質・量。
7	ドメインの切り口を4つ答えよ。	短期・長期，新規開拓・既存顧客。
8	事例Ⅰの最大の切り口は？	コアコンピタンスを見極め，組織文化と組織構造で分析すること。
9	経営環境の特性を4つ答えよ。	規模の経済性，範囲の経済性，スピードの経済性，ネットワークの経済性。
10	マッキンゼーの7Sとは？	ハードの3S（経営戦略，組織構造，システム），ソフトの4S（組織理念，組織文化，組織能力，人材）。
11	組織の3要素を答えよ。	共通目的（社長の理念），貢献意欲（従業員のモチベーション），コミュニケーション（理解しあえていること）。
12	組織管理の原則を5つ答えよ。	目的一致，命令一元化，専門化，統制範囲，権限一致。
13	組織文化の良いところを3つあげよ。	一体感，コミュニケーションの円滑，目的の共有。
14	組織文化の悪いところ4つあげよ。	変えるのが困難，組織コンフリクト，グループサンク，戦略と一致しない場合は阻害要因となる。
15	ライフサイクル4期を答えよ。	誕生，成長，成熟，衰退。
16	誕生期の特徴を答えよ。	「生き残ること」が何より最優先。管理は後回しで，創業者のリーダーシップ，スピード，柔軟性が大切な時期。
17	成長期の特徴を答えよ。	成長の維持が重要。権限委譲・分業・ルール・管理体制の整備等の組織化を行う時期。
18	成熟期の特徴を答えよ。	組織の官僚化・逆機能防止が重要。社内ベンチャー・PT等組織の柔軟性・スピードの維持を行う。
19	衰退期の特徴を答えよ。	硬直化防止が重要となる時期。組織改革・ダウンサイジング等の経営の効率化を図る。

20	ライン（機能別）組織のメリットを3つ答えよ。	専門化による効率化，命令系統が明確，トップへの情報集約が容易。
21	ライン（機能別）組織のデメリットを3つ答えよ。	セクショナリズム，部門間情報連携不足による変化への対応遅延，全社的マネジメント人材育成の課題。
22	事業部制のメリットを3つ答えよ。	環境変化への迅速な対応，経営幹部育成，事業部業績明確化によるモラールアップ。
23	事業部制のデメリットを4つ答えよ。	組織・設備の重複，事業部間コンフリクト，人事の硬直化，短期利益の追求の傾向。
24	マトリックス組織のメリットを答えよ。	変化や課題に柔軟に対応できる，資源や情報の共有可。
25	マトリックス組織のデメリットを2つ答えよ。	命令系統の混乱，権限と責任が不明確。
26	業務提携の目的を3つ答えよ。	無用な競争の回避，研究・投資リスクの低減，複雑化した技術への対応。
27	組織変更時の留意点を4つ述べよ。	経営者自らの事前説明，段階的導入，抵抗勢力の取り込み，考課者訓練。
28	M&Aのメリットを2つ述べよ。	シナジー効果，経営資源ノウハウ・技術・販売力を育てる時間を買う。
29	M&Aのデメリットを4つ述べよ。	企業文化融合が困難，不良資産の事後発覚，人員整理・組織再編のジレンマ，従業員のモラール管理。
30	M&Aの従業員モラール低下要因を3つあげよ。	人員整理，配置転換・権限ポストの縮小等の処遇の変化，組織文化の違い。
31	多角化とくれば?	シナジーとリスク。
32	多角化に活用できるもの4つ答えよ。	蓄積された技術・ノウハウ，既存事業の副産物，遊休設備，余力ある人材・組織。
33	同族会社であることののメリットを3つ答えよ。	トップダウンによる迅速な意思決定，帰属意識が高く経営が安定，経営のインセンティブを維持しやすい。
34	同族会社であることのデメリットを3つ答えよ。	ワンマン経営による偏り，責任の所在があいまい，人事の不公平性。
35	所有と経営の分離のメリットを4つあげよ。	相互牽制機能，専門家による経営，調達の多様性，従業員持株制による貢献意欲向上。
36	所有と経営の分離のデメリットを4つあげよ。	利害関係人多く調整による意思決定遅延，短期利益追求，事業革新困難，エージェンシーコスト。
37	事業の承継の留意点を3つ答えよ。	後継者探索・育成，ノウハウ・企業理念の承継，事業資産・支配力の承継。
38	自社株・事業資産の承継対策を2つ答えよ。	自社株・事業用資産の買取，資本対策。
39	中小企業のイノベーションの特徴を3つ答えよ。	経営者自身のリーダーシップ，現場での創意工夫，ニッチ市場の担い手。
40	FC開業のメリットを2つ述べよ。	マニュアル化した成功モデルをノウハウとしているためリスクが低い，本部の支援が受けられる。

41	ITアウトソーシングのメリットを3つあげよ。	変動費化，部門のスリム化，最新技術の活用。
42	ITアウトソーシングのデメリットを3つあげよ。	漏洩リスク，ノウハウ喪失リスク，期待はずれリスク。
43	人事戦略の目的を2つ答えよ。	能力開発，モラール向上。
44	評価のポイント3点あげよ。	透明性，納得性，公平性。
45	コンピテンシー評価とは？	成果＋成果につながる行動を評価。
46	マネジメントの管理階層3層をあげよ。	トップマネジメント（戦略的意思決定），ミドルマネジメント（管理的意思決定），ロワーマネジメント（業務的意思決定）。
47	対象者別リーダーシップ形態を4つあげよ	指示型，説得型，参加型，委任型。
48	マズローの5段階欲求とは？	生理的欲求，安全欲求，社会的欲求，自我の欲求，自己実現の欲求。
49	衛生要因（不満足要因）を3つあげよ。	会社の方針，職場の環境，給与。
50	動機付け要因を2つあげよ	職務拡大，職務充実。
51	PDCAサイクルとは。	計画，実行，見直し，再実行。
52	成果主義賃金のメリットを3つ答えよ。	人件費の変動費化，モチベーションアップ，組織の新陳代謝促進。
53	成果主義賃金のデメリットを5つ答えよ。	客観評価の困難，短期利益の追求，目標利益のみの追求，恣意的な目標設定，抵抗勢力のモラール低下。
54	目標管理制度のメリットを2つ答えよ。	個人目標達成のためのモラール向上，公平・透明性・納得性の高い評価。
55	目標管理制度のデメリットを3つ答えよ。	目標調整の困難性，個人目標が優先，短期的成果追求。
56	能力開発の形態を3つ答えよ。	OJT，OffJT，自己啓発。
57	OJTの特徴を2つあげよ。	実践的，計画的な実施が必要。
58	OffJTの特徴を2つあげよ。	体系的，実践との乖離。
59	自己啓発の特徴を2つあげよ。	自己実現意欲の向上が重要，コントロールが困難。
60	高齢者活用のメリットを2つあげよ。	経験・ノウハウ等を活用，再雇用に伴う低賃金。
61	高齢者活用のデメリットを2つあげよ。	消極的な組織文化の醸成，人事の硬直化。
62	女性を働きやすくする制度を3つあげよ。	育児休暇，フレックスタイム，短時間勤務。
63	非正規社員活用のメリットを2つあげよ。	人件費軽減，雇用調整。

64	非正規社員活用のデメリットを2つあげよ。	ノウハウの蓄積困難，責任のある仕事がなされない。
65	非正規社員のモラール向上施策を3つあげよ。	正規社員への登用，職場リーダー制，等級別賃金。
66	事例Ⅰでの売上・収益向上施策は？	組織・人事の改善を中心に書く，マーケは付随的に書く。

令和元年事例 I

A社は，資本金8,000万円，売上高約11億円の農業用機械や産業機械装置を製造する中小メーカーである。縁戚関係にある8名の役員を擁する同社の本社は，A社長の祖父が創業した当初から地方の農村部にある。二代目の長男が現代表取締役のA社長で，副社長には数歳年下の弟が，そして専務にはほぼ同年代のいとこが就いており，この3人で経営を担っている。

全国に7つの営業所を構えるA社は，若い経営トップとともに総勢約80名の社員が事業の拡大に取り組んでいる。そのほとんどは正規社員である。2000年代後半に父から事業を譲り受けたA社長は，1990年代半ば，大学卒業後の海外留学中に父が病気となったために急きょ呼び戻されると，そのままA社に就職することになった。

A社長入社当時の主力事業は，防除機，草刈り機などの農業用機械の一つである葉たばこ乾燥機の製造販売であった。かつて，たばこ産業は厳しい規制に守られた参入障壁の高い業界であった。その上，関連する産業振興団体から多額の補助金が葉たばこ生産業者に支給されていたこともあって，彼らを主要顧客としていたA社の売上は右肩上がりで，最盛期には現在の数倍を超える売上を上げるまでになった。しかし，1980年代半ばに公企業の民営化が進んだ頃から向かい風が吹き始め，健康志向が強まり喫煙者に対して厳しい目が向けられるようになって，徐々にたばこ市場の縮小傾向が進んだ。さらに，受動喫煙問題が社会問題化すると，市場の縮小はますます顕著になった。しかも時を同じくして，葉たばこ生産者の後継者不足や高齢化が急速に進み，葉たばこの耕作面積も減少するようになった。こうした中で，A社の主力事業である葉たばこ乾燥機の売上も落ち込んで，A社長が営業の前線で活躍する頃には経営の根幹が揺らぎ始めていたといえる。とはいえ，売上も現在の倍以上あった上，一新人社員に過ぎなかったA社長に際立った切迫感があったわけではなく，存続危機に陥るなどとは考えていなかった。

しかし，2000年を越えるころになって，小さな火種が瞬く間に大きくなり，2000年代半ばには，大きな問題となった。すでに5年以上のキャリアを積み経営層の一角となってトップ就任を目前にしていたA社長にとって，存続問題は現実のものとなっていた。そこで，自らが先頭に立って自社製品のメンテナンスを事業化することに取り組んだ。しかし，それはビジネスとして成り立たず，売上減少と費用増大という二重苦を生み出すことになってしまった。このままでは収益を上げることはもとより，100名以上の社員を路頭に迷わすことにもなりかねない状況であった。そこで，自社の技術を見直し，農作物や加工食品などの乾燥装置など葉たばこ乾燥機に代わる新製品の開発に着手した。もっとも，その中で成功の部類に入るのは，干椎茸（ほししいたけ）製造用乾燥機ぐらいであったが，この装置の売上が，最盛期の半分以下にまで落ち込んだ葉たばこ乾燥機の売上減少に取って代わる規模になるわけではなかった。その上，新しい事業に取り組むことを，古き良き時代を知っている古参社員たちがそう簡単に受け入れるはずもなかった。そして，二代目社長が会長に勇退し，新体制が発足した。

危機感の中でスタートした新体制が最初に取り組んだのは，長年にわたって問題視されてきた高コスト体質の見直しであった。減価償却も済み，補修用性能部品の保有期間を過ぎている機械の部品であっても客から依頼されれば個別に対応していたために，膨大な数の部品が在庫となって収益を圧迫していたのである。また，営業所の業務が基本的に手書きの帳簿で処理され，全社的な計数管理が行われないなど，前近代的な経理体制であることが明らかとなった。そこで，A社のこれまでの事業や技術力を客観的に見直し，時代にあった企業として再生していくことを目的に，経営コンサルタントに助言を求めながら，経営改革を本格化させたのである。

当然のように，業績悪化の真っただ中にあっても見直されることなく，100名以上にまで膨らんでしまっていた従業員の削減にも手を付けることになった。定年を目前にした高齢者を対象とした人員削減ではあったが，地元で長年にわたって苦楽を共にしてきた従業員に退職勧告することは，若手経営者にとっても，A社にとっても，初めての経験であり辛い試練であった。その後の波及効果を考えると，苦渋の決断ではあったが，これを乗り越えたことで従業員の年齢が10歳程度も引き下がり，コストカットした部分を成果に応じて支払う賞与に回すことが可能になった。

こうして社内整備を図る一方で，自社のコアテクノロジーを「農作物の乾燥技術」と明確に位置づけ，それを社員に共有させることによって，葉たばこ乾燥機製造に代わる新規事業開発の体制強化を打ち出した。その結果，3年の時を経て，葉たばこ以外のさまざまな農作物を乾燥させる機器の製造と，それを的確に機能させるソフトウエアの開発に成功した。さらに，動力源である灯油の燃費効率を大幅に改善することにも成功し，新規事業の基盤が徐々に固まってきた。

しかしながら，新規事業の拡大は機器の開発・製造だけで成就するわけではなく，新規事業を必要とする市場の開拓はもちろん，販売チャネルの構築も不可欠である。当初，経営コンサルタントの知恵を借りながらA社が独自で切り開くことのできた市場は，従来からターゲットとしてきたいわば既存市場だけであり，キノコや果物などの農作物の乾燥以外に，何を何のために乾燥させるのか，ターゲット市場を絞ることはできなかった。

藁（わら）をもつかむ思いでA社が選択したのは，潜在市場の見えない顧客に用途を問うことであった。自社の乾燥技術や製品を市場に知らせるために自社ホームページ（HP）を立ち上げた。そして，そこにアクセスしてくれた潜在顧客に乾燥したいと思っている「モノ」を送ってもらって，それを乾燥させて返送する「試験乾燥」というサービスを開始した。背水の陣で立ち上げたHPへの反応は，1990年代後半のインターネット黎明期では考えられなかったほど多く，依頼件数は初年度だけで100件以上にも上った。生産農家だけでなく，それを取りまとめる団体のほか，乾物を販売している食品会社や，漢方薬メーカー，乾物が特産物である地域など，それまでA社ではアプローチすることのできなかったさまざまな市場との結びつきもできたのである。もちろん，営業部隊のプレゼンテーションが功を奏したことは否めない事実である。

こうして再生に向けて経営改革に取り組むA社の組織は，本社内に拠点を置く製造部，開発部，総務部と全国7地域を束ねる営業部が機能別に組織されており，営業を主に統括するのが副社長，開発と製造を主に統括するのが専務，そして大所高所からすべての部門にA社長が目配りをする体制となっている。

しかしながら，これまでリストラなどの経営改革に取り組んできたものの，A社の組織は，創業当時の機能別組織のままである。そこで，A社長が経営コンサルタントに助言を求めたところ，現段階での組織再編には賛成できない旨を伝えられた。それを受け，A社長は熟考の末，今回，組織再編を見送ることとした。

1　事例のテーマ

「古き経営を打破し，事業領域の明確化・共有化と双方向コミュニケーションによる市場開拓による新規事業開発，高コスト体質改善により，事業再生・拡大に取り組む企業」

2 与件文の整理

事例企業の概要

業　　種　農業用機械や産業機械装置製造
主力商品　葉たばこ乾燥機（農業用機械）
財務内容　売上約11億円　資本金8,000万円
従業員数　約80名（ほとんどが正規）
組　　織　機能別組織，8名の縁戚役員，地方の農村部
　　　　　（若い経営トップ）
　　　　　社長　すべての部門に社長が目配り
　　　　　副社長（社長弟）
　　　　　営業部7か所（全国7地域を束ねる）
　　　　　専務（社長のいとこ）
　　　　　製造部
　　　　　開発部
　　　　　総務部

時系列の出来事

創業当初

社長祖父が地方農村部にて創業

葉たばこ乾燥機を主力事業として参入障壁の高い（規制に守られ，振興団体からの多額の補助金）たばこ産業をターゲットに成長。売上高は右肩上がりで現在の数倍

1980年代半ば

健康志向高まり，受動喫煙の社会問題化でたばこ市場が縮小

生産者の高齢化・後継者不足や高齢化で耕作面積も減少

1990年代半ば

大卒後海外留学中に社長父が病気になり，現社長が入社

葉たばこ乾燥機の売上が減少し経営の根幹が揺らぎ始めていたが，まだ現在の倍以上の売上

→一新人社員に過ぎない現社長に切迫感なし

1990年代後半

時代はインターネット黎明期

2000年代半ば

社長が経営層の一角となる頃，存続危機に

葉たばこ乾燥機の売上が最盛期の半分以下

従業員100名以上

現社長が先頭に立ち，自社製品のメンテナンスを事業化するも売上減少，費用増大

新製品の開発に着手

→古き良き時代を知っている古参社員たちが反発

<table>
<tr><td>事例企業の概要</td><td colspan="2">2000年代後半
先代社長から事業譲受，現社長就任，高コスト体質（膨大な部品在庫，手書きの帳簿，全体計数未管理，高齢従業員の存在），技術力の見直しによる経営改革を本格化
→従業員削減（高齢者に退職勧告）
→若返りや成果給賞与の実現
コアテクノロジーを「農作物の乾燥技術」と明確化，従業員の意識を共有化
→新規事業開発の体制強化
そこから3年後
農作物乾燥機械製造・機能化ソフト開発，燃料の燃費効率改善により新規事業の基盤が固まる
市場開拓・販売チャネル構築
「潜在市場の見えない顧客に用途を問う」
（双方向コミュニケーションの実施）
→自社HPを立ち上げ，潜在顧客に「乾燥したいもの」を送ってもらう（試験乾燥サービス）
→生産農家，食品会社，漢方薬メーカー，新地域等新しい市場との結びつき実現
営業部隊のプレゼンテーション</td></tr>
<tr><td rowspan="2">SWOT</td><td>強み
○新規事業や新製品の開発への継続的チャレンジ
○成果賞与支給
○自社HPによる新規市場開拓力
○営業部隊のプレゼンテーション
○社長の在外経験</td><td>機会
○潜在ニーズを有した顧客の需要
○双方向インターネットコミュニケーションの普及</td></tr>
<tr><td>弱み
○高コスト体質，同族経営
○膨大な数の部品の在庫，前近代的な経理体制
○古参社員の反発（過去）</td><td>脅威
○たばこ市場の縮小
○葉たばこの耕作面積の減少</td></tr>
</table>

3 全体観

与件文は約3ページと例年よりもボリュームがありました。設問は5問で各100字と例年通り。事例Ⅰでは時系列が順番通りに書かれておらず読み取りを困難にする与件文が多い中，今年は与件文が時系列に沿って展開している点が特徴的でした。「過去から現在，未来へと続くA社の変遷を診断士として分析し，A社のあるべき姿が描けるか?」が問われており，「時系列での揺さぶり」という点では，与件文は直球勝負でしたね。

3代目の現社長が入社した頃は，高い参入障壁や多額の補助金が支給される業界で売上も右肩上がりでしたが，環境の変化に伴い徐々に売上が落ち込み，ついには存続をかけるほどにまで陥ります。これを機に現社長に代替わりして経営コンサルタントに助言を求めながら，リストラやコアコンピタンスの明確化など経営改革に着手していくストーリーです。ドメインシフトと組織文化の変革がテーマになっています。出題者は「心の時代到来」と感じたのか，組織文化面を強く意識させる珍しい事例です。

設問の構成は次の通りです。

第1問	20点	100字	メンテナンス事業が成功しなかった最大の理由
第2問	20点	100字	古い営業体質の背景にあるA社の企業風土
第3問	20点	100字	HP立ち上げによる市場開拓成功の背景にある要因
第4問	20点	100字	事業領域の明確化でA社営業社員が積極的に取り組むようになった要因
第5問	20点	100字	組織再編を見送った最大の理由

直球勝負の与件文に対し，設問はクセモノが多い印象です。まず，「『最大の理由』を問う問題」が第1問と第5問と複数題出題されました。平成29年の第1問で初めて「最大の理由」が問われ，「イヤらしい」と感じましたが，輪をかけてきましたね。過去問演習を通じて準備はされていたかとは思いますが，面食らった受験生も多かったのではないでしょうか。また，「成功しなかった理由」や「組織再編を見送った理由」と例年とは問い方を変えて，ここでもゆさぶりをかけてきてます。やはり，「事例Ⅰのビックリ問題でふるいをかける」手法は例年通りですね。「また来たね」と冷静に対応できるかどうかが，勝負の分かれ目と言えます。

また，第2問と第3問では「背景」が問われています。特に第3問では，「成功の背景の要因」が問われており何を答えたら良いのか迷ってしまった方も多いと思います。(素直に「なぜ成功したのか?」と聞けば良いのに‥‥)

ただし，聞かれている内容は1次知識を活用し診断士らしく思考できれば，書くべきことはある程度明確にイメージできたのではないかと思います。

4 設問ごとの答案・解説

第1問（配点20点）

A社長がトップに就任する以前のA社は，苦境を打破するために，自社製品のメンテナンスの事業化に取り組んできた。それが結果的にビジネスとして成功しなかった最大の理由は何か。100字以内で答えよ。

【橋詰がたどり着いた答案】
「最大の理由は，衰退が著しいたばこ産業対象の事業化であったことである。市場の衰退に伴う葉たばこ乾燥機の売上減少に加え，償却期間の経過した機械への対応のための膨大な部品在庫が収益圧迫要因となった。」（96字）

解　説

「ビジネスとして成功しなかった最大の理由」として失敗事例の分析ですので，現在の成功事例との違いを意識して考えたいです。文章構成は「最大の」が制約なので，「最大の理由は～」と書き，具体的な内容を後から多面的に書くと良いでしょう。

メンテナンス事業に関しては第4段落に書かれており，ビジネスとして成り立たず，売上減少と費用増大を招いたとあります。与件を活用し売上減少と費用増大を切り口に書きました。

最大の理由として，「たばこ産業対象の事業化」をあげました。つまり，機会となる市場ではなく逆に縮小する市場を選択した点です。第3段落に市場縮小について具体的に書かれています。また，現在のA社は新市場を開拓することで成長を図っており，この対比からも最大の理由として市場面をあげています。ビジネスは，「収益＝売上―費用」で成立するのです。出題者がワザワザ第4段落に「売上減少」「費用増大」と記述してくれているのですから，その理由をロジカルにまとめて解答しましょう。「古参社員の反乱」とか「帳簿が手書き」とか書かない方が無難です。おそらく，出題者がせっせと掘っている「落とし穴」の可能性があります。

第2問（配点20点）

A社長を中心とした新経営陣が改革に取り組むことになった高コスト体質の要因は，古い営業体質にあった。その背景にあるA社の企業風土とは，どのようなものであるか。100字以内で答えよ。

【橋詰がたどり着いた答案】
「規制や多額の補助金に守られた参入障壁の高い業界を営業対象とする，地方の農村部で右肩上がりの古きよき時代を知る変化を好まず切迫感のない古参社員や縁戚役員が多く，成果主義でない年功序列型の企業風土である。」（100字）

解説

本問では，企業文化が真正面から問われており，高コスト体質の要因になっている古い営業体質の背景にあるA社の企業風土を答えることが求められています。過去の分析なので抜出系の問題ですが，過去の負の部分の分析なので，第1問と同様に現在の成功体験や改善内容と比較して考えたい問題です。

結論の部分は第6段落の「成果主義の導入」から導いています。要因は，第3段落のたばこ産業の特徴であった「参入障壁の高さ」や「多額の補助金に守られた業界のため，売上も右肩上がりの良い環境であった」こと。第1段落の人員構成や地方の農村部にあること，第4段落の古参社員の反応など与件文の随所にちりばめられたものを見逃さないように拾い上げてみました。「リストラを断行し，若返りを図り成果給を導入した現在」との対比で考えても，「旧態依然とした田舎の年功序列型の組織文化」が問題であったと考えられます。

第3問（配点20点）

A社は，新規事業のアイデアを収集する目的でHPを立ち上げ，試験乾燥のサービスを展開することによって市場開拓に成功した。自社製品やサービスの宣伝効果などHPに期待する目的・機能とは異なる点に焦点を当てたと考えられる。その成功の背景にどのような要因があったか。100字以内で答えよ。

【橋詰がたどり着いた答案】

「要因は，インターネットが黎明期の一方通行の宣伝手段ではなく双方向コミュニケーションに成長したため，「潜在市場の見えない顧客に用途を問う」顧客の潜在ニーズ収集や新市場との結びつきを実現できたからである。」（100字）

解　説

今回の事例の肝となる問題です。第1問とは対照的に現在のA社の成功要因が問われています。ここでは，成功の「背景」の要因が求められており，環境分析，すなわち，インターネット環境の変化とそれをどのように活用したのかがポイントです。

第9段落に，A社の取り組みは，宣伝ではなく「潜在市場の見えない顧客に用途を問うこと」，「HPへの反応は，1990年代後半のインターネット黎明期では考えられなかったほど多く」と「双方向コミュニケーション」について，明確に書かれていますので，これを用いることです。インターネット環境の変化により双方向コミュニケーションが可能になり，潜在顧客のニーズ収集や多様な市場と結びつきが図れた。このあたりを与件のキーワードを活用しまとめました。そして，「異なる点」を書かせる問題ですので，「インターネット黎明期」ではどうだったのかという点にも言及して対比法で書くのが良いと思います。

第4問（配点20点）

新経営陣が事業領域を明確にした結果，古い営業体質を引きずっていたA社の営業社員が，新規事業の拡大に積極的に取り組むようになった。その要因として，どのようなことが考えられるか。100字以内で答えよ。

【橋詰がたどり着いた答案】

「要因は，①社内での共有化により業務の方向性が明確化，②領域限定に伴う高齢社員のリストラによる若返り，③成果目標設定の容易性に伴う事業成果への賞与の実現により，社員のモラールが向上したからである。」（97字）

解　説

モラール向上の要因を答える問題です。答案の組立としては,「事業領域の明確化→○○○→営業社員のモラールが向上し新規事業の拡大に積極的に取り組む」というロジックのなかで,○○○の部分を答えることが求められています。骨子としては,「要因は,①,②,③により社員のモラール向上」です。モラール向上につながる要因を多面的に答える必要があり,制約として事業領域の明確化により起こったことを書きます。

①は第7段落からの抽出ですので簡単に書けると思います。コアテクノロジーの明確化による共通目的化です。②③は第6段落から抜き出しましたが,「事業領域の明確化」とつなげるのが一苦労でした。しかし,①だけでは共通目的化しか書けず一面的な解答になってしまいます。また,第7段落の文頭では,「こうして社内整備を図る一方で」,とつながれており同時期に行われた経営改革ですので,解答要素として誤りではないと言えます。従って,「なぜリストラできたのか?」「なぜ事業成果賞与を導入できたか?」を考え,事業領域明確化と結びつけてみました。

第5問（配点20点）

A社長は,今回,組織再編を経営コンサルタントの助言を熟考した上で見送ることとした。その最大の理由として,どのようなことが考えられるか。100字以内で答えよ。

【橋詰がたどり着いた答案】
「理由は,新規事業開発へ集中のためには,同世代の経営陣や縁戚役員に権限委譲する事業部制等より①専門化による効率化②命令系統の明確性③トップへの情報集約の容易性,のある機能別組織の方が良いと判断したから。」(100字)

解　説

最終の第5問も「最大の理由」を問ってきました。また,組織再編を見送った理由が問われており例年とは異なる聞かれ方に戸惑った方も多かったかと思います。しかし,見送った理由ということは,現状の組織構造の方がメリットがあるためということで,本質論でしっかり解答したい問題です。

与件文の第10段落と第11段落に組織構造についての記述があります。A社は，創業当時のまま「機能別組織」です。製造部，開発部，総務部，営業部が機能別に組織され，営業を副社長が，開発と製造を専務が統括し，大所高所からすべての部門に社長が目配りをする体制です。

1次知識では，「機能別組織」とくれば，相対するのが「事業部制」ですね。解答では，権限委譲を伴う事業部制などよりも機能別組織の方が新規事業開発への集中には適していることを最大の理由としてあげて，機能別組織のメリットである，①専門化による効率性，②命令系統の明確性，③トップへの情報集約性，を要因として解答しました。

平成30年事例Ⅰ

A社は，資本金2,500万円，売上約12億円のエレクトロニクス・メーカーである。役員5名を除く従業員数は約50名で，そのほとんどが正規社員である。代表取締役は，1970年代後半に同社を立ち上げたA社長である。現在のA社は電子機器開発に特化し，基本的に生産を他社に委託し，販売も信頼できる複数のパートナー企業に委託している，研究開発中心の企業である。この10年間は売上のおよそ6割を，複写機の再生品や複合機内部の部品，複写機用トナーなどの消耗品が占めている。そして，残りの4割を，同社が受託し独自で開発している食用肉のトレーサビリティー装置，業務用LED照明，追尾型太陽光発電システムなど，電子機器の部品から完成品に至る多様で幅広い製品が占めている。

大手コンデンサーメーカーの技術者として経験を積んだ後，農業を主産業とする故郷に戻ったA社長は，近隣に進出していた国内大手電子メーカー向けの特注電子機器メーカーA社を創業した。その後，同社のコアテクノロジーであるセンサー技術が評価されるようになると，主力取引先以外の大手・中堅メーカーとの共同プロジェクトへの参画が増えたこともあって，気象衛星画像データの受信機や，カメラ一体型のイメージセンサーやコントローラーなど高精度の製品開発にも取り組むことになった。もっとも，当時は売上の8割近くを主力取引先向け電子機器製造に依存していた。

しかし，順調に拡大してきた国内大手電子メーカーの特注電子機器事業が，1990年代初頭のバブル経済の崩壊によって急激な事業縮小を迫られると，A社の売上も大幅に落ち込んだ。経営を足元から揺るがされることになったA社は，農産物や加工食品などの検品装置や，発電効率を高める太陽光発電システムなど，自社技術を応用した様々な新製品開発にチャレンジせざるを得ない状況に追い込まれた。

平成不況が長引く中で，A社は存続をかけて，ニッチ市場に向けた製品を試行錯誤を重ねながら開発し，事業を継続してきた。もちろん開発した製品すべてが市場で受け入れられるわけもなく，継続的に安定した収入源としてA社の事業の柱となる製品を生み出すこともかなわなかった。そうした危機的状況が，A社長の製品開発に対する考え方を一変させることになる。開発した製品を販売した時点で取引が完了する売切り型の事業の限界を打ち破ることを目標にして，新規事業開発に取り組んだのである。それが，複写機関連製品事業である。

大口顧客は事務機器を販売していたフランチャイズ・チェーンであり，

2000年代後半のリーマン・ショックに至る回復基調の景気を追い風にしてA社の業績も伸長した。ところが，リーマン・ショックによって急速に市場が縮小し始めると，A社の売上も頭打ちになった。同業者の多くがこの市場から撤退する中で，A社はシェアこそ拡大させたが，もはや，その後の売上の拡大を期待することのできる状況ではなかった。

ところが，A社がこの事業に参入した頃から，情報通信技術の急速な進歩に伴って，事務機器市場が大きく変化してきた。そのことを予測していたからこそ，A社長は，後進に事業を委ねる条件が整うまで自らが先頭に立って，新規事業や製品の開発にチャレンジし続けているのである。

これまで幾度かの浮き沈みを経験してきた同社であるが，営業職や事務職，人事・経理・総務などの管理業務を兼務している者を加えた約50名の社員のうち，技術者が9割近くを占めている。創業以来変わることなく社員の大半は技術者であるが，売上が数十倍になった今日に至っても従業員数は倍増程度にとどまっている。

従前A社では，電子回路技術部門，精密機械技術部門，ソフトウェア技術部門と専門知識別に部門化されていた。しかし，複写機関連製品事業が先細り傾向になった頃から，製品開発部門，品質管理部門，生産技術部門に編成替えをし，各部門を統括する部門長を役員が兼任した。製品開発部門は，環境エネルギー事業の開発を推進するグループ，法人顧客向けの精密機械を開発するグループ，LED照明関連製品を開発するグループに分けられ，電子回路技術，精密機械技術，ソフトウェア技術などの専門知識を有する技術者をほぼ同数配置した混成チームとした。品質管理部門と生産技術部門には，数名の技術者が配属され，製品開発部門の業務をサポートすると同時に，複数の生産委託先との調整業務を担っている。

絶えず新しい技術を取り込みながら製品領域の拡大を志向してきたA社にとって，人材は重要な経営資源であり，それを支えているのが同社の人事制度である。

その特徴の一つは，戦力である技術者に新卒者を原則採用せず，地元出身のUターン組やIターン組の中途採用者だけに絞っていることである。また，賃金は，設立当初から基本的に年功給の割合をできるだけ少なくして，個人業績は年二回の賞与に多く反映させるようにしてきた。近年，いっそう成果部分を重視するようになり，年収ベースで二倍近くの差が生じることもある。それにもかかわらず，A社の離職率が地元の同業他社に比べて低いことは，実力主義がA社の文化として根付いていることの証左である。とはいえ，その一方で家族主義的な面も多くみられる。社員持株制度や社員全員による海外旅行などの福利厚生施策を充実させているし，1990年代半ばには，技術者による申請特許に基づく装置が売れると，それを表彰して売上の1%を報奨金として技術者が受け取ることができる制度を整備し運用している。

このように，A社は，研究開発型企業として，取引先や顧客などの声を反映させていた受け身の製品開発の時代から，時流を先読みし先進的な事業展開を進める一方で，伝統的な家族主義的要素をも取り入れて成長を実現している企業だといえる。

1 事例のテーマ

「ニッチ市場で時流を先読みした先進的な事業展開を進めてきた研究開発型企業が，事業領域を変更するにあたり，技術中心から事業中心の組織体制に変更し，さらに実力主義と家族主義を融合させた人事戦略を見直すことで，チャレンジし続ける企業として後進に今後の事業を託す事例」

2 与件文の整理

事例企業の概要		
	業　　種	エレクトロニクス・メーカー
	主力商品	電子機器開発に特化（生産や販売は他社委託） 複写機関連60%，電子機器開発40% 大口顧客は，事務機器販売フランチャイズ・チェーン
	財務内容	売上12億円　資本金2,500万円
	従業員数	役員5名を除く従業員数約50名（ほとんどが正規）
	組　　織	創業以来，技術者が9割近くを占める 売上伸びても従業員数増加は少なくてすむ 従前は，専門知識別に部門化 電子回路技術部門 精密機械技術部門 ソフトウェア技術部門 変更後（複写機関連製品事業が先細り傾向になった頃）， 事業ごとに経営する組織に： 製品開発部門（部門長役員） 環境エネルギー事業開発推進グループ＋技術者 法人顧客向け精密機械開発グループ＋技術者

事例企業の概要

LED照明関連製品開発グループ＋技術者
品質管理部門（部門長役員）＋技術者
生産技術部門（部門長役員）＋技術者
製品開発部門の業務サポート
複数の生産委託先との調整業務

その他特記事項

採用は，即戦力（Uターン組やIターン組の中途採用技術者のみ）
実力主義が根付く
賃金は，設立当初から実績成果給
近年，一層成果部分を重視も，離職率が低い
売上の1%報奨金制度
家族主義面も
社員持株制度，海外社員旅行などの福利厚生

時系列の出来事

1970年代後半
創業。大手コンデンサーメーカー技術者から，故郷で近隣大手電子メーカー向け特注電子機器製造
主力取引先以外も大手・中堅メーカーとの共同プロジェクトへの参画増加等順調に拡大

1990年代初頭
バブル経済の崩壊により急激な事業縮小，売上大幅減少
農産物や加工食品などの検品装置や，発電効率を高める太陽光発電システムなど，自社技術を応用した様々な新製品開発

1990年代半ば
特許申請した装置の売上の1%を技術者が受け取ることができる報奨金制度を整備・運用
平成不況（1990年代～2000年代初頭）が長引くなかニッチ市場向製品開発に注力
開発した製品を販売した時点で取引が完了する売切り型→形態の異なる新規事業開発（複写機関連製品事業）
この頃からの情報通信技術の急速な進歩に伴う事務機器市場の大きな変化を社長は読んでいた

2000年代後半
リーマン・ショックにより急速に市場が縮小，同業者の多くが市場撤退するなかシェア拡大も，その後の売上の拡大を期待できない状況。この頃，組織変更

2008年～
売上構成：複写機関連60%，受託開発の電子機器・製品40%

SWOT	強み	機会
	○コアテクノロジーであるセンサー技術 ○開発に注力できる体制 ○実力主義の人事制度と文化と家族主義的文化のバランス ○安定的収益を生む事業を持っていること ○新規事業や製品の開発への継続的チャレンジ ○時流を先読みし先進的な事業展開	○情報通信技術の急速進歩に伴う事務機器市場の大きな変化
SWOT	弱み	脅威
	○変化の波に浮き沈みさせられた事業構成（過去） ○営業・製造は他社委託	○常に変化の波にさらされてきたこと ○過去には，大手メーカーに依存

3 全体観

与件文は2ページ半弱と，前年と同様やや短めとなっています。

大手取引先への依存により景気の波に何度も大きく翻弄されてきた研究開発型企業が，生き残りをかけてニッチ市場の開拓を続けている事例です。

A社は，売上の8割近くを主力取引先向けの電子機器製造に依存していた時代→ニッチ市場向け売り切り型事業の時代→複写機関連製品事業の時代と進み，現在は，環境エネルギー・法人顧客向け精密機械・LED照明関連製品の3事業同時開発の時代と，時代の趨勢に合わせた変遷を遂げてます。

大手企業のエンジニアであった社長が，コア業務である「開発」に経営資源を集中し，中途採用のみで人材を集め，BtoBの市場に対し9割が技術者の実力主義の組織で勝負しています。ただし，家族主義的な福利制度やその他のモラールを向上させる制度を模索しつつ，バランスを取っているようです。

設問の構成は次の通りです。

第1問　20点　100字　規模の小さな市場をターゲットにしている理由

第2問　40点

設問1　　100字　最終消費者に向けた製品開発に力点を置いてこなかった理由

設問2		100字	複写機関連製品とそれ以前の開発製品の事業特性の違い
第3問	20点	100字	組織改編の目的
第4問	20点	100字	チャレンジ精神や独創性を維持するための取り組み

設問は，第1問が競争（全体）戦略，第2問が事業ドメイン，第3問が組織戦略，第4問がモラール向上とフレームワークのレイヤーの上から順番に問ってきてます。今年は事例Ⅰにありがちなビックリ問題もなく，与件文に解答要素やヒントは散りばめられてますので，キチンと拾えば十分合格点が取れる問題です。

4 設問ごとの答案・解説

第1問（配点20点）

研究開発型企業であるA社が，相対的に規模の小さな市場をターゲットとしているのはなぜか。その理由を，競争戦略の視点から100字以内で答えよ。

【橋詰がたどり着いた答案】
「理由は，大手が参入しにくく急速に変化する市場で，差別化面からコアテクノロジーであるセンサー技術を活かすとともに集中化面から人材資源の開発への集中で，競争優位を得て大手に依存しない体制確立のためである。」
（100字）

解　説

「競争戦略」とくれば，思い出すべき1次知識はマイケル・ポーターの「差別化・集中化・コストリーダーシップ（中小企業では使わない）」ですよね。ですから，今回は，差別化面と集中化面で切り分けて記述することがポイントです。また，「相対的に規模の小さな市場＝ニッチ市場」の特性を覚えておくことも必須です。

ワザワザ「差別化面では•••集中化面では•••」と書くのは採点者へのアピルです。コンサルタントになってからも使いますが，文章を書く目的は「相手に伝えること」です。クライアントさんが求めていることを「キチンとわかっていますよ」と伝えてあげることは必須ですので，「私はちゃんと，『ニッチ市場』のことや『マイケル・ポーターの競争戦略』のことをわかっていますよ。」ということをしっかり採点者に伝えましょう。

まず，ニッチ市場の特性である「大手が参入しにくい」ことに触れて，差別化できる当社の強みは第2段落3行目の「コアテクノロジーであるセンサー技術」で，集中しているのは第1段落4行目の「開発」です。この二つを手段として，競争戦略なので「競争優位を得る」のが目的で，それにより第2段落7行目の過去の苦い経験から「大手に依存しない体制を確立する」のが，「最終目的」という流れになります。

第2問（配点40点）

A社の事業展開について，以下の設問に答えよ。

設問1

A社は創業以来，最終消費者に向けた製品開発にあまり力点を置いてこなかった。

A社の人員構成から考えて，その理由を100字以内で答えよ。

【橋詰がたどり着いた答案】

「理由は，従業員の9割を最終消費地から遠い地元在住の中途採用技術者とすることで，地元で得た事業者向けシーズで製品開発に注力し新技術を取り込み製品領域拡大を目指す効率的人事・経営戦略を取ることができたため。」(100字)

解　説

この問題は，結構難問ですね。最初は「技術者が多いので製造や営業に力を入れない。」と考えたのですが，出題者の答えてほしいポイントはそこではなく，「最終消費者向けではない」ところにあるようです。すると「技術者の割合が非常に高い」というだけの解答では片手落ちで，会社の立地条件でいえば「会社が田舎にあるから」というファクターを加える解答になるのでしょう。

また，設問は，立地条件からではなく，「A社の人員構成から考えて」との制約条件を設定してきております。従って，それに関する記述を与件文から拾っていくと，第7段落2行目の「約50名の社員のうち，技術者が9割近くを占めている。」，第10段落1行目の「戦力である技術者に新卒者を原則採用せず，地元出身のUターン組やIターン組の中途採用者だけに絞っていることである。」という記述から，「従業員の9割を最終消費地から遠い地元在住の中途採用技術者とする」ということが前提条件にならなければなりません。

そして，開発されてきたものは農業・食品産業向けの製品や太陽光発電など最終消費地から遠い地で使われる事業用製品が中心になっています。ただ，意識的にそのような採用・人事構成にすることで，第7段落3行目に記述されている「売上が数十倍になった今日に至っても従業員数は倍増程度にとどまっている」効率的人事戦略の成功につながっているのです。

経営資源の少ない中小企業では，「選択と集中」が大切です。人的資源を技術力磨きと研究開発に集中投下し，研究開発した製品領域を拡大しニッチ市場で競争優位を築いていく戦略をとっています。

そこから，第9段落の「絶えず新しい技術を取り込みながら製品領域の拡大を志向してきたA社にとって，人材は重要な経営資源であり，それを支えているのが同社の人事制度である」と，中途採用により新しい技術を取り込みつつ製品領域を拡大する経営戦略が書かれています。

前半部の「人事構成の特徴」は与件文の抜き出しですので，これはなんとか押さえたいところです。ただ，これを最終消費者向け製品開発に力点を置かなかったことに結び付ける理由を読み取るのはなかなか苦労するかもしれません。この問題は，「部分点取り」と割り切って考えすぎないのが良いもかもしれません。

設問2

A社長は経営危機に直面した時に，それまでとは異なる考え方に立って，複写機関連製品事業に着手した。それ以前に同社が開発してきた製品の事業特性と，複写機関連製品の事業特性には，どのような違いがあるか。100字以内で答えよ。

【橋詰がたどり着いた答案】

「特性の違いは，従来は開発した製品を販売した時点で取引が完了する売切り型の事業だったのに対し，複写機関連製品は消費者への再生品や部品，ト

ナー等の消耗品販売により継続的に安定した収入を期待できることである。」（100字）

解　説

この問題は，与件文からの抜き出し問題なので確実に取りたいところです。従来の事業特性は，第4段落5行目「開発した製品を販売した時点で取引が完了する売切り型の事業の限界を打ち破ることを目標にして，新規事業開発に取り組んだ」と明記されているので，こちらから抜き出します。また，その「複写機関連製品事業」がなぜ継続安定収入が見込めるのかといえば，第1段落の6行目の「この10年間は売上のおよそ6割を，複写機の再生品や複合機内部の部品，複写機用トナーなどの消耗品が占めている。」との記述から，継続的なメンテナンスの必要性による継続ニーズが存在する事業特性であることが見受けられますので，こちらを抜き出して記述すると良いと思います。

こういった，「ターニングポイント」の前後の違いを記述させる設問が時折見られます。このような問題に対しては，「違いは，従来は●●だったのに対し，それ以降は▲▲である。」と対比させて書くと伝わりやすい答案にできます。

第3問（配点20点）

A社の組織改編にはどのような目的があったか。100字以内で答えよ。

【橋詰がたどり着いた答案】

「目的は，技術主導の縦割り組織から経営主導の事業別組織にすることで，取引先や顧客等の声を反映させる受け身の製品開発で業績の浮沈の激しい事業展開から，時流を先読みし先進的な事業展開へと成長を図るためである。」（100字）

解　説

組織改編の目的から想起できる1次知識は，チャンドラーの「組織は戦略に従う」ですね。実際にどのような組織からどのような組織へと改編したかについては，第8段落に具体的に記述されています。技術の専門知識別に部門化された組織から，業務ごとに部門化されそれぞれのトップに役員を配置する組織に変更しています。また，コア業務である製品開発部門では，事業ごとにグループ化してそれぞれに各種技術の専門技術者を均等に配置しました。この改編が物語るのは，技術よりも事業を重視し，各部門を経営的観点から管理していく体制の構築です。その理由は，第11段落（最終段落）で記述されている，「どんな事業展開を展望しているか?」ということに集約されています。時流を先読みし先進的な事業展開をするためには，迅速で柔軟な対応ができる事業別組織のほうが適していますね。

第4問（配点20点）

A社が，社員のチャレンジ精神や独創性を維持していくために，金銭的・物理的インセンティブの提供以外に，どのようなことに取り組むべきか。中小企業診断士として，100字以内で助言せよ。

【橋詰がたどり着いた答案】
「取り組むべきことは，博士号取得や独自研究開発の支援，研修・OJTによる育成，適材適所の配置，実力主義による昇進，裁量範囲の拡大等職務充実・拡大等により，社員のモラールを上げ忠誠心を高めることである。」（98字）

解　説

事例Ⅰにおける最終問題の定番となりつつある，従業員のモラールを上げるための打ち手を問う問題です。ほぼ毎年問われている知識ですので，具体的な打ち手を覚えておくことは必須です。ただし，本問では「金銭的・物理的インセンティブの提供以外に」と制約条件を指定してきていますので，精神面・ソフト面での施策を一つでも多く羅列して解答することが現場対応となります。

まずは，9割を占める技術者のやる気を高める施策としては，研究への支援や平成26年に出題された博士号取得見込み者への博士号取得支援のような支援があげられます。特許取得に対する報酬は制約条件に引っかかるので採用しませんでした。また，技術者としてのレベルを高める育成制度も大切ですし，配置や昇進等の処遇や裁量範囲の拡大等一般的に言われているモラールを高めるための職務充実・職務拡大も効果的と考えられるので入れていくと良いでしょう。もちろん，これ以外でも制約条件に抵触しない施策であれば大丈夫です。そして最後にこれらの施策により「社員のモラールを上げ忠誠心を高めること」とまとめると良いと思います。

平成29年事例Ⅰ

A社は，資本金1,000万円，年間売上高約8億円の菓子製造業である。A社の主力商品は，地元での認知度が高く，贈答品や土産物として利用される高級菓子である。A社の人員構成は，すべての株式を保有し創業メンバーの社長と専務の2名，そして正規社員18名，パートタイマー中心の非正規社員約70名をあわせた約90名である。A社は，2000年の創業以来，毎年数千万円単位の規模で売り上げを伸長させてきた。近年では，全国市場に展開することを模索して，創業時から取り扱ってきた3種類の主力商品に加えて，新しい菓子の開発に取り組んでいる。同社のビジョンは，売上高30億円の中堅菓子メーカーになることである。

現在，A社の組織は，製造部門，営業部門，総務部門の3部門からなる機能別組織である。部門長と9名の正規社員が所属する製造部門は，餡づくり，生地づくり，成型加工，そして生産管理を担当している。また，自社店舗による直接販売は行っていないため，創業以来営業を担当してきた専務をトップに6名からなる営業部門は，県内外の取引先との折衝や販売ルートの開拓のほか，出荷地域別にくくられた取引先への配送管理と在庫管理が主な業務である。非正規社員70名のうち毎日出社するのは30名程度で，残りの40名は交代勤務である。非正規社員の主な仕事は，製造ラインの最終工程である箱詰めや包装，倉庫管理などの補助業務である。人事・経理などの業務は，3名の正規社員から成る総務部門が社長の下で担当している。

長期的な景気低迷期の激しい企業間競争の中で順調に売上規模を拡大することができたのは，A社が事業を引き継ぐ以前のX社時代から，現在の主力商品の認知度が地元で高かったからである。A社の前身ともいえるX社は，70年近い歴史を誇る菓子製造販売業の老舗であり，1990年代後半までは地元の有力企業として知られていた。創業当初，小さな店構えにすぎなかったX社は，その後直営店をはじめ様々な販売ルートを通じて，和・洋の生菓子，和洋折衷焼菓子など100品目以上の菓子を扱うようになり，年間売上高は10億円を超えるまでになった。しかしながら，1990年代後半バブル経済崩壊後の長期景気低迷の中で販路拡大・生産力増強のための過剰投資によって巨額の負債を抱え，事業の継続を断念せざるを得なくなった。それに対して，当時，県を代表する銘菓として人気を博していた商品が売り場から消えてしまうことを惜しみ，菓子工業組合に贔屓筋がその復活を嘆願するといった動きもみられた。さらに，県内外の同業メーカーからその商標権を求める声も相次いだ。

その商標権を地元の菓子工業組合長がX社社長から取得していたことも

あって，A社に譲渡することが短期間で決まった。もちろん，A社社長がX社の社員であったということは重要な点であった。1970年代半ばから長年にわたって営業の最前線でキャリアを積んだA社社長は，経営破綻時に営業課長の職にあった。一連の破綻処理業務で主要取引先を訪れていた折に，販売支援の継続を条件に商品の存続を強く求められたことで一念発起し，事業の再興に立ち上がったのである。

企業経営者としての経験がないといった不安を抱えながらも，周囲の後押しを受けてA社社長が過半数を出資し，X社で共に働いていた仲間7名もわずかな手持ち資金を出資して事業再建の道をスタートさせた。主力商品だけに絞って，商品名を冠にした新会社設立の準備を急ピッチで進めた。資金の不足分については，県の支援で低利融資で賄った。とはいえ，かつてと同じ品質や食感を出すために必要な機器を購入するためには多額の資金が必要であり，昔ながらの味を復活させるには，その後数年の年月がかかっている。餡（あん）づくりはもとより，旧式の窯を使用した焼き上げ工程を含めて菓子づくりのほとんどが，人手による作業であった製造工程を大幅に変更し，自動化によって効率性を高められるようになったのは，現在の工場が完成する2005年であった。

製造設備面の課題こそあったものの，商品アイテムを主力商品だけに限定してスタートしたA社は，創業直後から一定水準の売り上げを確保することができただけでなく，年を重ねるにつれ売り上げを伸ばし続け，今日の規模にまで成長したのである。2000年代半ばには増資して，手狭になった工場を，そこから離れた郊外の，主に地元の企業を誘致対象とした工業団地に移転させた。また，その新工場は，食品製造の国際標準規格であるHACCP（ハサップ）に準拠するとともに，銘菓といわれたかつての商品に勝るとも劣らない品質や食感を確保し，現在の3種類のラインアップの焼菓子を日50,000個体制にまで整備した。

しかし，創業からおよそ17年の時を過ぎたとはいえA社の主力商品は，前身であるX社が築きあげてきた主力商品に依存しており，A社が独自で創りあげたものではないことは事実である。かねてより目標として掲げてきた全国市場への進出の要件ともいうべき首都圏出店の夢もいまだにかなっているわけではない。売上高30億円というビジョンを達成するためには，全国の市場で戦うことのできる新商品の開発が不可避であるし，それを実現していくための人材の確保や育成も不可欠である。

17年の時を経て，共に苦労を乗り越えてきた戦友の多くが定年退職したA

社は，正に「第三の創業期」に直面しようとしているのである。

1 事例のテーマ

「既存商品のブランド力を徹底的に活かし，効率的体制を構築して順調に成功してきた菓子メーカーが，前身企業の失敗の轍を踏まないように拡大を目指していく事例」

2 与件文の整理

事例企業の概要

業　　種　菓子製造業
主力商品　高級菓子
財務内容　売上8億円　資本金1,000万円
従業員数　正規18名　非正規約70名　合計約90名
組　　織　機能別組織
　総務・人事：社長＋正規社員3名
　営業（＋配送管理，在庫管理）：専務＋正規社員5名
　製造：部門長＋正規社員9名
　　非正規社員70名（常勤30名＋交代勤務40名）
　　補助業務（箱詰，包装，倉庫管理）
株　　主　社長（過半数），専務で全株
目　　標　売上高30億円　全国市場展開（首都圏店舗）
　新しい商品開発
時系列の出来事
　1920年頃
　　前身X社創業
　1990年頃まで
　　老舗として直営店はじめ様々な販売ルート
　　和洋生菓子，和洋折衷菓子等100品目以上
　　売上10億円
　1990年代後半
　　過剰投資による巨額負債を抱え事業継続断念
　　根強い贔屓筋からの嘆願や同業者の商標権ニーズ
　2000年
　　地元菓子工業組合長が取得の商標権をX社営業課長だった現社長が譲受して，A社設立，販売継続
　　主力商品に絞込み，商品名冠の社名，県の低利融資

	2005年 増資。地元企業集積する工業団地に新工場 HACCP，製造工程の自動化・効率化により昔ながらの味・品質・食感の確保に成功	
SWOT	強み ○主力商品の名声，地元での認知度，支持の高さ ○贈答品・土産物として用いられるブランド力 ○正規社員はコア業務に注力し，補助業務を非正規社員の弾力的なシフトで行える効率的な組織体制 ○自動化設備，HACCP準拠，相応の生産力，効率的販売体制 ○昔ながらの品質・食感を確保できる技術力	機会
	弱み ○主力商品3種類への依存（開発力不足）→人材育成・確保必要 ○現経営陣（創業メンバー）の高齢化 ○自社店舗による直販なし ○営業部門に補助業務（配送・在庫管理）が残る	脅威 ○激しい企業間競争

3　全体観

与件文は2ページちょっとと，短めです。だからと言って抽象的でわかりにくいわけではなく，組織内容やこれまでの経緯等データやヒントとなるキーワードが満載です。

A社は，過剰投資による負債に耐えきれずに市場から退場した老舗高級菓子製造販売業を引き継ぎ，ブランド力の高い主力製品に絞り込んで成功している会社です。周りの支持に支えられ，一点集中に適した組織を構築して，改革に適した製造拠点にも恵まれて堅調推移中。前身の会社をはるかにしのぐ規模拡大を夢見ており，中小企業診断士としては「二度目の轍」を踏まぬようリスク面を留意させつつ導いてあげることが肝要です。それに，経営者も歳を取り，それも悩みの一つのようです。

事例Ⅰらしく過去の成功や失敗を乗り越えて全国展開を図るストーリーで

す。問われている内容は，成功要因，経営体制，戦略的メリット，ビジョン達成に向けてのリスク，組織的課題とオーソドックスな問題で，与件文のヒントをキチンと読み取ることが必要です。全く関係なさそうな場所にさりげなく書いてあることもあるので注意しましょう。

設問の構成は次の通りです。

第1問	20点	100字	主力商品人気復活の最大の要因
第2問	20点	100字	少人数正社員による効率的運営を可能とする経営体制の特徴
第3問	20点	100字	工業団地移転の戦略的メリット
第4問	20点	100字	全国市場への拡大に際し障害となるリスクの可能性
第5問	20点	150字	存続にとって懸念すべき組織的課題

と小さな設問のない問題構成です。

過去分析→現状分析→戦略的メリット分析→戦略実現に向けたリスクと課題，と時系列を追って続いています。第1問は「最大の理由」が聞かれていますが，与件には複数の要因が列挙されており混乱を招く仕掛けがありますが，一言でまとめて制約外しをしないよう注意しましょう。第2問は与件文からの抜き出しと1次知識です。第3問と第4問は戦略的メリットとリスクを問われており，当社に対して正しい見立てを行う必要があります。第5問は「人事組織の適正化」による「経営課題」の解決を提言しましょう。150字と字数が多いので論拠とともに，多面的に書くことを心がけましょう。第1問は難問ですので，考えすぎて時間を浪費しないように後回しにするのも考え方です。

4 設問ごとの答案・解説

第1問（配点20点）

景気低迷の中で，一度市場から消えた主力商品をA社が再び人気商品にさせた最大の要因は，どのような点にあると考えられるか。100字以内で答えよ。

【橋詰がたどり着いた答案】

「最大の要因は，県を代表する銘菓として地元の認知度が高く，贔屓筋の嘆願や取引先の強い継続要望があり，同業者に商標権を相次いで求められる，新会社の冠も主力商品名とする，ほどの主力商品の高いブランド力である。」(100字)

解　説

商品面での強みを問う問題ですが，いくつもの要因をあげておいて「最大の要因を答えよ」とあるのがイヤらしいですね。第3段落にはっきり「認知度が地元で高かったからである。」と書いてあるので，素直にこれに肉付けして記述すれば良いのですが，「最大の要因」一つしか解答できないので，ちりばめられている記述をうまく一つの要因に結び付けて述べる必要があります。ただし，「認知度が地元で高かったから」という言葉でまとめなかったのは，「地元でよく知られている」だけでは「最大の要因」とまとめる言葉しては弱いからです。「高いブランド力」を結論として書くことで，「認知度」「周辺の強い支持」「商標権」「冠」をまとめられると判断しました。

その年の最初の事例の最初の問題として置かれがちな受験生の混乱を誘う定番のビックリ問題でした。迷い出すと時間を取られる可能性があるので，後回しにするのも一つの対処法です。

第2問（配点20点）

A社の正規社員数は，事業規模が同じ同業他社と比して少人数である。少人数の正規社員での運営を可能にしているA社の経営体制には，どのような特徴があるのか。100字以内で答えよ。

【橋詰がたどり着いた答案】

「特徴は，①製造工程の自動化や自社店舗を持たない効率的な事業運営を実施し，②非正規社員には補助業務を担当させ正規社員はコア業務に注力し，③非正規社員を交代制勤務で弾力的組織運用を実施していることである。」(100字)

解　説

運営面での強みを問う問題です。少人数の正規社員での運営と言えば，平成25年のサプリメント製造の事例が思い出されます。今回も正規社員・非正規社員がどのような業務を担っているのかに着目して，「コア業務・非コア業務」という切り分けで解くと良いと思います。平成25年も「正規社員には『コア業務』，『非コア業務』は非正規社員に行わせる」ように解答させていましたが，今回もそのあたりは必須です。

そして，与件文から，「自動化によって効率性を高められるようになった」（第5段落），「自社店舗による直接販売なし」（第2段落），「（非正規社員のうち）40名は交代勤務」（第2段落）という効率運営にかかるキーワードが拾えますので，それらを構成要素としてまとめれば，論点を逃さない答案にできると思います。

第3問（配点20点）

A社が工業団地に移転し操業したことによって，どのような戦略的メリットを生み出したと考えられるか。100字以内で答えよ。

【橋詰がたどり着いた答案】

「戦略的メリットは，広く郊外の新工場建設によりHACCP準拠，製造工程自動化，生産力増強，昔ながらの品質・食感復活が実現できたこと，誘致された地元産業との連携の可能性や集積による効率化が期待できることである。」（100字）

解　説

工業団地への戦略上の移転メリットを問う問題です。まずは，第5，6段落に記述されている新工場移転により得たメリットに関する文言をピックアップすると「HACCP準拠」，「製造工程自動化」，「生産力増強」，「昔ながらの品質・食感復活実現」という言葉を並べることができると思います。また，「工業団地」で想起される1次知識から「地元産業との連携」「集積による効率化」を記述することができると思います。「経営戦略上のメリット」を問う問題ですので，レイヤーを間違えないようにしたいものですが，抜出と簡単な1次知識で解ける問題ですので落とせない問題です。

第4問（配点20点）

A社は，全国市場に拡大することでビジョンの達成を模索しているが，それを進めていく上で障害となるリスクの可能性について，中小企業診断士の立場で助言せよ。100字以内で答えよ。

【橋詰がたどり着いた答案】

「リスクは，①新商品開発・販売ルート・生産力増強のための投資負担や人材の確保育成，②販売品目増加に伴う主力商品のブランド力低下，③効率路線から拡大路線への変更に伴う組織構造・組織文化変更，等である。」（98字）

解　説

全国展開を目指す上で想定されるリスクについて問う問題です。「リスクの可能性」というわかりにくい日本語を使ってますが，あまりこだわることはないと考えます。第3段落に拡大路線を歩んで失敗した前身企業X社のことが記述されてますので，反面教師としてその失敗をリスクとして書けば一要素あげられます。ただ，それだけで100字を記述するには内容が薄いので，「一点集中路線から多品目販売路線へ」，「効率路線から拡大路線へ」と方向転換した場合に想起されるリスクを加えると，より多面的な解答となるでしょう。具体的には，与件文に記述のある商品面の課題，直営店を持たないことによる運営面のノウハウ不足，などから考えられるリスクを書きたいです。ただし，事例Ⅰなのでマーケティング寄りの解答になってしまわないよう，経営資源や組織構造・文化，人事施策の観点で書きましょう。多品目を販売して不振となった際のブランド低下リスクや，拡大路線変更に伴い変わらざるを得ない組織構造や文化へ思いをいたすことも必要になってきます。

第5問（配点20点）

「第三の創業期」ともいうべき段階を目前にして，A社の存続にとって懸念すべき組織的課題を，中小企業診断士として，どのように分析するか。150字以内で答えよ。

【橋詰がたどり着いた答案】

「組織的課題は，①社長・専務が高齢化かつ全株式を保有していることからの後継経営者育成や事業承継，②直接販売網がないことからの首都圏出店をはじめとした営業部門の拡充，③主力商品依存体質であることからの全国市場で勝負できる新商品を独自で創り上げるための開発部門の拡充，とそのための人材確保・育成，と分析する。」（150字）

解　説

まとめとしての経営課題の抽出です。第1段落のワザワザ表現である「すべての株式を保有し創業メンバーの社長と専務」や，取ってつけたように書かれている第8段落の「戦友の多くが定年退職」という記述はここで使います。また，第7段落の「目標として掲げてきた全国市場への進出」「全国の市場で戦うことのできる新商品の開発が不可避」という記述も考慮に入れれば，A社の経営課題は，①経営者の高齢化，②全国展開，③新商品開発の3点であることは想起できると思います。その経営課題の解決のためにネックとなる「解決すべき組織構造上の課題」が本設問の解答すべきものです。

経営者の高齢化への対応には後継者育成や事業承継，全国展開への対応には営業部門の拡充，新商品開発には開発部門の拡充があげられますし，第7段落の一番最後の「そのための人材の確保や育成も不可欠である。」という表現も，ここで使えますね。

平成28年事例Ⅰ

A社は，大正時代の半ばに現社長の祖父が創業した，資本金4,000万円の地方都市に本社を置く老舗印刷業者である。戦後まもなく株式会社に改組してから一族で経営を承継し，A社社長は5代目である。現在のA社の売上はおよそ15億円であるが，リーマンショック以降売上は減少傾向で，ここ数年利益もほとんど出ておらず，赤字経営に近い状態で推移している。A社社長の目下の経営課題は，売上や利益を確保し，100年近い同社の歴史を絶やさないことにある。しかし，こうした厳しい経営状況にもかかわらず，およそ150人前後で推移してきた従業員（非正規社員15人前後を含む）のリストラをA社社長自身考えていない。A社ではこれまでも経営理念の一つとして掲げてきた「社員は宝」のスローガンの下で，新卒社員や女性社員の採用を積極的に進め，人件費以外の部分で効率化を図ることに注力してきた。

A社の売上の70%程度を占めているのは，卒業式前後に生徒・学生に配布する学校アルバム事業であり，創業以来の主力製品である。現在，全国およそ3,000校のアルバム制作を手掛け，年間の学校アルバム製造部数は30万部を超えている。製版から製本までのアルバム制作の全工程を一貫して自社内で行っており，国内シェアもトップクラスである。残りの売上の30%を占めているのは，1970年代から取り組んできた一般印刷事業，1980年代にスタートさせた美術印刷事業とその他新規事業である。

A社の業績が悪化し始めたのは，2000年代になってからのことであり，それ以前，同社の業績は右肩上がりで推移していた。1990年代半ばの売上は，現在よりも10億円以上も多く，経常利益率も10%を超えていた。当時のA社の成長を支えてきた要因の一つは，今日でも経営理念として引き継がれている人材力の強化，すなわち社員教育の成果にあったといえる。

1970年代半ばに3代目社長が，他社に先駆けてオフセット印刷機を導入したのを契機にして，独自で技術開発に取り組んで印刷精度を向上させた。それによって学校アルバム事業を拡大させ，高い印刷精度が求められる美術印刷事業にも参入している。また，社員教育に力を注ぎ，企画力やデザイン力を強化・向上させたことで，他社と差別化を図ることもできるようになった。さらに，教育効果を高めるために，1980年代半ばには，自社所有の遊休地に研修施設を建設し，新入社員研修や従業員の体験学習，小集団活動を積極的に促してきた。

1980年代後半，将来の少子化時代の到来やOA（オフィス・オートメーション）化の進展が見込まれるようになると，順調に事業を拡大させてきたA社でも，学校アルバム事業や印刷事業の成長の可能性に懸念を抱くようになり，事業多角化を模索し始めた。3代目社長のリーダーシップの下で，自社企画のカレンダーやメモ帳，レターセットなどの印刷関連のオリジナル製品を開発し，商品見本市などでの販売を開始した。その一方で，自社での社員教育の成功体験や施設を活かすことを目的とした企業研修事業や，工芸教室などの教育関連事業にも参入した。また，当時のCI（コーポレート・アイデンティティ）ブームの下で，地元のコンサルティング会社と提携して，企業イメージのトータルデザインを手掛けるコンサルティング事業や自らの顧客である写真館の店舗デザインを助言するといった事業を手掛けるようになった。さらに，漫画雑誌やタウン誌を編集し発行する出版事業にも手を伸ばした。もっとも，1990年代後半にあっても売上のおよそ80％を学校アルバム事業が占めていることから，業績伸張の要因は，1980年代後半に立ち上げたそれら事業ではなく，同社が学校アルバム事業を核に蓄積してきた高度な印刷技術を活用した，一般印刷や美術印刷など印刷事業の拡大にあったことがわかる。2000年代になると，4代目社長が他社に先駆けて進めてきたデジタル化によって，時間やコストの大幅な削減が実現された。

しかし，現社長が就任した2003年を前後して，印刷業界の経営環境が大きく変化した。インターネットが急速に普及し始めて，出版系の需要が大幅に減少した。加えて，印刷のデジタル化によって専門性の高い製版技術が不要になり，他業種から印刷事業への新規参入が急増するようになった。印刷業界では，新規参入企業との価格競争が激化し，1998年以降の約10年間で市場規模が2兆円以上縮小し，少なからぬ企業がこの市場からの撤退を余儀なくされた。その厳しい状況の中で，A社社長は100年の歴史を背負うことになったのである。

さらに，2008年のリーマンショックの余波が，印刷業界を襲った。少子高齢化，価格競争の激化，景気低迷といった逆風の中で，このままでは生き残ることさえ難しいと感じたA社社長は，経営改革を決意した。まず着手したのは，多角化した事業に分散していた経営資源を主力製品であるアルバムに集中し強化することであった。

少子化の中で学校数が減少し学校アルバム市場が縮小するとともに，デジタルカメラの普及以来，それまで学校とのパイプ役を果たしていた地域の写真館の数が減少する中で事業規模を維持していくためには，アルバムの新たな市場や需要を開拓することが不可欠となった。そこで，ターゲット市場を学校だけに限るのではなく，美術館や企業，そして一般消費者のアルバム需要を掘り起こすことに力を入れる体制作りをスタートさせた。少量印刷・高品質印刷が可能な最先端のデジタル印刷機を導入して，得意としてきた美術印刷事業のさらなる強化に加え，定年退職者の記念アルバムや子供の成長記録アルバムの商品化など新規事業を立ち上げた。とはいえ，それら事業を展開するためには，これまでの学校アルバム事業と異なる営業戦略，事業運営体制が必要となる。生産現場の従業員を営業担当に配置換えするとともに，巨大な潜在市場を抱える大都市圏にも営業所を設けるなどして，営業力強化の体制作りに取り組んだ。

それと同時に，組織改革にも着手した。「営業⇒企画⇒編集⇒印刷⇒製本⇒発送」といった一連の工程を中心に学校アルバム事業に適応するよう編成してきた機能別組織体制を見直し，アルバム事業，一般印刷事業，美術印刷事業，教育関連事業など，複数の事業間に横串を刺すことによって，全社が連動し人材の流動性を確保できるような組織に改変した。

いうまでもなく，A社の経営改革が結実するまでには時を待たなければならないが，労働人口の減少が著しい地方都市にあって100年の節目を迎えるためにも，さらなる経営改革の推進とともに，それを実現していく有能な人材の確保が必要であることは確かである。

1 事例のテーマ

「蓄積した技術と人材力を活かし，多部門間のシナジー力を高めて，生き残りを図る事例」

2 与件文の整理

事例企業の概要

業　　種	印刷業　本社　地方都市
主力商品	学校アルバム70%（全国3,000校30万部） その他，一般印刷事業，美術印刷事業等
財務内容	売上15億円　資本金4,000万円
従業員数	正規135人　非正規15人前後　合計150人前後
組　　織	機能別組織→マトリックス組織転換
経営課題	売上利益確保，会社の継続，有能な人材確保，リストラは考えず（「社員は宝」）

事例企業の概要

時系列の出来事
大正時代半ば
祖父が開業，一族で承継し5代目
1970年代半ば
オフセット印刷機導入，印刷精度向上，学校アルバム事業拡大
1980年代
美術印刷事業開始。社員教育，企画力・デザイン力強化向上
1980年代半ば
新入社員，従業員体験学習，小集団活動を積極推進
1980年代後半
3代目社長が将来の少子化OA化に伴うアルバム印刷事業の縮小に備え事業多角化
↓
・カレンダー等印刷関連オリジナル商品
・企業研修事業，工芸教室等の教育関連事業
・CIブームの中企業イメージ，店舗デザイン等のコンサルティング事業
・漫画・タウン誌等の出版事業
→業績伸長の要因とならず
1990年代
売上25億円以上経常利益2億5,000万円超。
→要因は，アルバム事業で蓄積した高度な印刷技術，一般印刷・美術印刷など印刷事業の拡大
1990年代後半
売上の80%がアルバム事業
2000年代
業績悪化開始。4代目推進のデジタル化により時間・コストダウン
2003年
現社長就任。業界の経営環境変化（ITの急速普及，出版需要が大幅減少，デジタル化により高い技術が不要，新規参入の急増，価格競争の激化。）
1998～2008年
2兆円以上の市場縮小
リーマンショック（2008年）後，経営改革を決意
経営資源をアルバム事業に集中強化，市場縮小，写真館減少
→新市場・需要開拓
→ターゲットを美術館・企業・一般消費者とし需要を掘り起こす体制
→少量・高画質印刷可能な最先端デジタル印刷機導入
→美術印刷事業のさらなる強化。定年退職者記念アルバム，子供の成長アルバムの開拓
→営業力強化（生産従業員の営業へ配置転換，大都市圏の営業所設置）
組織改革（機能別組織をマトリックス組織へ）
ここ数年　赤字に近い。新卒・女性社員積極採用，人件費以外で効率化

SWOT		
	強み ○人材教育力 企画力，デザイン力→他社と差別化 ○製販から製本まで自社で一貫製作 ○国内シェアトップクラス ○アルバム事業で蓄積した高度な印刷技術 →一般印刷・美術印刷等印刷事業の拡大につながる	機会
	弱み ○無関連多角化事業の展開による人材のダブツキ ○ここ数年赤字に近い状態で推移	脅威 ○リーマンショック以降 売上減少傾向 急速な市場縮小，少子高齢化，価格競争，景気低迷の逆風

3 全体観

全体的には例年通りオーソドックスな問題です。成功要因，失敗要因，事業の留意点，組織戦略，人事戦略と問ってきてます。ただ，与件文は3ページ弱と少し長めなのに加えて，時系列の行ったり来たりや年号が異常に多いので，時系列を整理するのが大変ですが，それだけに正確かつ効率的に整理する必要があります。A社は，大正時代から続く老舗印刷業者です。社員を大切にして積極的な技術投資，人材開発，事業投資で事業を拡大してきましたが，技術での差別化が困難となった今日，A社社長はコアとなる事業を中心にしつつ世情に合わせて事業を再構築して社員を守りつつ生き残りを図っています。ここ数年の事例Ⅰの傾向同様，与件文にヒント満載なので，しっかり対応付けしていけば合格答案に近づいていくことができると思います。

設問の構成は次の通りです。

第1問　40点
　設問1　　100字　過去の成長要因
　設問2　　100字　新規事業の不振要因
第2問　40点
　設問1　　100字　新規事業拡大の留意点

設問2　　　　100字　事業に合わせた組織改編の理由
第3問　20点　100字　人材確保のための施策

当社の分析→進むべき方向→それを踏まえた組織戦略→人事戦略とセオリー通りに続いているので，第1問から順番に解いていけば良いと思います。第1問は抜出系ですので綿密に取り組み，第3問は施策をできる限り入れて，この両問で得点を積み上げていくことです。第2問の2つの設問は答案が分かれる設問であり，特に設問2はやや難解ですので，メリハリをつけた姿勢で臨んで良いと思います。

4 設問ごとの答案・解説

第1問（配点40点）

業績が好調であったA社の3代目社長の時代に進められた事業展開について，以下の設問に答えよ。

設問1

当初立ち上げた一般印刷事業などの事業展開によってA社は成長を遂げることができた。その要因として，どのようなことが考えられるか。100字以内で述べよ。

【橋詰がたどりついた答案】
「要因は，一貫製作体制と高い印刷技術の蓄積を活用しアルバム事業・美術印刷事業等シナジー効果ある事業展開したこと，社員教育に注力し人材力により企画力・デザイン力を強化向上させ他社と差別化できたこと，である。」
（100字）

解　説

抜出系の問題です。第3段落の後半にはっきりと成長要因の一つは「人材力の強化」と書いてあり，第5段落後半に「業績伸張の要因は～高度な印刷技術を活用した～印刷事業の拡大」とあります。第4段落に技術導入→技術開発→事業拡大→関連多角化や社員教育の具体的姿が描かれていますので，その部分を抜き出してまとめます。骨子としては「高い技術力の活用」と「人材力の強化」の2論点で，それらを活かし「シナジー効果のある展開」「他社との差別化」をしたこと，と続けました。「シナジー効果」と入れたのは設問2でシナジー効果のない多角化をネガティブ要因としてあげていたので，それとの対比を考えました。「シナジー効果」とまでは書かなくても大丈夫だと思います。

設問2

1990年代後半になっても売上の大半を学校アルバム事業が占めており，A社の3代目社長が推し進めた新規事業が大きな成果を上げてきたとはいえない状況であった。その要因として，どのようなことが考えられるか。100字以内で述べよ。

【橋詰がたどりついた答案】

「要因は，中核事業で蓄積してきた高い印刷技術や印刷精度とはシナジー効果の薄い事業多角化であったこと，また，複数事業の展開にも関わらず機能別組織であったため社員の人材力を活かしきれなかったこと，である。」(99字)

解　説

これも抜出系で，第5段落に非関連多角化の姿が描かれており，まずは「バブルに乗って関連のない多角化をしたから」。ただ，もう一つ論点を探したかったので，A社の弱みと脅威の中から要因を探したところ，「多角化を志向するにも関わらず機能別組織だったから」。これは社長が解決すべき課題として「機能別組織の改編」を検討しているので，課題を抽出するための要因として出題者が求めていると考えました。ですから，骨子は「非関連多角化」と「戦略に合っていない組織戦略」の2点をあげました。

第2問（配点40点）

A社の現社長（5代目）の経営改革に関連して，以下の設問に答えよ。

設問1

A社が，新規のアルバム事業を拡大していく際に留意すべき点について，これまでの学校アルバム事業の展開との違いを考慮しながら，中小企業診断士として，どのような助言をするか。100字以内で述べよ。

【橋詰がたどりついた答案】
「留意する点は，従来の間接営業から脱却し，少子高齢化を見据えて子供や定年退職者を含めた学校・美術館・企業・一般消費者に対しIT・大都市営業所等を活用し高い技術を訴求しつつ，直接営業できる営業力の強化である。」
（100字）

解　説

ポイントは，従来のパイプ役を通じた間接営業ができなくなるので「直接営業力の強化」です。もう一つ論点を探したかったのですが，第7段落には，マーケットの縮小に伴う新市場の開拓の必要性や新技術・技術者の営業配置転換等が記述されているので，その記述を活かす観点から，直接営業力の強化を修飾する形でまとめました。

設問2

A社では，これまで，学校アルバム事業を中核に据えた機能別組織体制を採用していたが，複数の事業間で全社的に人材の流動性を確保する組織に改変した理由を，100字以内で述べよ。

【橋詰がたどりついた答案】
「理由は，学校アルバム以外の市場の需要を掘り起こすことのできる事業運営体制とするため，事業別組織にした事業毎の専門性の強化と，人材流動化による情報ノウハウの共有によるシナジー効果の向上を図ったことである。」
（100字）

解　説

この問題は少し難解です。一見，一つの事業に集中しようとする組織であれば，通常は機能別組織のままで良いはずです。それなのに，「何故，わざわざマトリックス組織か事業部制のような組織をイメージさせる組織にしようとするのだろう？」と考えました。ただ，A社社長が集中しようとしているのは「アルバム事業」であり，機能別組織の適応事業は「学校アルバム事業」です（危うく，ひっかけられるところでした）。そして，第7段落において「ターゲット市場を学校だけに限るのではなく，美術館や企業，そして一般消費者のアルバム需要を掘り起こす体制作りをスタート」とか,「学校アルバム事業と異なる営業戦略，事業運営体制が必要」と書かれているので，このような戦略にフィットする組織づくりを目指すことになります。また第8段落の記述から異なる事業間に横串を刺すことによる「人材・情報交流」やシナジー効果の向上等のメリットをあげました。ですから，骨子は,「新規需要開拓できる組織とする」ために「専門性の強化」と「シナジー効果」としました。

第3問（配点20点）

業績低迷が続くA社が有能な人材を確保していくためには，どういった人事施策を導入することが有効であると考えられるか。中小企業診断士として，100字以内で助言せよ。

【橋詰がたどりついた答案】

「採用面で「社員は宝」の理念とリストラを考えない安心感を訴求した募集，処遇面で新卒社員研修やOJT，女性社員への産休や時短制度，職種変更への配慮等社員のモラールを高め，忠誠心を確保する制度導入が有効である。」

（100字）

解　説

「社員は宝」はここで使いました。「人材の確保」との文言から，採用と定着の両面から記述しました。採用面では「人材を大切にする会社」であることの訴求。定着面では「モラールを高め忠誠心を確保する」という人事戦略の鉄板の大原則を記述した上で，新入社員や女性社員のための具体策を列挙しました。

平成27年事例Ⅰ

A社は，1950年代に創業された，資本金1,000万円，売上高14億円，従業員数75名（非正規社員を含む）のプラスチック製品メーカーである。1979年に設立した，従業員数70名（非正規社員を含む）のプラスチック製容器製造を手がける関連会社を含めると，総売上高は約36億円で，グループ全体でみた売上構成比は，プラスチック製容器製造が60%，自動車部品製造が24%，健康ソリューション事業が16%である。ここ5年でみると，売上構成比はほとんど変わらず，業績もほぼ横ばいで推移しているが，決して高い利益を上げているとはいえない。

A社単体でみると，その売上のおよそ60%を自動車部品製造が占めているが，創業当初の主力製品は，プラスチック製のスポーツ用品であった。終戦後10年の時を経て，戦後の混乱から日本社会が安定を取り戻し，庶民にも経済的余裕が生まれる中で，レジャーやスポーツへの関心が徐々に高まりつつあった。そうした時代に，いち早く流行の兆しをとらえた創業者が，当時新素材として注目されていたプラスチックを用いたバドミントン用シャトルコックの開発・製造に取り組んだことで，同社は誕生した。

創業当初こそ，バドミントンはあまり知られていないスポーツであったが，高度経済成長とともに，創業者のもくろみどおりその市場は広がった。その後，同社のコア技術であったプラスチックの射出成形技術（加熱溶融させた材料を金型内に射出注入し，冷却・固化させることによって，成形品を得る方法）によるシャトルコックの製造だけでなく，木製のラケット製造にも業容を拡大すると，台湾にラケット製造の専用工場を建設した。

しかし，1970年代初めの第一次オイルショックと前後して，台湾製や中国製の廉価なシャトルコックが輸入されるようになると，A社の売上は激減した。時を同じくして，木製ラケットが金属フレームに代替されたこともあって，A社の売上は最盛期の約70%減となり，一転して経営危機に直面することになった。どうにか事業を継続させ，約40名の従業員を路頭に迷わせずに済んだのは，当時バドミントン用品の製造・販売の陰で細々と続けていた，自動車部品の受注生産やレジャー用品の製造などで採用していたブロー成形技術（ペットボトルなど，中空の製品を作るのに用いられるプラスチックの加工法）があったからである。そして，その成形技術の高度化が，その後，A社再生への道を切り開くことになる。

A社の経営が危機に陥った時期，創業者である父に請われてサラリーマンを辞めて，都市部から離れた生まれ故郷の農村に，A社社長は戻ることを決意した。瀕死状態のA社の事業を託されたA社社長は，ブロー成形技術の高度化に取り組むと同時に，それを活かすことのできる注文を求めて全国を行脚した。苦労の末，楽器メーカーから楽器収納用ケースの製造依頼を取りつけることができた。自社で開発し特許まで取得した新しい成形技術を活かすことができたとはいえ，その新規事業は，技術難度はもちろん，自社ブランドで展開してきたバドミントン事業とは，事業に対する考え方そのものが異なっていた。そこで，再起をかけてこのビジネスをスタートさせたA社社長は，当初社内で行っていた新規事業を，関連会社として独立させることにした。

こうして本格的に稼働した新規事業は，A社社長の期待以上に急速に伸長し，それまで抱えてきた多額の借入金を徐々に返済することができるまでになり，次なる成長事業を模索する余裕も出てきた。そこで，A社社長が注目した事業のひとつは，同社の祖業ともいうべきスポーツ用品事業での事業拡大であった。ターゲットにしたのは，1980年頃認知度が高まりつつあったゲートボールの市場である。ゲートボール用のボールやスティック，タイマーなどで特許を取得すると，バドミントン関連製品の製造で使用していた工場をゲートボール用品工場に全面的に改装し，自社ブランドでの販売を開始した。少子高齢化社会を目前に控えたわが国でその市場は徐々に伸長し，A社の製品が市場に出回るようになった。しかし，その後，ゲートボールの人気に陰りがみられるようになったために，次なるスポーツ用品事業の模索が始まった。

もっとも，その頃になると，自動車部品事業拡大を追い風にして進めてきた成形技術の高度化や工場増築などの投資が功を奏し，バスタブなどの大型成形製品の注文を受けることができる体制も整って，A社グループの経営は比較的順調であった。また，新規事業を模索していたスポーツビジネスでは，シニア層をターゲットにしたグラウンドゴルフ市場に参入し，国内市場シェアの60%以上を占めるようになった。

2000年代半ばになると，地元自治体や大学との連携によって福祉施設向けレクリエーションゲームや認知症予防のための製品を開発し，福祉事業に参入した。さらに，ゲートボールやグラウンドゴルフなどシニア向け事業で培ってきた知識・経験，そしてそれにかかわるネットワークを活用できることから，スポーツ関連分野の事業全体を健康ソリューション事業と位置づけた。健康ソリューション事業では，シニア層にターゲットを絞ることなく，体力測定診断プログラムなどのソフト開発にも着手しサービス事業を拡大して，グループ売上全体の16%を占めるまでに成長させたのである。

こうして経営危機を乗り越えてきたA社では，A社社長が社長を務める関連会社を含めて，従業員のほとんどが正規社員であり，非正規社員は数名に過ぎない。グループ全体の事業別従業員構成は，プラスチック製容器製造が70名，自動車部品製造が35名，健康ソリューション事業が40名である。近年になってボーナスなどでわずかに業績給的要素を取り入れつつあるが，給与や昇進などの人事制度は，ほぼ年功ベースで運用されている。

1 事例のテーマ

「家族主義経営で，全く方向性の異なる複数事業を経営してきた経営者が，伸び悩み状態を組織文化の変革や人材育成で解決を図ろうとする事例」

2 与件文の整理

事例企業の概要

業　　種　プラスチック製品メーカー
主力商品

	売上（同割合）	従業員数
プラスチック容器製造 （別会社で楽器容器，自動車部品，バスタブ）	約22億円（60%）	70名
自動車部品製造	約8億円（24%）	35名
健康ソリューション事業 （標的市場絞らず，体力促進プログラム等のソフト開発）	約6億円（16%）	40名

資本金　1,000万円
所在は，都市部から離れた農村部
ほとんど正社員。給与・昇進は，ほぼ年功ベース
時系列の出来事
　1950年代
　　創業（プラスチック製スポーツ用品）
　1955年以降
　　バドミントン用シャトルコック
　　木製ラケット（台湾にラケット製造工場）
　1970年代初め
　　第一次オイルショック後，台湾・中国製ラケットや金属製フレームの台頭により経営危機に直面（最大70%減）
　　当時従業員40名
　　ブロー成型技術（自動車部品，レジャー部品用）が支える
　　現社長（創業者の子）就任

事例企業の概要	ブロー成形技術高度化進めつつ，全国を営業 →楽器メーカーのケースのOEM ↔自社ブランドのバドミントンとは事業の考え方が異なる ↓ 1979年 プラスチック容器製造会社設立 →急速発展，次なる成長戦略模索 1980年代 認知度の高まりつつあるゲートボール市場進出 →数々の特許，バドミントン工場の全面改装 →次第に陰りが見えるも大型成型製品受注 シニア層標的のグランドゴルフ市場参入 2000年代半ば 地元自治体・大学と連携し福祉産業に参入，健康ソリューション事業に ここ5年 売上構成比変わらず，業績横ばい，低利益	
SWOT	強み ○創業者の先を読む力，数々の特許 ○（かつてコア技術）プラスチックの射出成型技術 ○高度なプラスチックのブロー成型技術 ○シニア向け事業で培ってきた知識・経験・ネットワーク	機会 ○少子高齢化社会
	弱み ○地縁に配慮が必要な人材構造 ○業績のマンネリ状態 ○事業構造のアンバランス	脅威 ○スポーツ事業の流行の栄枯盛衰 ○参入障壁の低さ

3 全体観

与件文は，2ページ半と例年並みです。事例Ⅰの根幹的テーマである「組織構造と組織文化」をキチンと踏襲している事例と言えます。

戦後まもなく田舎の農村で流行を見抜く力を発揮してバトミントン用品製造業を立ち上げて成功したものの時代の波にのまれかけていた創業者から事業を引き継いだ2代目社長が，プラスチック容器事業の高度化で社員を守りつつ，一貫して地味に支えてくれている自動車部品事業に続く事業として，スポーツ事業の進化により多角化を進めて，近年のマンネリ状態からの脱却を図ろうとしてます。

ただ，自社ブランドを展開して一般消費者に訴求するスポーツ事業と，技術力を高度化して注文されたものを作るBtoBのプラスチック容器事業とでは，事業の方向性が異なります。それで，プラスチック容器事業を別会社にしたものの，こちらの方が大きくなってきたので，事業ポートフォリオのバランスに社長は悩んでおります。

また，故郷のしがらみや，市場環境に左右されやすいスポーツ事業の市場特性，事業の多様性等，による処遇の難しさから，これまで正社員採用や年功序列で波風が立たないようにしてきたものの，新たな成長を目指すためには，今までのようにはいかないようです。

そして，スポーツ事業もサービス業としての要素が強くなってきたことから，社員の発想の転換を図ってもらう時期にもなってきております。そんな社長さんの悩みに答えてあげる事例です。

設問の構成は次の通りです。

第1問　20点　100字　スポーツ市場の特徴（標的市場の環境）
第2問　20点　120字　プラスチック容器事業を別会社にした理由
（組織戦略の意図）
第3問　20点　100字　プラスチック容器事業成長に伴う課題
（事業ポートフォリオ上の課題）
第4問　20点　100字　年功序列にしている事情（人事戦略上の制約）
第5問　20点　100字　サービス事業拡大のための組織文化の変革，人材育成の留意点（人事戦略の方向性留意点）

とバランスの良い出題構成になっております。

設問ごとの難易度は，第1問，第2問，第4問は与件文にヒントが多く取り組みやすいと思います。第3問は現状とあるべき姿を埋めるためのギャップを埋めることを考えさせる明示性の低い問題であり，第5問は従前のスポーツ用品製造販売と今後のスポーツソリューション事業とにおいてそれぞれに必要な組織文化と求められる人材像を類推させる問題なので，この2問は歯ごたえのあるボチボチ点が取れれば良い問題です。

第1問→第2問→第4問→第5問→第3問の順番で解いて行くのが良いかもし

れません。

4 設問ごとの答案・解説

第1問（配点20点）

ゲートボールやグラウンドゴルフなど，A社を支えてきたスポーツ用品事業の市場には，どのような特性があると考えられるか。100字以内で述べよ。

【橋詰がたどりついた答案】
「特性は，栄枯盛衰が激しく模倣容易で参入障壁が低いことから，認知度が低い内に流行の兆しをつかみ自社ブランドを確立することで先行利益を享受できるとともに特許等で参入障壁を高める対策が必要となる市場である。」
（100字）

解　説

ターゲット市場を見定める問題です。

まず，与件文からA社のスポーツ事業の変遷をたどってみましょう。

①バドミントン用品事業では，創業者が，バドミントンがあまり知られていない内に流行の兆しをとらえ，市場拡大とともも自社ブランドを展開し，コストの安価な海外での生産にまで取り組んだが，その海外からの廉価品の参入や代替品の出現で売上激減してしまった

②ゲートボール用品事業では，現代表が，ゲートボールの認知度が高まりつつあった内に，少子高齢化に伴う市場伸長に乗じて数々の特許で参入障壁を作りつつ自社ブランドを展開し，バドミントン工場をゲートボール工場に全面改装してまで取り組んだが，人気の陰りで，次の事業を模索するに至った

③グラウンドゴルフでは，シニア層ターゲットに参入し，シェア60%を占めた

上記のようにA社を支えたスポーツ企業は，すべて，(a) 流行りすたりが激しい，(b) BtoCの自社ブランドを確立して売る人気商売です。そのため，先を見通す力があれば「先行者利益」を享受して大きなシェアを獲得できますが，すぐマネをされて廉価版での参入や代替品が出現しやすい業種でもありま

す。従って，事業者は常に時代を見る目を持って対応し，特許取得等で参入障壁を高めてライフサイクルを伸ばしたり，新事業・新商品を模索し続けることが必要になる業界です。

当初は，ゲートボール，グラウンドゴルフという例示から「シニア層対象」をいれることも考えましたが，

①支えてきたスポーツ用品にはシニア対象でないバドミントンもあること
②「～のようなスポーツ用品事業には」という問いだったこと
③本問は「クライアントさんが立たされている，これから立ち向かうべき市場環境の特性を答える問題」という問題の本質
④与件にも「ターゲットを絞らず」という文言があること

からも考えて，今回の答えとしては採用しませんでした。

ですから，この問題は，(a) 人気商売であること (b) 参入障壁が低いことの2点が骨子になります。

第2問（配点20点）

A社は，当初，新しい分野のプラスチック成型事業を社内で行っていたが，その後，関連会社を設立し移管している。その理由として，どのようなことが考えられるか。120字以内で述べよ。

【橋詰がたどりついた答案】
「理由は，既存事業と新事業とでは事業に対する考え方そのものが異なっていることや，再起をかけたスタートであることから，異なる組織構造と組織文化を形成し，意思決定の迅速化や成果の明確化を図るとともに，互いの事業リスクを切り離すため，と考えられる。」(120字)

解　説

一般的に分社化のメリットは，

①成果や責任の明確化
②意思決定の迅速化
③事業リスクの遮断

にあると，言われます。

瀕死の状態の会社を父親から押し付けられたA社社長は，全国行脚に出掛

けます。そこでたどりついた命綱が，やったことのない，「BtoB」。既存技術は活かせるものの，「新規事業は，技術難度はもちろん，～，事業に対する考え方そのものが異なっていた。そこで，再起をかけてこのビジネスをスタートさせた」と与件文の第5段落に記述があります。

企業が新事業に進出するには，「リスクとシナジー」が大切ですが，新事業では，従来の技術を活かす事はできるものの，既存事業とのシナジー効果が考えられません。そこで，リスクの遮断をするために分社化することが考えられます。当然，リスクの遮断には，新事業のリスクを旧事業に影響させないことと，旧事業の弱点を新事業に影響させないことの二つの観点があります。また，異なった事業を成功させるためには，分社化により交流を遮断し，異なった組織構造や組織文化を創り出すことも有用です。そして，技術を高度化して再起をかけてスタートするのですから，分社化によりスリムな組織にして，意思決定の迅速化や成果測定の明確化をしていくことも有用です。そういった意味では，冒頭にあげた分社化メリットの一般論は，「責任の明確化」以外は，当社が新事業の関連会社化の理由として使用できます。

なお，「権限移譲による意思決定の迅速化」という考え方もあります。ただ，「再起をかけた」プロジェクトである以上，おそらく社長が経営者を兼任することが想定されますし，社長の他の経営人材に関する記述がなかったので，リスクが高い記述として橋詰は採用しませんでした。

第3問（配点20点）

A社および関連会社を含めた企業グループで，大型成型技術の導入や技術開発などによって，プラスチック製容器製造事業の売上が60%を占めるようになった。そのことは，今後の経営に，どのような課題を生みだす可能性があると考えられるか。中小企業診断士として100字以内で述べよ。

【橋詰がたどりついた答案】

「課題は，①特定企業に依存しない事業構造の構築②変遷する事業に対応した組織文化の改革や人材育成，年功序列の見直し③ノンコア業務への非正規社員増員による業務の効率化④権限移譲できる経営者の育成，である。」(99字)

解　説

この問題は，A社の経営課題を問う事例全体のまとめの問題ですので，最後に解くべき問題です。第4問，第5問で考えたことも答案に結びつきます。

与件文からA社のあるべき姿を考えると，第1段落に「ここ5年でみると，売上構成比はほとんど変わらず，業績もほぼ横這いで推移しているが，決して高い利益を上げているとはいえない。」とあります。すなわち，A社社長は現状を決して良いとは考えてなく，売上構成を変え，好業績高利益企業への成長を望んでいるようです。

こういった時にコンサルタントが考えるのは，

①他の事業を成長させることにより，一事業への依存から脱却（事業ポートフォリオのバランスによるリスク回避）できる体制の構築

②幹となっている事業の効率化（儲かる体制）の構築

ということは，自社ブランドを展開して利益率の高い祖業であるスポーツ事業を成長させるとともに，売上の高いプラスチック容器事業を効率化して利益率の向上を図ることが，あるべき姿と言えます。また，本体よりも枝が大きくなっている状態ですので，関連会社の経営を任せられる経営者の育成や儲かっている事業の社員の処遇改善検討によるモラール低下防止も必要です。

そのために，考えるべきことが，A社の課題です。すると，スポーツ事業を成長させるためには，積極的に提案が飛び交う組織文化や他者との連携やコミュニケーションを図れる人材の育成が必要となります。当然，そんな積極的な組織にするためには，成果に見合った処遇も視野に入れる必要があるでしょう。また，プラスチック容器事業を効率化するためには，正社員をコア業務に注力させ，ノンコア業務は非正規社員にさせる等の組織改革をする必要があります。

ここは，「事業のアンバランス」が生み出す問題を解決する課題を第4問，第5問にうまく結びつけるのが良いと思います。ただ，第3問は，結構答えが割れそうな難しい問題でした。

第4問（配点20点）

A社および関連会社を含めた企業グループで，成果主義に基づく賃金制度を，あえて導入していない理由として，どのようなことが考えられるか。100字以内で述べよ。

【橋詰がたどりついた答案】

「理由は，故郷での家族主義的経営で市場特性の異なる事業が支えあうと共に研究開発が生命線の事業構造である事から，流行や短期的業績向上に左右される処遇格差が従業員のモラールダウンに繋がるリスクがある為である。」

（100字）

解　説

与件文から成果主義がなじまない社内事情を類推させる，すなわち，成果主義を導入しないメリットと導入した際に発生するデメリットを類推させる，結構難しい問題です。

与件文からは，

①売上構成比プラスチック容器製造60%，自動車部品製造24%，健康ソリューション16%に対し，従業員構成比プラスチック容器製造70名（48%），自動車部品製造35名（24%），健康ソリューション事業40名（28%）であり，一人当たりの売上高はプラスチック容器製造が多く，健康ソリューション事業が少ないこと（ただし，事業ごとの利益率が明記されていないので一人当たりの成果がどこまでアンバランスなのかは判断できない）。

②スポーツ事業，健康ソリューション事業は（当事者の努力というよりも）流行にかなり左右される事業であること

③自動車部品製造が地味ながらも安定的に当社を支えてくれていること

④A社は，都市部から離れた生まれ故郷の農村にあり，社長は社員を路頭に迷わせたくないと考えている

⑤特許や技術高度化など研究開発が重要な企業であること

が読み取れます。

これらの記述から類推できることは，①～③から，「単純に売上高で成果給を導入するとプラスチック容器事業の従業員に報いるべきだが，安定的に支えてくれた自動車部品製造部門やこれから伸ばしたい健康ソリューション事業のモラールダウンにつながる恐れがある」ことや，「健康ソリューション事業は本人の努力よりも流行に左右されやすいので正当な評価が難しい」ことです。また，④から，「A社は創業者が田舎で地元の仲間を集めて創業し，これまで家族主義的経営で地縁に気を使いながら仲良くやってきた」とも推定されま

す。すると，「ドラスティックな処遇の格差は社内コミュニケーションをかえってギクシャクしたものにしてしまう恐れがあるのではないか?」ということや，⑤から，「研究開発部門には短期的な成果主義にはなじまないのではないか?」という推定が立ちます。

「平成27年事例Ｉの与件文で一番わざとらしい」と感じていた「都市部から離れた生まれ故郷の農村に，A社社長は戻ることを決意した」という表現は，ここで使うと思われます。想像力が必要な問題ですので，結構答案は割れていると思います。本番では半分取れれば御の字の問題です。

第5問（配点20点）

A社の健康ソリューション事業では，スポーツ関連性製品の製造・販売だけではなく，体力測定診断プログラムや認知症予防ツールなどのサービス事業も手がけている。そうしたサービス事業をさらに拡大させていくうえで，どのような点に留意して組織文化の変革や人材育成を進めていくべきか。中小企業診断士として，100字以内で助言せよ。

【橋詰がたどりついた答案】

「留意点は，組織文化面では単に製品を作り販売するのみならず積極的に事業アイデアを提案できる組織を目指した改革を行うとともに，人材育成面では外部との連携ができ流行の兆しを読み取れる育成を行うことである。」(99字)

解　説

スポーツ関連事業の成長を目指すA社は，今後は製造・販売だけでなく，ソフト面から付加価値を加えたサービス事業へと変革させていきたいようです。すると，それに伴い，従来とは異なる組織文化や人材が必要とされてきます。

ここで，製造業とサービス業で必要な組織文化・人材の違いについて考察します。まず，組織文化面では，製造業がモノづくりを中心とした技術の高度化を重視する文化であるのに対し，サービス業は無から有を創り出す新しいアイデアを重視する文化です。また，人材面では，製造業がモノと向き合って品質の良いモノを作り出せる人材が重要であるのに対して，サービス業ではヒトと向き合って連携・提案できる人材が重要となります。そして，A社において，従来は経営者のみが時代の趨勢を読む能力があれば良かったのですが，今後は従業員自身がコンタクトパーソネルとなるサービス業では従業員自身が時代の趨勢を読み取れることが望ましい姿と言えます。

第2章
事例Ⅱ

1 特徴と対応

1. 事例Ⅱのメインテーマ

「適切なSTPを行い，プロモーション戦略やコミュニケーション戦略で，差別化する。」

事例Ⅱは，これがすべてです。戦うべき分野やターゲットを絞って，自分の立ち位置を確認して，「誰に，何を，どのように」，どんな打ち手を打つかを問ってきます。基本的に差別化戦略なのでライバルがいる場合もあるのですが，B社の独自性を創ることで一般的な「他社」との差別化を問われているケースも多く見られます。

2. フレームワーク

「理念と環境変化に応じた全体戦略を実現するために，STPを行いマーケティングを駆使して差別化戦略を進めていく。」イメージです。

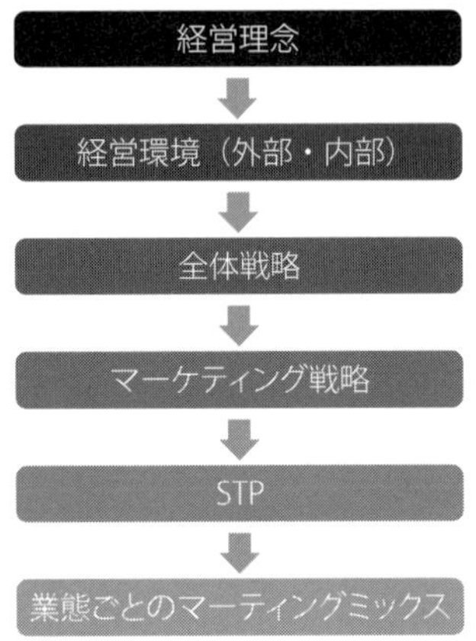

3. 事例の特徴

LTV（ライフタイムバリュー）の概念での顧客との関係性やインターナルマーケティングを大切にして顧客満足度を向上したり，マーケティングミックスで差別化するケースが多く見られます。

基本的に事例Ⅱは明示性が高く，答案に使うキーワードは与件文にちりばめられてることが多いので，従来は「丁寧に対応付けすれば大丈夫。事例の中で一番国語に近い。」と考えられてましたが，最近では従来に増して情報量が多くなり，そのキーワードの取捨選択や使い方を考え込ませたり，編集能力を試すような問題が多く出題されています。それだけに，事例のメインテーマに沿って，出題者が考える「B社にとって本当に何が良いのか?」を探っていきたいところです。

また，身近な業界が出題されることが多いので，自分なりの独自のアイデアで解答したくなりますが，それが一番のワナだと思いましょう。与件にヒントすらないアイデア解答は，絶対にしてはいけません。ベタベタで誰にでも答えられそうなこと，与件中に書いてあることをそのまま解答に使うような当たり前の答案をあえて心がけましょう。「出題者の箱庭の世界」を愚直に飛び出ないことです。

また，「目新しい言葉」やグラフ，地図，数値表などを分析させる出題が定着してきました。毎年バラエティに富んだビジュアルのものが出題されているので，「今年はこう来たね」と楽しみながら落ち着いて対応しましょう。

そして，マーケティングの打ち手を問う事例だけに，知識問題も出ます。ワザとらしい嫌がらせもあります。業態ごとに異なるマーケティングミックスや頻出のインターナルマーケティングは覚えておいた方が良いと思います。

業態別のマーケティングミックス

業態	マーケティングミックス
製造業	4P（価格，製品，流通，販促）
小売業	品揃え，価格，販売，サービス，販促，店舗，立地
卸売業	リテールサポート（小売支援），品揃え，物流機能，情報機能
サービス業	サービス，接客，販促，店舗

事例Ⅱは，みんなの得意科目です（最近ではそうでもないかもしれませんが‥‥）。だからこそ，取れる点を確実に取るべきです。上位20％に入るには，絶対に取るべき点を落としてはいけません。

2 事例Ⅱ必要知識一問一答

1	事例Ⅱのポイントを3つ述べよ。	関係性構築，差別化，顧客生涯価値（LTV）の最大化。
2	事例Ⅱのフレームワーク。	理念→内外環境→経営戦略→マーケティング戦略→標的市場選定（STP）→マーケティングミックス。
3	事業戦略の方向性ときたら？	ドメイン。
4	ドメインと言われたら？	誰に，何を，どのように。
5	無形資源を7つあげよ。	ブランド，技術力，ノウハウ，知識，こだわり，経験，信用。
6	中小企業の競争戦略を2つあげよ。	ポーターの事業戦略のうちの差別化，集中化（コストリーダーシップは使わない）。
7	顧客生涯価値（LTV）の最大化とは？	一人の顧客からの利益の極大化を図ること。
8	アンゾフの成長戦略を4項目述べよ。	製品軸と市場軸で分ける。市場浸透，多角化，新製品開発，新市場開拓。
9	ポーターの5フォースモデルとは？	同業者との競争，新規参入，代替商品，供給業者の交渉力，買い手の交渉力。
10	関係の4Cとは？	顧客，競争者，自社，協力会社。
11	STPとは？	セグメンテーション，ターゲティング，ポジショニング。
12	市場細分化基準形態を4つあげよ。	地理的基準，人口動態的基準，心理的基準，行動基準。
13	地理的基準を3つあげよ。	気候，人口密度，行政単位。
14	人口動態的基準を5つあげよ。	年齢，性別，所得，学歴，職業。
15	心理的基準を2つあげよ。	ライフスタイル，個性。
16	行動基準を3つあげよ。	ベネフィット，使用頻度，ロイヤルティ。
17	ポジショニング分析における留意点を3つあげよ。	比較・対立軸の設定，競合戦略の方向性，自社のポジションの確認。
18	売上増加のための2要素は？	客数増加，客単価向上。
19	客数増加のための2要素は？	マーケティングミックス・関係強化による既存顧客対策，新規顧客開拓。
20	客単価向上のための2要素は？	高付加価値化による商品単価向上，販売方法工夫による買上げ点数向上。
21	価格の決定方針を2つあげよ。	高付加価値，適正価格。
22	コア商品があることのメリットを7つあげよ。	個性の発信，店自体の評価向上，関連商品の販売，ほかの商品のレベルアップ，顧客ロイヤルティ，価格競争の回避，口コミの源泉。
23	品揃えの観点を2つあげよ。	標的顧客ニーズ充足，投下資本の効率化。
24	品揃えの拡充の方向性を2つあげよ。	垂直的拡充，水平的拡充。
25	垂直的拡充のポイントを2つあげよ。	深さ・充実度を追求，既存ニーズへの対応。

26	水平的拡充のポイントを2つあげよ。	幅・広さを追求，新しいニーズへの対応。
27	リレーションシップマーケティングの要素を2つあげよ。	顧客管理，顧客維持活動。
28	顧客管理の3大手法は？	会員カード，顧客名簿，RFM分析。
29	インターネットの顧客管理はどういう方向に展開する？	掲示板・SNS活性化，口コミ喚起へ。
30	ITを使った，自社のためだけでない施策の方向性は？	HP・SNS・掲示板で地域情報発信し，地域の活性化→集客・顧客層拡大・関係性向上につなげる。
31	ITの双方向コミュニケーションのメリットを3点あげよ。	顧客ニーズ情報入手，口コミの醸成，潜在ニーズの掘り起こし。
32	顧客維持活動を5つあげよ。	会員カード，顧客・販売員のコミュニケーション，継続的接触，売り場造り，品揃え。
33	顧客維持活動の間接効果とは？	顧客維持活動→顧客満足→ロイヤルティ獲得。
34	失敗・クレームを関係性強化につなげる施策の方向性は？	全社的な失敗クレーム情報共有→マニュアル化・データベース化→再発防止・質の向上につなげる→顧客満足をあげる→関係性強化につなげる。
35	口コミの特徴を4つ述べよ。	拡がりやすいがコントロール困難，低コスト，一般情報より重視される，実質的紹介となりリピーター化容易。
36	製造業のマーケティングミックスを4つ述べよ。	4P（価格，製品，流通，販促）。
37	小売業のマーケティングミックスを7つ述べよ。	品揃え，価格，販売，サービス，販促，店舗，立地。
38	卸売業のマーケティングミックスを4つ述べよ。	リテールサポート（小売支援），品揃え，物流機能，情報機能。
39	サービス業のマーケティングミックスを4つ述べよ。	サービス，接客，販促，店舗。
40	サービス業の切り口は？	本質サービスと付随サービス。
41	サービスの特性を4つあげよ。	無形性，変動性，同時不可分性，消滅性。
42	サービスの無形性への対策を4つあげよ。	メニュー化，パンフレット等による見える化，口コミ，顧客紹介制度。
43	サービスの変動性への対策を3つあげよ。	計画的なスキルアップ，マニュアル化，モニタリング。
44	サービスの消滅性・同時不可分性への対策を4つあげよ。	繁閑情報の公開・予約システム・差別価格・振替提供・人員補充等による需給の調整，セルフサービス・提供設備導入・改善による提供の効率化，待ち時間の快適化，DVD等による提供。
45	サービスマーケティング体系を3つあげよ。	エクスターナル（対顧客），インターナル（対接客員），インタラクティブ（接客員対顧客）。
46	インターナルマーケティングの3形態は？	モラール向上，能力開発，マニュアル化。

47	インターナルマーケティングは何のためにやるの?	CPの企業への忠誠心が高まり→インタラクティブマーケティングが展開され→顧客のロイヤルティを得る。
48	小規模企業のメリットを4つあげよ。	すきま対応，変化への対応，個性化，地域密着。
49	中小規模店を選好する層の特性を3つあげよ。	店の個性・専門性を評価，ロイヤルティが高くリピーターとなりやすい，コミュニケーション志向。
50	大手との競合は?	品揃え，コストでは勝てない。専門性で抵抗しつつも，真っ向勝負は避けるのが基本。
51	中小企業のコミュニケーション戦略の方向性を2つあげよ。	人的関係構築，口コミの誘発。
52	地域貢献に対して期待されることを2つあげよ。	地域産業振興，地域の活性化。
53	地域資源活用の仕方を2つあげよ。	農林水産型，観光型。
54	農林水産型のポイントを2つあげよ。	商品デザイン，イメージ戦略。
55	観光型のポイントを2つあげよ。	ターゲットの選定，設備の整備。
56	地域資源活用の効果を5つあげよ。	売り上げ増，イメージ向上，ブランド確立，地域知名度向上，地域活性化。
57	地域資源活用の課題を6つあげよ。	情報ネットワーク，流通ネットワーク，マーケティング力，原材料安定確保，商品開発力，資金確保。
58	商店街成功のためのポイントを3つあげよ。	サービスの統一的向上，設備の整備，貢献意識の共有。
59	POSデータのマーケティングへの効果を2つあげよ。	売上増加，価格適正化。
60	POS導入のメリットを5つあげよ。	店舗業務の効率化，データ収集能力の向上，商品管理，販売促進，従業員管理。
61	最寄品の特徴は?	購買障壁が低い，購入頻度が高い。
62	買回品の特徴は?	コストパフォーマンスが期待される，購入頻度は中。
63	専門品の特徴を3点あげよ。	ぜいたく品であり所得弾力性が高い，個人の嗜好に左右される，ブランドの影響力大。
64	コモディテイの特徴は?	商品自体での差別化困難，価格競争。
65	インストアショップのメリットを2点あげよ。	出店先のブランド力・集客力利用可，初期投資少ない。
66	インストアショップのデメリットを2点あげよ。	店舗運営の自由度か少ない，出店先の集客力・客層に左右される。
67	アンテナショップの目的は?	情報収集・発信。
68	アンテナショップに必要なこと3点あげよ。	企画力，接客力，商品力。
69	BtoCのマーケティングは?	知名度向上，商品ラインアップ拡大。
70	BtoBのマーケティングは?	現場のニーズに答える。
71	CRMとは?	顧客の利便性・満足度向上により顧客関係性強化し，収益向上を図る経営手法。

令和元年事例Ⅱ

B社は資本金200万円，社長を含む従業者2名の完全予約制ネイルサロンであり，地方都市X市内の商店街に立地する。この商店街は県内では大規模であり，週末には他地域からも来街客がある。中心部には小型百貨店が立地し，その周辺には少数ではあるが有名ブランドの衣料品店，宝飾店などのファッション関連の路面店が出店している。中心部以外には周辺住民が普段使いするような飲食店や生鮮品店，食料品店，雑貨店，美容室などが出店している。X市は県内でも有数の住宅地であり，中でも商店街周辺は高級住宅地として知られる。X市では商店街周辺を中核として15年前にファミリー向け宅地の開発が行われ，その頃に多数の家族が入居した（現在の人口分布は図1参照）。当該地域は新興住宅地であるものの，桜祭り，七夕祭り，秋祭り，クリスマス・マーケットなどの町内会，寺社，商店街主催のイベントが毎月あり，行事が盛んな土地柄である。

B社は2017年に現在の社長が創業した。社長と社員Yさんは共に40代の女性で，美術大学の同級生であり，美大時代に意気投合した友人でもある。社長は美大卒業後，当該県内の食品メーカーに勤務し，社内各部署からの要望に応じて，パッケージ，販促物をデザインする仕事に従事した。特に在職中から季節感の表現に定評があり，社長が提案した季節限定商品のパッケージや季節催事用のPOPは，同社退職後も継続して利用されていた。Yさんは美大卒業後，X市内2店を含む10店舗を有する貸衣装チェーン店に勤務し，衣装やアクセサリーの組み合わせを提案するコーディネーターとして従事した。2人は同時期の出産を契機に退職し，しばらくは専業主婦として過ごしていた。やがて，子供が手から離れた頃に社長が，好きなデザインの仕事を，家事をこなしながら少ない元手で始められる仕事がないかと思案した結果，ネイルサロンの開業という結論に至った。Yさんも社長の誘いを受け，起業に参加した。なお，Yさんはその時期，前職の貸衣装チェーン店が予約会（注）を開催し，人手が不足する時期に，パートタイマーの同社店舗スタッフとして働いていた。Yさんは七五三，卒業式，結婚式に列席する30～50代の女性顧客に，顧客の要望を聞きながら，参加イベントの雰囲気に合わせて衣装の提案を行う接客が高く評価されており，同社に惜しまれながらの退職であった。2人は開業前にネイリスト専門学校に通い始めた。当初は絵画との筆遣いの違いに戸惑いを覚えたが，要領を得てからは持ち前の絵心で技術は飛躍的に向上した。

技術を身に付けた2人は，出店候補地の検討を開始した。その過程で空き店舗が見つかり，スペースを改装して，営業を開始した。なお，当該店舗は商店

【図1】全国とＸ市の年齢別人口構成比

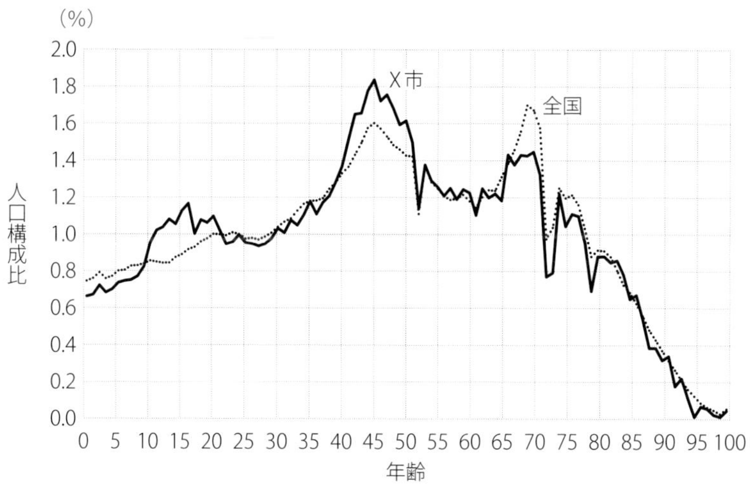

街の中心部からは離れた場所にあり，建築から年数がたっており，細長いスペースが敬遠されていた。そのため，商店街の中では格安の賃貸料で借りることができた。また，デザインや装飾は2人の得意とするところであり，大規模な工事を除く内装のほとんどは手作業で行った。2人が施術すれば満員となるような狭いスペースではあるものの，顧客からは落ち着く雰囲気だと高い評価を得ている。また，Ｙさんが商店街の貸衣装チェーン店で勤務していた経緯もあり，商店街の他店ともスムーズに良好な関係を構築することができた。

ネイルサロンとは，ネイル化粧品を用いて手および足の爪にネイルケア，ネイルアートなどを施すサービスを行う店舗を指す。一般にネイルサロンの主力サービスは，ジェルネイルである（図2参照）。ジェルネイルでは，ジェルと呼ばれる粘液状の合成樹脂を爪に塗り，LEDライトもしくはUV（紫外線）ライトを数十秒から1分程度照射してジェルを固める。この爪にジェルを塗る作業と照射を繰り返し，ネイルを完成させる。おおむね両手で平均1時間半の時間を要する（リムーブもしくはオフと呼ばれるジェルネイルの取り外しを含める場合は平均2時間程度である）。サービスを提供する際に顧客の要望を聞き，予算に基づき，要望を具体化する。ただし，言葉で伝えるのが難しいという顧客もおり，好きな絵柄やSNS上のネイル写真を持参する場合も多くなっている。またＢ社の価格体系は表のようになっている（表参照）。

【図2】ジェルネイルの参考イメージ

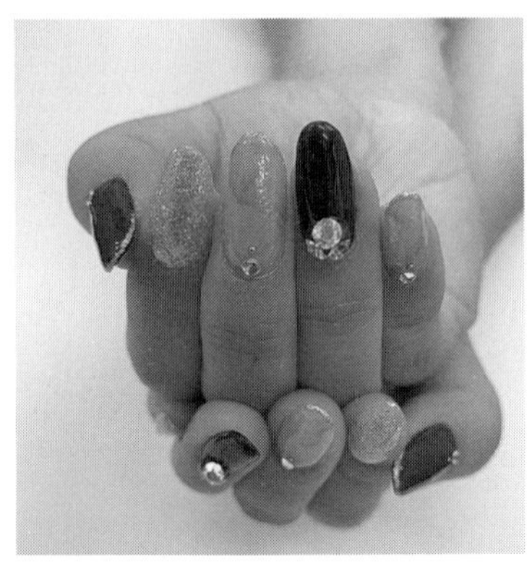

【表】B社の価格体系

		価格	説明
基本料金		10本当たり 7,000円	ケア＋単色のジェルネイル
オプション	デザイン・オプション	1本当たり 500円〜2,000円	グラデーションなどの2色以上のデザインを施すオプション
	ストーン・オプション	1本当たり 300円〜1,000円	ガラスやストーンなどを爪に乗せるオプション
	アート・オプション	1本当たり 1,000円〜6,000円	より凝ったデザインの絵を爪に描くオプション

ネイルサロン市場は2000年代に入り需要が伸び，規模が拡大した。近年，成長はやや鈍化したものの，一定の市場規模が存在する。X市の駅から商店街の中心部に向かう途中にも大手チェーンによるネイルサロンが出店している。また自宅サロンと呼ばれる，大手チェーンのネイルサロン勤務経験者が退職後に自宅の一室で個人事業として開業しているサロンも，商店街周辺には多数存在する。

開業当初，B社にはほとんど顧客がいなかった。あるとき，B社社長が，自分の子供の卒業式で着用した和服に合わせてデザインしたジェルネイルの写真を写真共有アプリ上にアップした。その画像がネット上で話題になり拡散され，技術の高さを評価した周辺住民が来店するようになった。そして，初期の顧客が友人達にB社を紹介し，徐々に客数が増加していった。ジェルネイルは爪の成長に伴い施術から3週間～1カ月の間隔での来店が必要になる。つまり固定客を獲得できれば，定期的な来店が見込める。特に初来店の際に，顧客の要望に合ったデザイン，もしくは顧客の期待以上のデザインを提案し，そのデザインに対する評価が高ければ，固定化につながる例も多い。この際には社長やYさんが前の勤務先で培った提案力が生かされた。結果，従業者1人当たり25名前後の固定客を獲得するに至り，繁忙期には稼働率が9割を超える時期も散見されるようになった。なお，顧客の大半は従業者と同世代である。そのうちデザイン重視の顧客と住宅地からの近さ重視の顧客は半数ずつとなっている。後者の場合，オプションを追加する顧客は少なく，力を発揮したい2人としてはやや物足りなく感じている。

B社店舗の近隣には，数年前に小型GMSが閉店しそのままの建物があった。そこを大手デベロッパーが買い取り，2019年11月に小型ショッピングモールとして改装オープンすることが決定した。当初，一層の集客を期待したB社社長であったが，当該モール内への，大手チェーンによる低価格ネイルサロンの出店が明らかになった。B社社長は，これまで自宅から近いことを理由に来店していた顧客が大幅に流出することを予想した。B社社長とYさんは大幅に減少する顧客数を補うための施策について思案したが，良い案も出ず，今後の方針について中小企業診断士に相談することとした。

（注）貸衣装業界で行われるイベント。百貨店，ホール，ホテル，大学，結婚式場などの大規模な会場で，顧客が会場でサンプルを確認，試着し，気に入ったものがあれば商品を予約することができる。支払いは後日行う。

1 事例のテーマ

「技術力と提案力に優れた小規模ネイルサロンが，競合が激しい中，技術力や提案力で他社との差別化を図り，ターゲット顧客を絞り込み，客数，客単価の増加を目指す事例」

2 与件文の整理

事例企業の概要

業　　種　ネイルサロン
財　　務　売上記述なし　資本金200万円
3C分析
①自社
○主力サービスはジェルネイル
・平均1時間半から2時間の時間を要する
・3週間～1カ月の間隔での来店が必要
→固定客化できればリピーターに
→初回来店時に，顧客要望，顧客期待を超えるデザイン提供し，高評価を得れば固定化
・オプションを付けられると客単価上昇
特にアートオプションが高単価商品
○2017年現社長創業。SNSにアップした子供の卒業式に着た和服に合わせたジェルネイルの写真が評判
周辺住民が来店→口コミ，紹介により顧客増加
○社員構成　社長+Y氏。美大同級生で友人。40代女性
・社長は，元食品メーカー勤務。パッケージや販促物のデザイナー。季節感の表現に定評あり。季節限定商品のパッケージや季節催事用POP製作
・Y氏は，元貸衣装チェーン店（X市含む10カ店）勤務
元衣装・アクセサリー提案コーディネーター。予約会(*)での七五三，卒業式，結婚式等に列席する30歳代～50歳代の女性顧客に対しイベントの雰囲気に合わせて衣装の提案をする接客に高い評価
＊予約会は，百貨店・ホール・ホテル・大学・結婚式場などの大規模会場で行われる貸衣装業界のイベント
○店舗は，X市商店街にあるも中心部から離れ，経年劣化，細長い，格安。得意のデザインと装飾を用い手作業で内装。スペース狭いも，落ち着く雰囲気が評価高い
②顧客（市場）
○マクロ市場
・市場は，2000年代に入り需要伸長，規模拡大
近年は成長鈍化も，一定の市場規模が存在
○ミクロ市場（X市）
・県内でも有数の住宅地で，商店街周辺は高級住宅地
・15年前に商店街周辺を中核にファミリー向宅地が開発，その頃に多数の家族が入居
居住者は，全国対比10代・40代が多く，60代が少ない
・商店街は県内有数の規模で他地域からの来客
中心部に小型百貨店，周辺にファッション関連路面店（有名ブランドの衣料品・宝飾店）

事例企業の概要	周辺部には，普段使いのお店（食料品，雑貨店，美容室） ・桜祭り，七夕祭り，秋祭り，クリスマス・マーケット等町内会・寺社・商店街のイベントが毎月あり，行事が盛んな土地柄 B社は商店街他店とも関係良好 ○既存顧客 ・50名前後の固定客を獲得。最大稼働率9割 ・顧客の大半は，同世代。デザイン重視：近さ重視=1：1 近さ重視顧客はオプション追加少ない地域の特性（X市） ・好きな絵柄・SNSの写真を持参する顧客もあり ③競合 ○大手チェーンによるネイルサロン X市の駅から商店街の中心部に向かう途中に立地 ○自宅サロン 大手チェーン経験者が自宅の一室で施術。商店街周辺に多数 ○大手チェーンによる低価格ネイルサロン進出 新しいショッピングモールに出店予定	
SWOT	強み ○従業員の高いデザイン力，技術力，提案力，接客力 ○店舗の落ち着いた雰囲気 ○商店街の他店との良好な関係	機会 ○一定の市場規模が存在，リピーターの発生しやすい市場 ○デザインがSNSで共有され拡散されやすい時代背景 ○X市には主要顧客である40代の人口が多い ○他地域からも来街客が来る商店街に立地 ○季節のイベントが多い土地柄
	弱み ○商店街中心から離れた立地 ○2人施術すれば満員となる狭いスペース ○デザインよりも近さ重視の顧客が半数	脅威 ○競合による顧客の流出 ①大手チェーン（駅から商店街中心部に向かう途中に立地） ②自宅サロン（商店街周辺に多数大手チェーン経験者が自宅で施術） ③大手チェーンによる低価格サロン（ショッピングモールへの出店予定）

3 全体観

与件文3ページにグラフ・表・図で構成されており，近年お決まりのパターンでの出題です。B社は地方都市X市の商店街に位置する小規模ネイルサロンです。与件文にX市の年齢構成や周辺住民の特徴が示されており，過去に出題された事例を思い浮かべる受験生も多くいたと思いますが，先入観にとらわれずしっかり読み込み，グラフや表の意味を読み取り，B社の置かれている環境を正確に分析することが求められました。与件文分析をする中で，今回の与件文は「3C分析」で見事に切り分けられていることに気づきました。出題者の意図が感じられる与件文です。実務においては，あえてフレームワークに縛られないように考えるケースも多いのですが，今回の「与件文の整理」においては「3C分析」として出題者の意図に乗ることにしました。

B社は，美術大学の同級生である社長とYさんが，持ち前の絵心でネイルの施術技術を身に付け開業してから2年です。前職で培った各々の強みを活かした施術が評判を呼び，口コミで顧客が増えました。一定の固定客を獲得し稼働率も高く，経営は順調です。しかし，まもなく近隣のショッピングモールに大手チェーンの低価格ネイルサロンが出店予定であり，半数近い顧客流出の恐れがあります。これにどう対応するのかを第1問から第4問で問われています。

設問構成は，以下のとおりです。

第1問　20点　40字×4　SWOT分析
第2問　30点　100字　客単価を上げるワントゥワンマーケティング戦略
第3問　50点
　設問1　100字　他社と協業した新規顧客獲得の方策
　設問2　100字　固定客化の方策

第1問はSWOT分析，第2問は既存顧客に対する客単価対策を問われています。第3問は低価格大手チェーンの近隣出店に伴う顧客の減少に対し，（設問1）協業すべき他社と新規ターゲット顧客の選定，（設問2）設問1で獲得した新規顧客に対する固定客化のための提案内容，の助言を問われています。第1問で答えたSWOTの内容を踏まえ，第2問，第3問で客単価の向上と新たな固定客の獲得を達成し，売上の維持・拡大を図るという，わかりやすい設問構成でした。配点が，第1問は160字で20点に対し，第2問は100字で30点とバラツキがあるとともに，第3問が50点（!）と配点が高いうえに提案系であることから，受験生の得点も大きく差が付く可能性があります。SWOTやキーワードの抽出は漏れなく行い取れる点は確実に取っていくとともに，全体的な文字数は多くないので考える時間を十分確保して，点数の極大化を図りましょう。男性にはなじみの薄い業種かもしれませんが，見本の写真や与件文での説明も詳しく，特に解答にあたって困ることは無いと思います。

第1問（配点20点）

小型ショッピングモール開業を控えた2019年10月末時点のB社の状況について，SWOT分析をせよ。各要素について，①～④の解答欄にそれぞれ40字以内で説明すること。

【橋詰がたどり着いた答案】

①「強みは，デザイン力，技術力，提案力，接客力，店舗の雰囲気，商店街との良好な関係。」（40字）

②「弱みは，商店街中心から離れた立地，狭い店舗，デザインより近さ重視の顧客の多さ。」（39字）

③「機会は，周辺の40歳代人口・地域からの来訪客の多さ，定期イベント，SNSの情報流通性。」（40字）

④「脅威は，競合となる立地上不利な大手チェーン・自宅サロンや出店予定の低価格サロン。」（40字）

解　説

SWOT分析の問題です。ストレートに4項目すべて答えさせるのは珍しい出題形式です。SWOT分析の内容を「わかってますよ」アピールのため，主語に「強み，弱み，機会，脅威」をしっかり入れましょう。

①強みについては，比較的わかりやすく，第1段落，第3段落，第6段落に示されています。第2段落の社長の「季節感の表現に定評がある」点や，Yさんの「接客が高く評価されている」点，第3段落の「落ち着く雰囲気だと高い評価を得ている」「商店街の他店ともスムーズに良好な関係を構築」をピックアップしました。要素はたくさんあるので，簡潔にまとめる必要があります。

②弱みは，4つの中で一番判断が難しい項目です。第3段落にある「商店街の中心部からは離れた場所」「細長いスペース」「狭いスペース」はこれまでは問題にはなっていませんが，今後の展開を考えたときには弱みだと考えられます。また，第6段落に示されたB社顧客構成を見てみると，半数が「立地

が良いから来ているだけでオプション追加が少ない顧客」であることも弱みと考え，これらを解答に盛り込みました。

③機会は，図1のグラフで全国より多い年代（40歳代）に着目すると共に，第1段落で示された地域の情報「週末には他地域からも来街客がある」「イベントが毎月あり，行事が盛んな土地柄」や，第6段落のB社開業直後の顧客獲得のきっかけである「画像がネット上で話題になり拡散され，技術の高さを評価」を使ってまとめました。

④脅威は，第5段落に示された競合の状況と第7段落に示された出店予定のサロンをあげました。

各々40字ずつと決められているので，要素が多い項目は簡潔にまとめて答える必要があり，あまり見つからない項目もしっかりと記述しなければならない，編集力と分析力が問われる意外と難しい問われ方になっています。

第2問（配点30点）

B社社長は初回来店時に，予約受け付けや確認のために，インスタント・メッセンジャー（インターネットによるメッセージ交換サービス）のアカウント（ユーザーID）を顧客に尋ねている。インスタント・メッセンジャーでは個別にメッセージを配信できる。

このアカウントを用いて，デザインを重視する既存顧客の客単価を高めるためには，個別にどのような情報発信を行うべきか。100字以内で助言せよ。

【橋詰がたどり着いた答案】

「情報発信は，人生の節目や毎月のイベントのお知らせと参加の際の服装に合ったネイルデザイン，持参の絵柄・写真等顧客の嗜好に合わせたネイルデザインの提案であり，オプション受注の増加による客単価向上を図る。」(99字)

解　説

既存顧客へのワントゥワンマーケティング戦略を問われています。与えられた価格表を参考に，客単価を高めるための方策を助言する問題です。価格表のあまり細かい部分を気にする必要はありませんが，オプション追加を狙うと，客単価はかなり高くできそうです。とすれば，客単価を高める＝オプションの追加と考えて，オプション追加を誘発することを考えましょう。情報としては，第4段落「言葉で伝えるのが難しい」「写真を持参する場合も多く」，第6段落「和服に合わせてデザインしたジェルネイルの写真」等があります。また，第2段落では，Yさんが「顧客の要望を聞きながら，参加イベントの雰囲気に合わせて衣装の提案を行う接客が高く評価されている」とあります。これらを組み合わせ，「服装に合ったネイルデザインや持参の絵柄・写真等顧客の嗜好に合わせたネイルデザインを提案するメッセージを配信し，来店時のオプション追加を促す方策」としました。

一定間隔で来店する必要のあるネイルサロンなど美容業界では，固定客の獲得が何より重要です。一人ひとりの顧客と強固な関係を築き，長期にわたって繰り返し来店してもらえるよう，顧客ロイヤルティの向上を図ります。個々の顧客ニーズにあった提案を行うワントゥワンマーケティングは，この設問のようにインスタント・メッセンジャーなどを用いることで，Web上の画像情報への誘導も可能となり，より効果的になるでしょう。

第3問（配点50点）

B社社長は2019年11月以降に顧客数が大幅に減少することを予想し，その分を補うために商店街の他業種との協業を模索している。

設問1

B社社長は減少するであろう顧客分を補うため，協業を通じた新規顧客のトライアルが必要であると考えている。どのような協業相手と組んで，どのような顧客層を獲得すべきか。理由と併せて100字以内で助言せよ。

【橋詰がたどり着いた答案】
「事業の親和性がありイベント参加者や他地域からの集客も期待できることから商店街の有名ブランド衣料品・宝飾店を協業相手とし，年齢別人口の多さから人生節目のイベントを待つ10～20代やデザイン重視の40代を獲得。」（100字）

解　説

新規顧客獲得のための方策において，協業相手と標的顧客層を答えさせる問題です。まず，協業相手としては，B社が獲得すべき顧客層像から考えました。減少する顧客層を補うのが目的ですが，第7段落には「自宅から近いことを理由に来店していた顧客が大幅に流出」と減少する顧客層が明示されています。それとは異なる層，つまり「デザイン重視の顧客層」を獲得すると考え，第1段落に示されている商店街の店の中で最もデザイン重視の顧客が集まる可能性のある「有名ブランド衣料品・宝飾店などのファッション関連店」を選びました。次に，顧客年齢層として，図1のX市の年齢別人口構成比グラフより，全国平均より多い「40歳代とその子供（10代〜20代）」を選びました（デモグラフィック要素）。獲得するのは，人生節目のイベントを待つ層とデザイン重視層，とサイコグラフィック要素も盛り込みました。

設問2

協業を通じて獲得した顧客層をリピートにつなげるために，初回来店時に店内での接客を通じてどのような提案をすべきか。価格プロモーション以外の提案について，理由と併せて100字以内で助言せよ。

【橋詰がたどり着いた答案】

「季節感のあるデザイン力や衣装・アクセサリーコーディネーターの経験を活かせるため，協業店で購入の衣装，宝飾，イベントを聴取し，相応しいネイルデザインやコーディネート等要望や期待を超えるべき提案を行う。」(99字)

解　説

設問1で獲得した顧客（初来店した顧客）を固定客化するための戦術を問われています。第6段落に固定客化の条件が「特に初来店の際に，顧客の要望に合ったデザイン，もしくは顧客の期待以上のデザインを提案し，そのデザインに対する評価が高ければ，固定化につながる」とはっきり書かれていますので，これを基本的な戦術として使いました。さらに第2段落より，社長の強み「季節感の表現に定評」，Yさんの強み「参加イベントの雰囲気に合わせて衣装の提案を行う接客が高く評価」，を活用できる施策として，購入した衣装・宝飾品や参加イベントを聞き取りそれに合わせた提案を行うこととしました。そして，強みを活かせる点を理由としてまとめました。「価格プロモーション以外」の制約を外さないことと同時に，提案+理由をしっかり書くように気を付けましょう。

平成30年事例Ⅱ

B社は，X市市街地中心部にある老舗日本旅館である。明治初期に創業し，約150年の歴史をもつ。2年前，父親である社長が急死し，民間企業に勤めていた30歳代後半の長男が急きょ事業を承継することになり，8代目社長に就任した。資本金は500万円，従業員は家族従業員3名，パート従業員4名である。このうち1名は，つい最近雇用した英語に堪能な従業員である。客室は全15室で，最大収容人員は50名，1人1泊朝食付き7,500円を基本プランとする。裏手には大型バス1台，乗用車6台分の駐車場がある。

簡素な朝食は提供しているものの，客室稼働率に上下があり食材のロスが発生するという理由と調理人の人件費を削減するという理由から，創業以来，夕食は提供していない。宿泊客から夕食を館内でとりたいという要望がある場合は，すぐそばにある地元の割烹料理店からの仕出しで対応している。これまで何度か小さな増改築を行ってきたが，現在の宿泊棟は築45年である。客室には基本的にずっと手を加えていない。畳と座卓，障子，天井吊り下げ式照明のある，布団を敷くタイプの古風な和室である。館内には大広間があり，その窓からは小ぶりだが和の風情がある苔むした庭園を眺めることができる。大浴場はないため，各部屋に洋式トイレとバスを設置している。歴代の社長たちは皆，芸術や文化への造詣が深く，執筆や創作のために長期滞在する作家や芸術家を支援してきた。このため，館内の廊下や共用スペースには，歴代の社長たちが支援してきた芸術家による美術品が随所に配置され，全体として小規模な施設ながらも文化の香りに満ちた雰囲気である。この中には，海外でも名の知られた作家や芸術家もいる。

X市は江戸時代から栄えた城下町である。明治時代までは県内随一の商都であり，教育や文化支援にも熱心な土地柄であった。X市市街地は，北側は城跡付近に造られた官公庁街，東から南側にかけては名刹・古刹が点在する地域となっており，西側には商都の名残である広大な商業地域が広がっている。B社は創業時からちょうどこの中央に立地し，これらのエリアはいずれも徒歩圏内にある。B社から最寄り駅までは公共バスを利用して20分強かかるが，現在，この間を結ぶバスは平均すると1時間に5～6本程度運行している。この最寄り駅からは国内線と国際線の離発着がある空港に向けて，毎日7往復の直通バスが走っており，駅から空港までの所要時間は1時間40分ほどである。

X市市街地の中でも，商業地域の目抜き通りには江戸時代の豪商や明治時代の実業家が造り上げた厳かな大型建造物が立ち並ぶ。この通りは現在でも商業地域の顔である。400年以上続くとされる地域の祭りでは，市内各地を練り歩いてきた豪勢な何台もの山車がこの通りに集結するタイミングで最高の盛り上がりを見せる。夜通し続くこの祭りの見物客は近年，年々増加している。街の一角にはこの祭りの展示施設があり，ここを訪れた観光客は有料で山車を引く体験ができる。X市商業地域には，歴史を感じさせる大型建造物が残る一方，住民を対象にした店舗もたくさんある。普段遣いのお店から料亭，割烹料理店までのさまざまなタイプの飲食店をはじめ，各種食料品店，和装店，銭湯，劇場，地元の篤志家が建設した美術館などの施設が集積している。

10年ほど前，X市の名刹と商業地域が高視聴率の連続ドラマの舞台となり，このエリアが一躍脚光を浴びた。これを機に，商業地域に拠点をもつ経営者層を中心として，このエリア一体の街並み整備を進めることになった。名刹は通年で夜間ライトアップを行い，地域の動きに協力した。地域ボランティアは観光案内や街の清掃活動を行い，美しい街並みと活気の維持に熱心である。こうした影響を受け，最近では，ほとんどいなかった夜間の滞在人口は増加傾向にある。

X市は大都市圏とも近く，電車で2時間程度の日帰りできる距離にある。古き良き時代の日本を感じさせるX市の街のたたずまいは観光地として人気を集めている。2017年時点で，X市を訪れる観光客は全体で約500万人，このうち約20万人がインバウンド客である。商業地域には空き店舗があったが，観光客が回遊しそうな通り沿いの空き店舗には地元の老舗商店が出店して，シャッター通りにならないための協力体制を敷いた。食べ歩きできるスイーツや地域の伝統を思わせる和菓子などを販売し，街のにぎわい創出に努めた。歴史ある街並みに加え，こうした食べ物などは写真映えし，SNS投稿に向く。そのため，ここ数年は和の風情を求めるインバウンド客が急増している（図参照）。

一方，B社のビジネス手法は創業時からほとんど変わっていなかった。明治時代から仕事や執筆・創作活動のために訪れる宿泊客が常に一定数いたため，たいしたプロモーション活動を行う必要性がなかったのが理由である。それに気付いた8代目は就任して1年後，館内に無料Wi-Fiを導入し，B社ホームページも開設した。これにより，それまで電話のみで受け付けていた宿泊予約も，ホームページから外国語でも受け付けられるようになった。また，最低限のコミュニケーションが主要な外国語で図れるよう，従業員教育も始めた。近々モバイル決済の導入も考えている。現在，宿泊客は昔なじみのビジネス客8割，インバウンド客2割であるが，なじみ客らは高齢化が進み，減少傾向にある。

【図】X市におけるインバウンド客数の推移（2007～2017年）

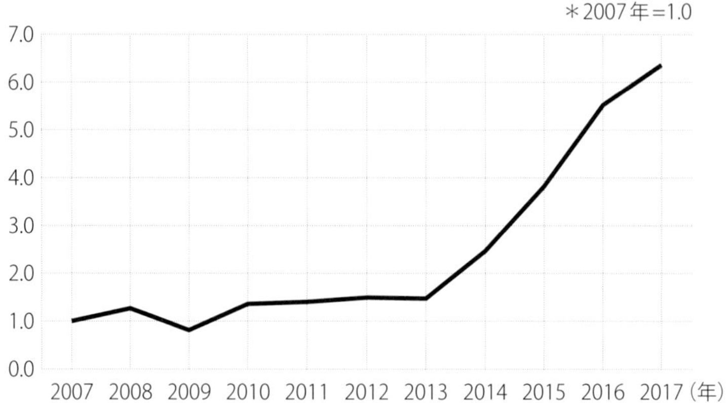

最寄り駅から距離のあるB社には，事前に予約のない客が宿泊することはほとんどない。

B社から距離の離れた駅前にはチェーン系ビジネスホテルが2軒ほどあるが，X市市街地中心部にはB社以外に宿泊施設がない。かつてはB社と似たようなタイプの旅館もあったが，10年以上前に閉鎖している。B社周辺にある他の業種の店々は，拡大する観光需要をバネに，このところ高収益を上げていると聞く。B社だけがこの需要を享受できていない状態だ。

8代目は事業承継したばかりで経営の先行きが不透明であるため，宿泊棟の改築などの大規模な投資は当面避けたいと考えている。既存客との関係を考えると，宿泊料金の値上げにも着手したくない。打てる手が限られる中，8代目が試しに従来の簡素な朝食を日本の朝を感じられる献立に切り替え，器にもこだわってみたところ，多くの宿泊客から喜びの声が聞かれた。こうした様子を目にした8代目は，経営刷新して営業を継続したいと考えるようになり，中小企業診断士にその方向性を相談した。

1 事例のテーマ

「老舗旅館が，交通アクセスの課題を改善し，地元の豊富な観光資源，IoTや従業員スキル等の活用によるコミュニケーション手段の高度化，自らの和の風情を活用して，国内外からの日帰り観光客への宿泊需要を喚起しようとする事例」

2 与件文の整理

事例企業の概要

業　　種　老舗日本旅館
主力商品　宿泊サービス
財務内容　売上記述なし　資本金500万円
従業員数　家族従業員3名，パート従業員4名
（うち1名は英語に堪能な従業員）
最低限のコミュニケーションが主要な外国語で図れるよう，従業員教育も始めた。近々モバイル決済導入検討
設　　備　客室全15室　最大50名，1泊朝食付7,500円
裏手に大型バス1台，乗用車6台分の駐車場
館内に無料Wi-Fi導入，ホームページも開設
顧 客 層　昔なじみのビジネス客8割，インバウンド客2割
なじみ客らは高齢化，減少傾向。インバウンド客は和の風情を求めて急増

時系列の出来事
明治初期
創業。ビジネス宿泊客が常に一定数
→創業時からプロモーション活動不要
歴代社長は，執筆や創作のための長期滞在作家や芸術家を支援
2年前
前社長が急死。30歳代後半の長男が急きょ事業承継。経営刷新に着手

社長の意向
大規模な投資は当面×。宿泊料金の値上げも×
経営刷新して営業を継続

B社の立地
観光施設はいずれもB社から徒歩圏内
最寄り駅まで公共バスで20分強も1時間に5，6本程度
最寄り駅から国内・国際線離発着空港に毎日7往復の直通バス（駅～空港の所要時間は1時間40分ほど）

市場（地域の特性）
X市
江戸時代からの城下町。明治時代までは県内随一の商都
教育や文化支援にも熱心な土地柄
市街地
北側は城跡，東から南側に名刹・古刹が点在
西側は広大な商業地域

<table>
<tr><td rowspan="1">事例企業の概要</td><td colspan="2">観光資源
古き良き時代の日本を感じさせる街のたたずまいは観光地として人気
観光客は約500万人の内約20万人がインバウンド客
400年以上続く地域の祭り。夜通し続く祭りの見物客は年々増加。豪勢な何台もの山車が集結するタイミングで最高の盛り上がり
街の一角には祭りの展示施設。有料で山車引き体験
商業地域の目抜き通りに江戸時代や明治時代の歴史的大型建造物が残る一方，住民を対象にした店舗も多数
様々なタイプの飲食店，各種食料品店，和装店，銭湯，劇場，美術館などの施設が集積
名刹は通年夜間ライトアップ，地域の動きに協力
10年ほど前，X市の名刹と商業地域が高視聴率の連続ドラマの舞台となったのを契機に，商業地域の経営者層を中心に街並みを整備
商業地域では，観光客が回遊しそうな通り沿いの空き店舗に地元の老舗商店が協力して出店
地域ボランティアは観光案内や街の清掃活動。美しい街並みと活気の維持に熱心
食べ歩きスイーツや地域の伝統の和菓子などを販売し，街のにぎわい創出
歴史ある街並みに加え，食べ物などは，SNS投稿向き
ほとんどいなかった夜間の滞在人口は増加傾向
アクセス
大都市圏に近く，電車で2時間程度の日帰りの距離</td></tr>
<tr><td rowspan="2">SWOT</td><td>強み
○英語に堪能な従業員あり
○古風な和室，大広間，和の風情がある苔むした庭園
○各部屋に洋式トイレとバスを設置
○廊下や共用空間に，海外で有名な芸術家美術品が随所に
○全体として文化の香りに満ちた雰囲気
○ホームページから外国語でも宿泊受付</td><td>機会
○国内外の拡大する観光需要
○日本の朝を感じられる献立・器への強いニーズ
○X市商業地域に夜間滞在人口増加
○X市に和の風情を求めるインバウンド客が急増</td></tr>
<tr><td>弱み
○簡素な朝食は提供も，創業以来，夕食は提供していない
○現在の宿泊棟は築45年と古く大浴場はない</td><td>脅威
○距離の離れた駅前にはチェーン系ビジネスホテルが2軒</td></tr>
</table>

3 全体観

与件文は例年と同様3ページ，近年定番のグラフも使われています。与件文中の数字やグラフの数字を総合的に判断し，ターゲットを設定する必要があります。

B社は，X市市街地中心部に位置する創業150年の老舗旅館です。X市は国内外の観光客が増加しており，B社は豊富な観光資源から徒歩圏にありますが，これまでの常連客需要に甘えプロモーション活動を特に講じてこなかったため，観光客増加の好影響を享受できていませんでした。2年前に事業承継した社長は，従業員への外国語教育やホームページの開設，無料Wi-Fiの導入，モバイル決済にも対応予定など，若者やインバウンド客に利便性を高める手段を講じて，インバウンド顧客の宿泊需要を喚起しようと努力を始めました。しかし，X市商業地域の経営者層を中心に地域をあげて賑わい創出に取り組んでいる中，地域の動きに連動できていない状況です。

設問構成は，以下のとおりです。

第1問	25点	150字	3C分析
第2問	25点	100字	ターゲット顧客層とそれに向けたホームページ掲載情報
第3問	25点	100字	好意的なクチコミを誘発する従業員と宿泊客との交流
第4問	25点	100字	地域の夜の活気を取り込んだ宿泊需要喚起施策

出題者は，B社から徒歩圏に訪れる観光客のB社への誘導や，自社の魅力をホームページ刷新やクチコミの醸成等のプロモーション活動の高度化で，B社の宿泊需要に結びつける提案を求めています。第1問は3C分析，第2問はホームページでの提供情報の改善，第3問は宿泊客とのコミュニケーション戦略，第4問で夜の観光資源を宿泊に結びつける対策についての問題です。例年通り，解答要素はてんこ盛りですので，どの要素をどの問題に対応付けするか非常に悩ましいと感じますが，設問をよく読み制約事項を外さないようにすることが重要です。

4 設問ごとの答案・解説

第1問（配点25点）

B社の現状について，3C（Customer：顧客，Competitor：競合，Company：自社）分析の観点から150字以内で述べよ。

【橋詰がたどり着いた答案】

「顧客面で常連ビジネス客8割インバウンド客2割，前者は減少傾向で後者は和の風情を求め急増中。競合面で遠距離の駅前にチェーン系ビジネスホテル2軒，近隣に競合無し。自社面で和の風情と文化の香りに満ちた施設や美術品の配置，外国語対応可能，各室に洋式施設，バス対応可能な駐車場あるが，大浴場や夕食提供はない。」（149字）

解　説

B社を取り巻く環境分析の設問で，分析手法は「3C分析」と指定されています。3C分析とは，Customer（市場・顧客），Competitor（競合），Company（自社）という，3つの視点で分析し，戦略立案を行う事例Ⅱではよく使われる分析手法です。「顧客」の分析を通じて市場や顧客のニーズの変化を知る，「競合」の分析を通じて競合が市場や顧客のニーズにどのように対応しているかを知る，「自社」の分析を通じて市場や顧客ニーズ変化や競合の状況にどのように対応をできるかを鑑みながら，「自社が成功する要因」を見いだす手法です。現状を丁寧に客観的に分析することで，第2問で増加させようと考えている新規宿泊客のメインターゲット層を明確にするための判断材料となります。このためにも与件文の情報を丁寧に拾っていく必要があります。

「顧客」について，第7段落に現在の顧客構成「昔なじみのビジネス客8割，インバウンド客2割」が記述されており，図にはX市のインバウンド客数の推移が示されています，これらを組み合わせて顧客の状況としました。また，「競合」について，第8段落に「駅前にはチェーン系ビジネスホテルが2軒」「市街地中心部にはB社以外に宿泊施設がない」が記述されています。B社の顧客の8割がビジネス客であり，駅前のビジネスホテルも競合の1つと考えました。そして，「自社」について，第2段落には「文化の香りに満ちた雰囲気である」B社の提供サービスや設備・こだわり，第7段落にはB社の最近の取り組み「無料Wi-Fiを導入」「ホームページも開設」「外国語でも受け付け」が記述されています。各段落の与件文をコンパクトにまとめ解答を構成しました。

第2問（配点25点）

B社は今後，新規宿泊客を増加させたいと考えている。そこで，B社のホームページや旅行サイトにB社の建物の外観や館内設備に関する情報を掲載したが，反応がいまひとつであった。B社はどのような自社情報を新たに掲載することによって，閲覧者の好意的な反応を獲得できるか。今後のメインターゲット層を明確にして，100字以内で述べよ。

【橋詰がたどり着いた答案】
「掲載情報は，インバウンド客を標的に，和の献立と器に拘った朝食，古風な和室，苔むした庭園，海外で有名な芸術家の美術品，英語に堪能な従業員，和の風情と文化の香りに満ちた雰囲気と利便性を訴求する情報である。」
（100字）

解　説

この設問ではSTP分析（ターゲティング=標的顧客，セグメンテーション=市場細分化，ポジショニング=立ち位置確認）の視点からの分析が問われています。この分析により，どのようなユーザーにどのようなポジションから商品やサービスをアピールしていくのか，というプロモーション戦略を明確にできます。

増加させようとする新規宿泊客ターゲットは，第1問の3C分析より「急増している和の風情を求めるインバウンド客」としました。また，好意的な反応を獲得するためのコンセプトは，ターゲット顧客が求める「和の風情」を中心に，B社の強みである「文化の香りに満ちた雰囲気」を訴求することとしました。そして，新たな掲載情報は，第9段落から「日本の朝を感じられる献立に切り替え，器にもこだわってみたところ，多くの宿泊客から喜びの声」がある朝食について，第2段落より「古風な和室」「和の風情がある苔むした庭園」「芸術家による美術品が随所に配置され‥‥海外でも名の知られた作家や芸術家もいる」を簡潔にまとめ，第7段落より利便性を訴求する内容を抜き出しました。

インバウンド客が魅力に感じるであろうB社の強みに加え，利便性メリットも追加することで，多面的な解答になると思います。また，制約は「新たに」掲載する自社情報です。既存掲載情報である外観や館内設備に関する情報を入れないよう注意しましょう。

第3問（配点25点）

B社は，宿泊客のインターネット上での好意的なクチコミをより多く誘発するために，おもてなしの一環として，従業員と宿泊客との交流を促進したいと考えている。B社は，従業員を通じてどのような交流を行うべきか，100字以内で述べよ。

【橋詰がたどり着いた答案】

「英語の堪能な従業員のガイドで，城跡，歴史的大型建造物，山車引き体験，和装店，銭湯，劇場，美術館，連続ドラマ舞台の散歩やスイーツ・和菓子食べ歩きで美しい街並みと活気を味わってもらい，SNS等への投稿を促す。」

（100字）

解　説

近年当たり前になったSNSを活用したプロモーションに関する設問です。インターネット上でのクチコミを誘発する施策を問われていますが，その施策は従業員と宿泊客との「オフライン」での交流です。「インターネット上」に惑わされて，インターネット戦略を書かないように注意しましょう。クチコミの閲覧を期待するのは第2問で設定したターゲット顧客層=インバウンド客という前提で考えました。問われているのは，「好意的なクチコミをより多く誘発するための従業員を通じた交流」です。クチコミによる顧客の増加を期待していると考えられますが，そのヒントとして第6段落には「歴史ある街並みに加え，こうした食べ物などは写真映えし，SNS投稿に向く。そのため，ここ数年は和の風情を求めるインバウンド客が急増している」とあります。そこで，SNSへ投稿してもらうことが主な目的と考え，歴史ある街並みと食べ物をSNS投稿してもらえる施策を提案します。

まず，インバウンド客と交流するために「つい最近雇用した英語に堪能な従業員」（第1段落）を活用します。英語でのコミュニケーションにより交流が深まると考えました。第3段落，第4段落に記述されている多くの地域観光資源や，「食べ歩きできるスイーツや地域の伝統を思わせる和菓子」（第6段落）へ案内することで，インバウンド客の満足感を高め，SNS投稿を促進します。

宿泊客が好意的なクチコミをSNSに投稿したくなる交流の仕方であれば，他の施策も考えられます。既存の経営資源や地域資源も活用しながら，限られた従業員で実現できるB社にとって無理のない提案を心がけましょう。

第4問（配点25点）

B社は，X市の夜の活気を取り込んで，B社への宿泊需要を生み出したいと考えている。B社はどのような施策を行うべきか，100字以内で述べよ。

【橋詰がたどり着いた答案】
「地域の事業者やボランティアと協力し，大都市圏や空港からの観光客を対象に，夜通し続く祭り見物や連続ドラマ舞台の名刹の夜間ライトアップ，夕食の飲食店，銭湯等を巡るバスツアー等を企画し，宿泊需要を喚起する。」
（100字）

解　説

夜の滞在人口が増加しているX市の観光客をB社への宿泊へ誘導する対策を問われています。制約は，第9段落に記述されている「大規模な投資は当面避けたい」ことですので，ハード増強による提案は避けた方がよさそうです。まず，「夜の活気」については，「夜通し続く祭り見物」のほか，第5段落のとおり，「商業地域に拠点をもつ経営者層を中心とした街並み整備」「名刹の通年夜間ライトアップ」「地域ボランティアの観光案内や街の清掃活動」等により「夜間の滞在人口は増加傾向」となっています。ただ，「B社だけが蚊帳の外」です。従って，地域資源の活用や地域との連携により，宿泊需要を喚起する施策を考えました。宿泊につながる地域資源としては，第4段落に「さまざまなタイプの飲食店」「銭湯」があります。出題者は，ワザワザ「B社は，夕食提供なし，大浴場なし」と宿泊に対して弱みを書いてくれているので，地域と連携することでこれを補うことが，出題者の書いてほしいポイントです。

提案型の設問ですが，思いついたアイディアではなく，第1問の3C分析の結果（顧客，競合，自社の状況）を踏まえ，地域の観光資源やB社の経営資源に基づいた提案を行いましょう。大都市圏から日帰りできる（脅威），空港から駅前までの直通バスが存在する（機会），名刹は通年で夜間ライトアップを行う（機会），観光バスも停められる駐車場がある（強み）これらを考慮し，しっかり根拠を持った解答で説得力のある提案を行いましょう。

平成29年事例Ⅱ

B社は資本金1,000万円，社員3名，パート3名の寝具小売業である。創業以来，地方都市X市の商店街に1階と2階を合わせて300m^{2}強の売場の1店舗を構えている。B社は1955年に現社長の父親が創業し，1970年に現社長とその夫人である副社長が事業を継承した。品揃えは，布団，ベッド，マットレス，ベビー布団，ベビーベッド，介護ベッド，布団カバー，枕，パジャマなどである。B社は寝具類のボランタリー・チェーンに加盟し，商品は同本部から仕入れている。B社のこだわりは接客にある。睡眠状況を聞きながら商品を薦めるという，現社長が始めた接客は，多くの顧客の信頼を得ている。また趣味の裁縫，刺繍（ししゅう）の技術を生かして，副社長が作った小物入れやトートバッグなどのノベルティも人気があり，それを目当てに来店する顧客がいるほどである。

現在のX市の人口は緩やかな減少傾向にある。そして，年齢分布は図のようになっている。X市の主要産業は農業とガラス製品生産である。市内にはガラス製品の大小工場が林立し，多くの雇用を創出している。2000年に大規模工場の一部が海外移転し，市内経済の衰退が見られたが，近年は中小工場の若手経営者の努力により，市内経済は回復傾向にある。2000年頃の一時期は若年層の住民が県庁所在地に転居することが多かった。これに対してX市役所は若年層の環流を図り，子育てに関する行政サービスを充実させた。また，ここ数年は建築業も好調である。2世帯同居が減少し，核家族世帯のための建築需要が増えている。加えて，介護のための改装も増加している。

今日まで商店街の小売店は収益悪化と経営者の高齢化による閉店が続いている。収益悪化の主要因は1980年に出店した幹線道路沿いにある大型スーパーである。しかし，商店街の飲食店の多くは工場関係者による外食，出前需要があり繁盛している。

現在は飲食店を除くと閑散としている商店街も，高度成長期には大変なにぎわいであった。B社も日々多くの来店客を集めた。しかし，丁寧な接客のため来店客に待ち時間が生じるという問題が起きた。そこで，店舗の一角に椅子とテーブルを置き，無料で飲み物を提供する休憩コーナーを設置した。これにより，接客中であることを見て来店客が帰ってしまうケースが減り，売り上げは増加した。

2000年代以降，若年層住民の大半が大型スーパーで買い物をするようになり，B社の来店客数も大幅に減った。時間を持て余した副社長は，手のあいた飲食店経営者を集め，休憩コーナーで井戸端会議をし始めた。次第に人の輪が広がり，午前は引退した小売店経営者，昼過ぎは飲食店の経営者やスタッフ，

【図】現在のX市と全国の年齢別人口構成比（0歳〜100歳まで）

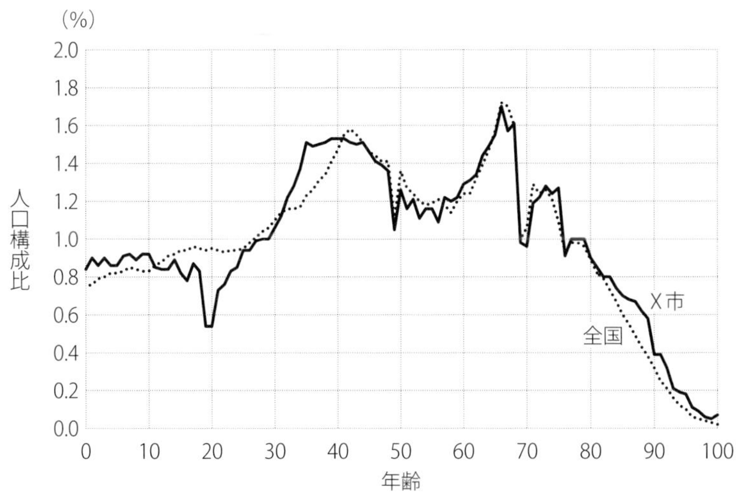

夕方は工場関係者が集うようになった。定休日には一緒にバス旅行や映画に出かけ，交流を深めた。当然，日々集まる井戸端会議メンバーがそれほど頻繁に寝具を買うわけではないが，寝具の買い替えがあればほぼB社で購入している。また，他の小売店が閉店した2000年代以降に，化粧品，せっけん等のこだわりの日用品販売を引き継いだ。これらが店内にあるのを見て，井戸端会議メンバーが購入し，リピートする例も多い。寝具は購買間隔が長く，顧客との接点が切れやすいが，日用品は購買間隔が短いので，B社が顧客との継続的な接点を作りやすくなった。

井戸端会議はB社が潜在的な顧客ニーズを収集する場でもあった。2010年のある日，井戸端会議で「買い物のために県庁所在地の百貨店まで出かけたのに，欲しいものがなかったときは体力的，精神的につらい」ということが話題になり，多くのメンバーがその意見に賛同した。その頃，B社には，ボランタリー・チェーン本部から外出用を主とする婦人服の予約会(注)を実施しないか，という打診があった。同チェーンは近年，加盟店活性化のために，寝具に加えて婦人服，婦人用ハンドバッグ，宝飾品の仕入および販売を強化していた。開催には登録料を払う必要があり，長年寝具一筋でやってきた現社長は婦人服が売れるイメージが湧かず，当初は断る予定であった。しかし，井戸端会議の話を聞き，打診を受け入れた。期間中は店舗2階の売場を整理し，試着室を設け，臨時イベントスペースとした。ただし，スペースはそれほど広くないため，日頃の交流を通じて，顧客の好みをよく把握している副社長が品揃えを厳選した。予約会には井戸端会議のメンバーが多数来店し，時間によっては顧客が会場に入れないほどであった。好評を得た予約会は，継続を望む声があり，開始から既に数年が経過している現在もシーズンごとの予約会の売り上げは落ちずにいる。現在の年間売り上げに占める割合はおおよそ寝具70%，婦人服25%，日用品5%となっている。

予約会が始まった頃，子育てにめどが付いた現社長の娘が店を手伝うようになった。既に現社長は70歳近くとなり，一時は廃業を検討したが井戸端会議メンバーが存続を強く希望し，数年内に現社長の娘が次期社長となり，事業を継承することになった。

次期社長は保育士の勤務経験があり，保育園ごとの昼寝用布団，手作りで用意する手さげカバンのサイズなどに関するルールを詳しく知っていた。ある日，井戸端会議メンバーの世代（以下，「シルバー世代」という）の顧客に，孫の入園準備のアドバイスをし，感謝されたことがあった。それをきっかけに，シルバー世代の子供世代（以下，「子育て世代」という）の顧客が入園準備のアドバイスと商品を求め，来店するようになった。

現在も休憩コーナーに人が集うが，シルバー世代の顧客の多くはやがて介護をされる側の立場となり，確実に減少する。今後の対応を考えるべく次期社長は，大型スーパーの寝具売場を視察した。視察を通じて，高品質な商品が少ないこと，従業員がほとんどおらず，十分な説明もできないことが分かった。そこで，次期社長は保育園の入園準備を通じて知り合った子育て世代向けに「親と子の快眠教室」という月1回のイベントを開催し，親の快眠と子供を寝かしつける工夫についての教室を開始した。教室の参加者は，後日顧客として来店するようになりつつある。

B社にとってシルバー世代に関する店内の顧客台帳や現社長達の頭の中にある情報は貴重な無形資産である。次期社長はこれらの情報に容易にアクセスすることができるように情報のデータベース化を実施した。現社長が配達時に記録した住所，副社長が記録した寝具や婦人服の購買履歴と記憶した好みを，可能な限り文字と画像にして，簡易型データベースに登録した。データベースはリピーターである重要顧客からなる100件強の小規模なものであるが，1件の情報は非常に詳細なものとなった。しかし，活用方法は見いだせずにおり，課題となっている。

B社は，地域とその顧客に支えられて存続してきた。そのため，次期社長は事業継続のためには，地域の繁栄が必要だと考えている。次期社長は取り組むべき施策について，中小企業診断士に助言を求めることとした。

（注）主にアパレル業界で行われるイベント。顧客が会場でサンプルを確認，試着し，気に入ったものがあれば商品を予約できる。商品の引き渡しと支払いは後日行う。

1 事例のテーマ

「地域とその顧客に支えられてきた商店街の寝具店が，大型スーパー等の競合の状況の分析，親子の持つ強みを活かした差別化で，既存顧客の顧客生涯価値を高め，新規顧客を開拓して生き残りを図る事例」

2 与件文の整理

事例企業の概要

業　　種　寝具小売業
財務内容　売上記述なし　資本金1,000万円
主力商品　布団・ベッド，ベビー布団・ベッド，介護ベッド等
仕 入 先　ボランタリーチェーン本部
売上構成　寝具70%
　　　　　婦人服25%（ボランタリーチェーンの予約会）
　　　　　日用品5%（継続的接点つくりやすい）
従業員数　正規3名　非正規3名　合計6名
立　　地　商店街の1F・2F合わせた300㎡
こだわり　「睡眠状況を聞きながら商品を薦める」丁寧な接客
　　　　　事業継続のためには地域の繁栄が必要
市場（地域の特性）
　X市
　　農業，ガラス製品製造が地場産業
　　人口は緩やかに減少
　　（グラフより）
　　全国対比，20代が少なく30～40代が多い
　　全国同様，60～70代が多い
　　商店街は，飲食業は繁盛
　　建築業好調
　　（核家族世帯のための建築，介護のための改装が増加）

<table>
<tr><td rowspan="1">事例企業の概要</td><td colspan="2">時系列
1955年　現社長の父が創業
1970年　現社長が承継
1980年　幹線道路沿いに大型スーパー進出
2000年　若年層が流出，大規模工場の一部が海外移転
2010年　「欲しいものを近くで確実に買いたい」ニーズ聴取
その頃　ボランタリーチェーンから予約会打診
ここ数年 政策により子育て世代が還流</td></tr>
<tr><td rowspan="2">SWOT</td><td>強み
○丁寧な接客に対する信頼
○副社長の裁縫・刺繍技術を活かしたノベルティが人気
○井戸端会議コミュニティ
○潜在的ニーズ情報収集のための休憩コーナー
○詳細な顧客データ台帳（住所，購買履歴，嗜好）
○後継者の保育関係知識</td><td>機会
○「欲しいものを近くで確実に買いたい」ニーズ
○大型スーパーでは，高品質な商品が少ない。従業員がほとんどいなく，十分な説明ができていない
○ガラス工場関係者の需要
○若年層の還流
○子育て世代（30才～40才）の層が多く，ニーズも把握
○建築業好調（核家族世帯のための建築，介護のための改装）</td></tr>
<tr><td>弱み
○顧客データを活用できていないこと</td><td>脅威
○大型スーパーの存在
○若年層住民の大半が買い物
○小売店の業績悪化，衰退・廃業の原因</td></tr>
</table>

3 全体観

与件文は3ページ+グラフ。ビジュアルデータ分析は，事例Ⅱの定番として定着したようです。社員は，70歳近くと高齢となった現社長，夫人である副社長，娘の次期社長の3名です。現社長は廃業を検討しましたが，地域とその顧客が存続を強く希望したこともあり，現社長の娘が次期社長として事業を継承することになりました。そのため，事業継続においては地域の繁栄が必要と考えています。しかしながら，重要な資産である顧客台帳や現社長・副社長が持つ情報は可能な限りデータベース化したものの，活用方法が見いだせずにいます。競合する大型スーパーや百貨店と差別化し，既存顧客（シルバー世代）の顧客生涯価値を高め，新規顧客（シルバー世代以外のセグメント）をどうやって取りこむべきか，問われている事例です。

強みが盛りだくさんの事例Ⅱらしい与件文ですので，80分という時間制約の中で，現社長・副社長・次期社長の各々の強みを整理して過去の成功体験に上手く結びつけて提案する力が求められています。

設問の構成は次の通りです。

第1問	20点		
(a)		60字	自社の強みの分析
(b)		60字	競合の状況分析
第2問	25点	120字	婦人用ハンドバッグ予約会成功のための施策
第3問	30点	120字	中小建築業と連携し，既存顧客の顧客生涯価値を高めるための施策
第4問	25点	120字	今後ターゲットとすべきセグメントと，行なうべき施策

と提案系中心の構成となっております。

設問数が，例年5～6問のところ，4問しかありません。しかし，第2問～4問では120字と少し長めであり，因果を踏まえた説明や，ある程度の具体性を記述することが必要です。

設問ごとの難易度は，第1問は確実に取るべき問題。ただし字数が短いのでコンパクトにまとめる力が必要です。第2問～4問は，提案系ですので，やや難易度は高いと言えますが，整合性を取れていればある程度の解答の幅が許されるでしょう。そういう意味では，第1問では，第2～4問に使える強みをしっかり拾っておきたいものです。

4 設問ごとの答案・解説

第1問（配点20点）

B社について，現在の（a）自社の強みと（b）競合の状況をそれぞれ60字以内で説明せよ。

【橋詰がたどりついた答案】

(a) 自社の強み

「強みは，丁寧な接客への信頼と詳細な顧客台帳，副社長の裁縫・刺繍技術や関係性構築ネットワーク，後継者の保育関係知識である。」(60字)

(b) 競合の状況

「大型スーパーの寝具売場は商品品質や接客対応に弱みがあり，県庁所在地の百貨店は遠方で欲しいものが確実に手に入るとは限らない。」(60字)

解　説

「彼を知り己を知れば百戦殆うからず」。自社・競合分析はマーケティングの基本中の基本3C（Customer，Competitor，Company）分析の一部です。(a)は60文字と少ないですが，社長・副社長・後継者の強みをすべて入れたいものです。

第1段落に「B社のこだわりは接客にある。睡眠状況を聞きながら商品を薦めるという，現社長が始めた接客は，多くの顧客の信頼を得ている。」とあります。多くの顧客の信頼を得ているのは，強み以外の何物でもありませんね。そして「また趣味の裁縫，刺繍の技術を生かして，副社長が作った小物入れやトートバッグなどのノベルティも人気があり，それを目当てに来店する顧客がいるほどである。」と続きます。また，次期社長の強みとして，第8段落の「保育士の勤務経験」があげられます。

忘れてはいけないのが「周囲の支え」。「井戸端会議の存在」「日用品販売による継続的接点」等があげられているので「関係性構築ネットワーク」とまとめました。最後に第10段落の「顧客台帳や現社長達の頭の中にある情報」。

これだけ強みがあり，60字という字数制限を考えると，因果よりも列挙型でとにかく詰め込む編集力が必要です。「2次試験は国語の試験」と言われるのも，こんなところにあるのかもしれません。

(b) は，直接の競合先であるスーパーだけでなく，県庁所在地の百貨店も意識したいところです。第6段落に井戸端会議で，「買い物のために県庁所在地の百貨店まで出かけたのに，欲しいものがなかったときは体力的，精神的につらい」という話題があり，それをきっかけに婦人服予約会実施を決断し顧客の好みを把握したうえで品揃えしています。

第2問（配点25点）

B社はボランタリー・チェーン本部から新たに婦人用ハンドバッグの予約会の開催を打診された。B社は現在のデータベースを活用しながら，この予約会を成功させようと考えている。そのためには，どのような施策を行なうべきか。120字以内で助言せよ。

【橋詰がたどりついた答案】
「施策は，顧客の住所・購買記録・嗜好が記録されたデータベースを活用し，①予約会DMを該当顧客住所へ送付，②井戸端会議で画像を使い該当顧客を直接勧誘，③顧客嗜好の観点で厳選した品揃えで，『欲しいものを近くで確実に買える』ニーズを満たすことである。」(120字)

解　説

データベースを活用した予約会のマーケティング手段を問われてます。まず思い浮かぶのは，住所が判明していることから「DMによる誘致」。また，購買記録も判明していることから，その方が井戸端会議に来たら「今度はこんなの売るから来てね。」と「直接勧誘」。そして，嗜好が判明していることから「客筋にあった品揃えで購買を促進」する。こんなことが答えになるのではないでしょうか?

また，そもそも「なぜ，この予約会が始まったのか?」と言えば，井戸端会議で「買い物のために県庁所在地の百貨店まで出かけたのに，欲しいものがなかったときは体力的，精神的につらい」ということが話題になり，多くのメンバーがその意見に賛同したからでしたね。従って，目的は『欲しいものを近くで確実に買える』ニーズを満たすこととしてまとめました。

事例Ⅱは常に，ターゲット+マーケティングミックスを意識しましょう。ターゲットは既存顧客（井戸端会議メンバー）ですね。そして，小売業のマーケティングミックスは，「品揃え，価格，販売，サービス，販促，店舗，立地」です（一問一答をご参照ください）　。本問でも，第6段落に，「日頃の交流を通じて，顧客の好みをよく把握している副社長が品揃えを厳選した。」とあります。覚えておくと結構便利ですよ。

第3問（配点30点）

地域内の中小建築業と連携しながら，シルバー世代の顧客生涯価値を高めるための施策について，120字以内で助言せよ。

【橋詰がたどりついた答案】

「施策は，核家族世帯や介護のため建築・改築を行うシルバー世代顧客に対し，中小建築業者と連携して商品品質・接客力・提案力を活かし，①子育て世代への贈答としてのベビー用寝具，②本人のための介護ベッドや利便性向上のため日用品配達を提案することである。」（120字）

解　説

制約条件は，「建築業と連携しながら」「顧客生涯価値を高める」ための施策，の二つです。一見何の関連性もなさそうな「寝具販売店」と「建築業」。まずは，ここから紐解いていく必要がありそうです。「建築業」のワードが出てくるのは第2段落になります。「X市の建築業は好調」「2世帯同居が減少」「核家族世帯のための建築需要が増えている。」「介護のための改装も増加している。」ということ。また，第1段落の記述には，B社の品揃えとして，「ベビー布団」「ベビーベッド」「介護ベッド」があります。ここから，関連性を構築させる出題と考えます。

次に，「顧客生涯価値」とは，ライフタイムバリュー（LTV）とも呼ばれ，「ある顧客が一定年数（生涯）を通じて企業にもたらす総利益」のことです。つまり，「顧客生涯価値を高めるための施策」とは，「1回限りの買い物ではなくて，一人ひとりのお客さんに，より継続的に買い物をしてもらい，長期的に見て多くの収益をもたらしてもらうための施策」ということです。これに類する表現として，第5段落に，「寝具は購買間隔が長く，顧客との接点が切れやすいが，日用品は購買間隔が短いので，B社が顧客との継続的な接点を作りやすくなった。」とあります。寝具を売るだけでは単発で終わりやすいため，また，寝具の配達時に顧客住所も得ていることから，日用品も配達することが考えられます。

建築業と提携できる「シルバー世代の顧客生涯価値」を高める取り組みですから，核家族化・介護に伴う建築需要と，B社の品揃えで提供可能なものを組み合わせて解答としました。

建築業との連携の具体的なアクション（同行・DM・チラシ）については，どちらかで得た顧客情報を共有すべきかどうかということになり，個人情報保護法の問題もあるので，あえて記述しませんでした。

配点が30点もあり慎重な対応が必要な問題ですが，与件文に関連付けが容易なキーワードが多いので，サクッと組み合わせて，点数の極大化を狙っていきましょう。

第4問（配点25点）

B社は今後，シルバー世代以外のどのセグメントをメイン・ターゲットにし，どのような施策を行なうべきか，図を参考に，120字以内で助言せよ。

【橋詰がたどりついた答案】

「施策は，30才代の子育て世代を標的顧客として保育園への入園準備教室や快眠教室等のイベントを開き，後継者が熟知する保育園ごとのルールに合った副社長の裁縫・刺繍技術を活かした昼寝用布団や手さげカバンや快眠のためのベビーベッド等を販売することである。」（120字）

解　説

シルバー世代以外のセグメントを図から選択してターゲットとする問題ですから，全国対比多い30代をターゲットと考えるのが自然です。そうすると，その年代に多い「子育て世代」のニーズが与件文には多く記述されています。ここに，次期社長の「保育園の経験」，副社長の「裁縫・刺繍」といった強みをぶつけることにより，答案の施策を導くことができると思います。

「親と子の快眠教室」という月1回のイベントは今も実施していますので，入園準備教室なども開けそうです。

そういった教室イベントを開いた後の販売につなげるものとして，昼寝用布団・手さげカバン・ベビーベッドを第1段落，第8段落からピックアップしました。

第8段落には「次期社長は保育士の勤務経験があり，保育園ごとの昼寝用布団，手作りで用意する手さげカバンのサイズなどに関するルールを詳しく知っていた。」とあり，第1段落には，「趣味の裁縫，刺繍の技術を生かして，副社長が作った小物入れやトートバッグ（などのノベルティも人気）」とありますので，それを販売する施策が顧客ニーズに合致したものになると思います。

平成28年事例Ⅱ

B社は，X市郊外にあるしょうゆ及びしょうゆ関連製品のメーカー（以下，「しょうゆメーカー」という。）である。資本金は2,000万円，従業員（パート含む）は50名である。創業は1770年と古く，現在の社長は10代目にあたる。2016年に社長就任21年を迎えた。

B社の本社と工場は隣接しており，すぐそばにはY川が流れる。江戸時代には，この川が原材料や完成品のしょうゆの大量輸送に使用されていた。現在，多くの中小しょうゆメーカーでは，自社の蔵でのしょうゆ仕込みをやめ，しょうゆの原料となる「生揚げ（火入れ，ろ過していない）しょうゆ」を大手メーカーから仕入れ，これに火入れや味付けをして自社製品として販売している。しかし，B社は創業以来一貫して国産丸大豆を原材料とし，自社の蔵で杉桶を使ったしょうゆ醸造を続けている。

本社から車で10分ほど離れたX市の市街地は，江戸時代から繁栄した商業地である。現在は当時の面影をしのばせる伝統的な街並みを生かして，観光地として脚光を浴びている。懐かしさを求めて女性やシニア層が連日街を訪れ，日本の伝統に興味のあるアジアからの外国人観光客も多い。B社は，この観光地化したエリアに3年前，自社製品をフルラインアップで販売する直営店を出店した。直営店には，11代目予定者（社長の子息，当時33歳）の発案で，自社製品を麺料理のつゆやだしなどに使用した飲食店も併設した。この飲食店は，地元食材の利用やカロリーや減塩など健康に配慮したメニューと彩り鮮やかな盛り付けで，観光情報誌やグルメサイトなどにも数多く取り上げられている。最も人気のあるメニューは，うどんを主食とし，地元野菜を使った煮物や天ぷら，刺身，ひとくち和風デザート，食後に黒豆茶を添えた定食で，客単価は1,250円程度である。食に敏感な女性を中心に，ランチ時には大行列ができる。

B社はかつて業務用製品も製造していたが，大手メーカーの激しい低価格攻勢を受け，現在ではほとんど最終消費者向け製品に特化している。ただし例外もいくつかある。たとえば親子丼で有名なある鶏料理専門店は，B社のしょうゆの濃厚さと芳醇（ほうじゅん）さに惚れ込み，もう30年来，取引が続いている。

B社の製品ラインアップは多岐にわたるが，大きく2つのカテゴリーに分けられる。第1に，基本調味料としてのしょうゆである。伝統的手法で作られた天然醸造しょうゆ，減塩しょうゆ，大豆も塩も小麦もすべて地元産の原材料で製造した数量限定しょうゆなどがこれに含まれる。第2に，B社のしょうゆをベースに作られたしょうゆ関連製品である。ここには，だししょうゆ，こんぶしょうゆ，たまごかけごはんしょうゆなどのしょうゆ加工品，蕎麦(そば)用かえし，ドレッシングや鍋つゆなどのたれやつゆ類が含まれる。なお，しょうゆ加工品は，正確にはJAS規格（日本農林規格）の定義でいう「しょうゆ」には入らない(注1)。

同業他社の動きを見ながら新製品を追加投入してきたため，B社全体の製品の種類は30種以上になり，容器の大小を別アイテムと数えると87アイテムに上る。製品価格帯は，しょうゆ業界平均よりも全体的にかなり高めのゾーンに位置する。このうち，最も販売量が多いのは減塩しょうゆで，2番手がだししょうゆである。減塩しょうゆは，今から約40年前に発売されたロングセラー製品である。当時はまだ健康に対する消費者の意識も低く，業界でも早めに発売を開始した部類に入る。B社のすべての製品は25年前から発売されているが，87アイテムの回転率には今ではかなりばらつきが生じている。

しょうゆ市場は現在，激しい淘汰(とうた)の波にさらされている。日本醤油(しょうゆ)協会の調べによると，1955年には全国で6,000社あったしょうゆメーカーは，2013年には1,330社にまで減少している。そのため，2014年のしょうゆメーカーのシェアは大手5社が60％弱，準大手9社が約18％，残りの20数％を1,300社以上の中小しょうゆメーカーで占める構造となっている(注2)。X市でも50年前にはしょうゆメーカーが8社あったが，現在はB社を含め2社である。しょうゆ出荷数量もピークは1973年の1,294,155klで，2015年には780,411klと減少傾向にある。図表1によれば，JAS規格でいう「しょうゆ」の1世帯当たり年間購入数量も1人当たり消費量も減少傾向にある。また，しょうゆ及びしょうゆ関連製品それぞれの出荷数量について2008年を基準として見ると，図表2のような傾向となる。近年は世界的な大豆価格高騰が経営に与える影響も大きい。日本の大豆自給率はわずか5％で，しょうゆメーカー各社は原材料の大豆の大半を輸入に頼っている。2008年以降，大豆の価格は高止まりのまま推移しており，以前の取引価格の倍になったとされる。国産大豆もその例外ではない。基本調味料としてのしょうゆの製造販売だけではメーカーの利益が薄いのが実情である。現在，B社の年商もかろうじて対前年比100％をやや上回る程度で推移しているが，直営店併設の飲食店の好調な売り上げが貢献している。

B社の製品は，X市にある直営店での販売や例外的な業務用需要者との取引以外は，特別な排他的取引契約はないものの，食品卸Z社が一手に引き受けている。Z社の取扱商品は，国内外の優良メーカーが生産する高付加価値型のこだわりの自然食品・健康食品全般である。Z社は国内外に販売先をもつ。主要な取引先は，国内では百貨店や中～高価格業態のスーパーや自然食品店，国外では東アジアやアメリカなどで日本食材を扱う小売業である。B社の製品も，これらの店舗で販売されている。B社とZ社の取引関係は50年に及ぶ。最近では，多くのしょうゆメーカーは自社ホームページを立ち上げ，中小メーカーの多くがインターネット販売を行っている。しかしZ社は，B社がインターネット販売をすることに対して難色を示している。そのため，B社は会社所在地と自社のしょうゆ製造方法を記載した簡素なホームページを立ち上げたのみである。インターネット販売にはまだ着手していない。

創業250周年を前に，B社はまもなく11代目に継承される。B社は良くも悪くも伝統を重視してきたため，現状のままでは著しい成長は期待できない。人口減少社会を迎え，縮小するしょうゆ市場の下で，生き残りと成長を求めて，危機感をもった11代目予定者は中小企業診断士に相談することにした。

（注1）JAS規格の「しょうゆ」とは，こいくちしょうゆ，うすくちしょうゆ，たまりしょうゆ，さいしこみしょうゆ及びしろしょうゆの5タイプのみを指す。
（注2）日刊経済通信社のデータより算出。

【図表1】しょうゆ関連データの推移

暦年	一世帯人員（人）	購入数量（リットル）（＊1）		一世帯当たり支出金額（円）（＊2）	しょうゆの出荷数量（kl）	日本の総人口（千人）	1人当たり消費量（リットル）（＊3）
		一世帯当たり	1人換算				
2001	3.22	9.0	2.8	2,491	1,027,353	127,291	8.1
2002	3.19	8.6	2.7	2,468	999,465	127,486	7.8
2003	3.21	8.0	2.5	2,349	981,100	127,694	7.7
2004	3.19	8.5	2.7	2,311	953,919	127,787	7.5
2005	3.15	7.9	2.5	2,212	938,763	127,768	7.3
2006	3.11	8.2	2.6	2,233	941,570	127,901	7.4
2007	3.14	7.9	2.5	2,220	927,112	128,033	7.2
2008	3.13	7.6	2.4	2,236	904,813	128,084	7.1
2009	3.11	7.1	2.3	2,251	867,935	128,032	6.8
2010	3.09	6.9	2.2	2,106	848,926	128,057	6.6
2011	3.08	6.9	2.2	2,101	825,854	127,799	6.5
2012	3.07	6.6	2.1	1,964	807,060	127,515	6.3
2013	3.05	5.9	1.9	1,943	793,363	127,298	6.2

2014	3.03	6.0	2.0	1,951	790,165	127,083	6.2
2015	3.02	5.8	1.9	1,900	780,411	127,110	6.1

(＊1)「購入数量」は，消費者が店頭などで購入する数量。
(＊2)「支出金額」は，消費者が店頭などで支出した金額。
(＊3)「1人当たり消費量」には，小売店頭などで購入するしょうゆだけでなく，消費者が外食店の食事や加工食品から摂取するしょうゆの量も含まれる。
注）①ここでいう「しょうゆ」はJAS規格に基づくもの。しょうゆ加工品は除く。
②総務省統計局「家計調査報告」「人口推計」「国勢調査」より作成。
出所：しょうゆ情報センターホームページ『醤油の統計資料　平成28年版』

【図表2】しょうゆ及びしょうゆ関連製品の出荷数量の推移（指数）

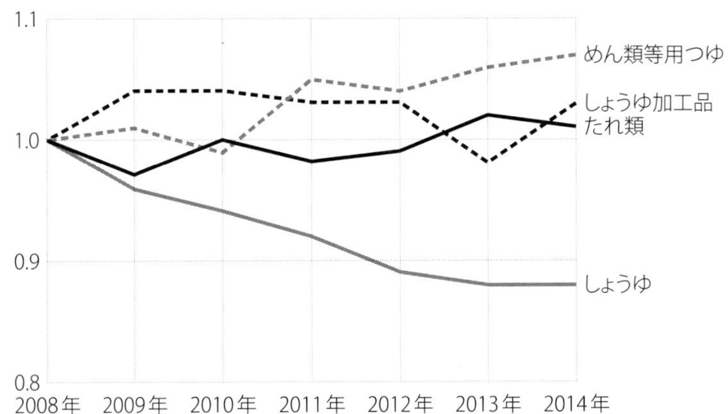

出所：しょうゆ情報センターホームページ『醤油の統計資料』各年版より作成。

1 事例のテーマ

「老舗しょうゆメーカーが，市場の縮小やニーズの多様化・高級化に合わせ，品揃えを絞り込み，適切なSTPで販路開拓して成長を図っていく事例」

2 与件文の整理

事例企業の概要

業　　種　しょうゆ・しょうゆ関連製品メーカー
主力商品　基本調味料
　伝統的手法での天然醸造しょうゆ，減塩しょうゆ，地元食材による数量限定しょうゆ
しょうゆ関連商品
　しょうゆ加工品
30種類以上，87アイテム
　（同業他社の動きに応じ新製品投入）
価格帯は全体的にかなり高め
①減塩しょうゆ，②だししょうゆの順に販売量多い
財務内容　売上不明　資本金2,000万円
従業員数　正規・非正規あわせ　合計50名
特　　徴　本店＋隣に工場Y川
X市街地から車で10分
X市観光地エリアにフルラインアップの直営店出店，飲食店も併設
→地元食材利用，カロリー・減塩等健康に配慮したメニュー，彩り鮮やかな盛り付け
→観光情報誌，グルメサイトにも掲載
最人気メニュー
　うどん，地元野菜の煮物・天ぷら，刺身，ひとくち和風デザート，黒豆茶のランチ
→食に敏感な女性を中心に大行列
市　　場　シェア大手5社60%，準大手9社18%，残りを1,300社以上で争奪。
現在　X市にメーカー2社
時系列の出来事
　1770年　創業（10代目）
　1955年　全国で6,000社の競合他社
　50年前　X市内にメーカー8社
　1973年　しょうゆ出荷量ピーク
　40年前　減塩しょうゆ発売
　30年前　鶏料理店と取引開始
　25年前　すべての商品を販売
　1995年　現社長就任
　2013年　X市観光地エリアにフルラインアップ直営店出店
ステークホルダー
　X市
　　江戸時代から繁栄した商業地
　　→現在は，伝統的な町並みの観光地
　　→懐かしさを求め女性・シニアが訪問
　　アジアからの観光客も多い

<table>
<tr><td rowspan="1">事例企業の概要</td><td colspan="2">Z社
　食品卸。B社製品の大半を引受
　B社のインターネット販売に対して難色
　取扱製品　高付加価値型のこだわりの自然食品・健康食品全般
　主要取引先
　　国内　百貨店，中高価格業態スーパーや自然食品店
　　国外　アジア・アメリカ等で日本食品
課　　題　生き残りと成長。11代目への承継</td></tr>
<tr><td rowspan="2">SWOT</td><td>強み
○創業以来一貫した伝統的製法
○伝統的な町並みを活かした観光地が車で10分
○しょうゆの濃厚で芳醇さ
○直営飲食店が好調</td><td>機会
○女性・シニア層が連日訪れる
○アジアからの観光客も多い
○消費の高級化
○めん類用つゆ・しょうゆ加工品が伸びる</td></tr>
<tr><td>弱み
○フルラインアップ
○87アイテムの回転率にバラツキ
○25年間新製品開発なし
○Z社の販売網が頼り
○簡素なHPのみ，インターネット販売はやってない</td><td>脅威
○激しい淘汰の波
○しょうゆの購入数量・消費量共に減少傾向
○世界的な大豆の高騰でしょうゆの製造販売だけでは利益薄い
○多くのしょうゆメーカーは自社HP，中小でもインターネット販売
○人口減少社会
○低価格帯の業務用は大手メーカーの牙城</td></tr>
</table>

3 全体観

与件文は，2ページ半と例年並みです。そして，今年も表とグラフが出されました。この傾向が定着してきたようです。ステークホルダーとの関係性を隠し味にしてありますが，STPを踏まえた販売競争戦略について問われている奇をてらわない事例と言えます。

江戸時代から続くしょうゆメーカーが，観光地にある立地を活かし，新しい販路を市場分析やステークホルダーとの関係を考慮しつつ模索しています。

表からはしょうゆ市場の縮小と高級志向化が読み取れますし，グラフからもしょうゆ市場の縮小としょうゆ関連加工品の漸増が読み取れます。

設問は，あれもこれも選べそうな選択肢が多く，すべてを選んでも間違いでない反面，厳しい字数制限から編集に苦しみそうなので，出題者は取捨選択する能力も問っているようです。

設問の構成は次の通りです。

第1問　20点　80字　従来の製品戦略

第2問　30点

　設問1　100字　今後取るべき製品戦略とターゲティング

　設問2　80字　ターゲットに対するプロモーション戦略・販売戦略

第3問　20点　100字　直営飲食店経営のメリットと効果

第4問　30点

　設問1　50字　インターネット販売におけるブランド戦略

　設問2　80字　インターネット販売のリピーター獲得のためのコミュニケーション戦略

といった構成となっております。抜出系の第1問と知識問題の第3問は確実に取り，第2問，第4問の設問では編集力を活かしてなるべく多くの論点を入れていく，そして，難問の第4問設問1はみんなの答案が割れることを考えつつ思いついたことを粘って書くという方針でしょうか。第1問から順番に解いていくのも良いと思いますが，途中で悩み込み時間をロスする可能性もありますので，第1問→第3問→第4問設問2→第2問→第4問設問1という順序で解くのもありだと思います。

4 設問ごとの答案・解説

第1問（配点20点）

B社のこれまでの製品戦略について，80字以内で整理せよ。

【橋詰がたどりついた答案】

「創業以来一貫した国産の原材料と伝統的天然醸造製法に拘る高品質・高価格，同業他社の動きを見つつ新製品を投入するフルラインアップの品揃え重視の最終消費者向け製品戦略。」（80字）

解　説

ここは抜出系の問題です。とは言っても，製品戦略的な特徴や行動を表す記述が第2段落から第9段落まで与件文全体わたり散りばめてられているところに，出題者の意地悪さが感じられます。第2段落の後半の「国産原材料や伝統的製法へのこだわり」，第3段落の「フルラインアップ」，第4段落の「最終消費者向けに特化」「濃厚さと芳醇さに惚れ込み」，第5段落の「ラインアップは多岐にわたる」，第6段落の「同業他社の動きを見ながら新製品を追加投入」「製品価格帯は～かなり高めのゾーン」，第9段落の「良くも悪くも伝統を重視」といったところから，高品質・高価格，品揃え重視，最終消費者向けという3点が骨子になります。

第2問（配点30点）

11代目予定者は，自分の代になってからもこれまでの製造スタイルを大切にしながら成長を追求していくつもりでいる。しかしながら，製品アイテムは見直すことを考えている。

設問1

B社の今後の成長に必要な製品戦略について，ターゲット層を明確にしたうえで，100字以内で説明せよ。

【橋詰がたどりついた答案】

「女性・シニア・外国人をターゲット層として，高級・少量化と売れ筋傾向の分析から容器の大小も含めて品揃えを絞り，食や健康等に配慮したしょうゆ関連商品の開発や高品質・高付加価値の天然醸造しょうゆを提供する。」

（100字）

解　説

まず，表・グラフを分析します。一人当たりのしょうゆの消費量は減少してますが，一人当たりの支出額は増加しております。また，出荷数量は，しょうゆ自体は減少しているものの，しょうゆ関連商品の出荷は増加しており売れ筋となっていることがわかります。従って，高品質・高価格（高付加価値）のものとしょうゆ関連商品を作る製品戦略が望ましいと思われます。そしてターゲットは，第3〜4段落の記述からシニア・女性・外国人・鶏料理店（品質にこだわる業務用需要者）のすべてとしたいのですが，字数制限が非常に厳しいので，取捨選択が必要です。ここで，業務用需要者についてはシニア・女性・外国人と異なりX市の観光客ではないので，他の層と市場開拓の手法が異なることや，第4段落以外に市場開拓等の話を膨らませにくそうなことから，今後のプロモーション等に使う記述と思い，対象から外すことにしました。加えて，この問題は第1問と対になる問題として，第1問の従来の製品戦略を是正する方向で書くべきと考えられるので，「容器の大小も含めて品揃えを絞り」という言葉は必須と考えました。最後に第6段落の「B社のすべての製品は25年前から発売されている」との記述から，「四半世紀も顧客ニーズに合わせた製品開発が行われていない」ことを言いたいのだろうと思い，「開発」の言葉をいれました。骨子は，「ターゲット層―女性・シニア・外国人，製品戦略ー高級・少量化と売れ筋傾向→品揃えを絞る。しょうゆ関連商品の開発，高品質・高付加価値のしょうゆを提供」となります。

設問2

設問1で想定したターゲット層に訴求するための，プロモーションと販売の戦略を80字以内で説明せよ。

【橋詰がたどりついた答案】

「行列客へのチラシや自社サイトへのB社商品取扱Z社販売網やサイトURL・製造法等の掲載，Y川利用の工場見学ツアーで，Z社販売網，直営店への誘導，ネットでの販売を行う。」（80字）

解　説

「80字でプロモーションと販売の両方を述べなさい」と，厳しい字数制限です。通常であれば「こういった理由で，こうなる」と書きたいところですが，字数に余裕がありません。従って，「プロモーションについては〜，販売については〜」という主語を省くとともに「こういった理由で」という記述を省くしかありません。

ターゲット顧客につながる手段は，X市への観光客であることから工場見学ツアーや直営店顧客への直接アプローチ，旅行前・旅行後のインターネット閲覧，パブリシティというところでしょうか。字数制限から受動的媒体であるパブリシティは除きました。そして，対象顧客はいずれも遠方のお客様。なので，直接買っていただこうと思えば，工場見学ツアー後や飲食後に売店に誘導するか，ネット販売，通販となります。また，旅行から帰った後にリアルに買っていただこうと思えば，国内外のZ社の販売網を使うことが必須になります。橋詰が外国人客をターゲットから外さなかった理由は，第8段落の「Z社は国内外に販売先を持つ」といった記述です。

Z社の商品と販売網，今回のターゲットとの親和性，これまでの親密な関係性を考えた時に，Z社とは協働でお仕事をする方向が望ましいと考えました。そして，こうやってB社がネット販売をしていくことがZ社の利益になることを理解していただければ，Z社の難色も薄らいでいくと考えました。

骨子は，「プロモーション戦略–行列客へのチラシや自社サイトへのB社商品取扱Z社販売網やサイトURL，製造法等の掲載，工場見学ツアー。販売戦略–Z社販売網，直営店，ネット販売」です。「Y川」の記述は，他で使いようがないのでここで利用しました。ただ，枝葉末節の世界ですので，特に入れる必要はないと思います。橋詰は「せっかく出題者が固有名詞を付けてくれたのでから使ってあげないと可哀想かなぁ」と思い，無理矢理使用しました。

第3問（配点20点）

3年前に開業した直営店併設の飲食店は，売り上げが好調である。B社が飲食店を直接経営することによって，どのようなメリットと効果を得られるか。売り上げが向上すること以外のメリットと効果について，100字以内で説明せよ。

【橋詰がたどりついた答案】

「メリットは，しょうゆや関連商品を使ったメニューの提供で最終消費者のニーズの直接収集や情報発信ができること。効果は，収集した情報を製品戦略に利用できること，パブリシティや口コミを通じ関連販売ができること。」

（100字）

解　説

これは，アンテナショップのメリット（1次知識）をそのまま与件文中の言葉を用いて当てはめました。骨子は「メリットは，消費者ニーズの直接収集や情報発信。効果は，収集した情報の製品戦略利用，関連販売。」です。

第4問（配点30点）

昨今の多くの中小しょうゆメーカーでは，インターネット販売を展開している。B社もまた，新規事業として直接，最終消費者に対するインターネット販売に乗り出したいと考えている。

設問1

インターネット販売を軌道に乗せるためにB社が採るべきブランド戦略を50字以内で提案せよ。

【橋詰がたどりついた答案】

「伝統とX市や併設飲食店の名声，Z社と連携し拘りの自然食品としての高付加価値を訴求した戦略を提案する。」(50字)

解　説

この問題は，字数制限が厳しい問題です。まずは，教科書通り，1次知識の「ライン拡張」「ブランド拡張」「マルチブランド」「新ブランド」の4つのブランド戦略を想起しました。あえて言えば「ライン拡張」。やっぱり，観光地としてのX市や「併設飲食店」の名声を使っていくのが良いと思います。単純に「地域ブランド化を提案する。」とも考えましたが，X市が観光地である以外に根拠が見あたらず，「しょうゆの街」との記述があるわけでもないし，少し弱い。また，「Z社を怒らせないためにダブルブランド」とも思いましたが，1次試験のテキストを見ても「他との競合を避けるためにダブルブランドを使う」使い方なんて書いてありませんし，そもそも，名前を変えたくらいでネット販売に賛成してくれるとも思えません。それに，競合を避けるにしても，ドメイン・ターゲットが重なり過ぎ。何より，50年来B社の製品のほぼすべてを売ってくれてきたZ社は，絶対に怒らせてはいけない相手。それでもインターネット販売をやりたいB社には「X市を訪れる観光客や併設飲食店に大行列をしてくれるお客さんたちをどうしても取り込みたい。」という強い思いがあるのでしょう。そうすれば，やっぱり，Z社にも得になるような戦略が穏当ではないでしょうか?前述のZ社の販売網を知らせるプロモーションはもちろんのこと，例えば，Z社のこだわりの食材を使ったうどんや野菜の煮物，和風デザート等のランチでの人気メニューと組み合わせて，だしやつゆを売っていくというパターンが現実的と思われます。

そうすると，インターネット販売におけるブランド戦略の方向性は，素直に考えれば，併設飲食店が人気で，雑誌やグルメサイトに取り上げられているぐらいなのですから，それを活かせば良い。例えば，「人気の併設飲食店の名前を冠したブランド名とし，健康と食にこだわった高付加価値を訴求する戦略を提案する。」といったようなことに加えて，ターゲットである外国人やシニアのなかで飲食店に来ていない層を取り込むためのX市の名声の利用や，制約条件である「Z社が難色を示している」という記述をクリアすることを考えて上記提案にたどりつきました。これだけ短いとかえって骨子という話は難しいのですが，既存の名声利用とZ社への配慮というのが論点だと思います。

設問2

B社のインターネット販売を利用する顧客にリピートしてもらうために，インターネット上でどのようなマーケティング・コミュニケーションを展開するべきか。80字以内で提案せよ。

【橋詰がたどりついた答案】

「①メールによる新商品や製品を使用したレシピ等の情報提供，②鶏料理店や利用者の感想のサイトへの掲載，③掲示板・SNS等による双方向の意見交換，等の展開を提案する。」（79字）

解　説

ここは，べたなネット活用策を羅列しました。骨子は，「メールによる情報提供，サイトでの情報提供，双方向の意見交換」です。「鶏料理屋さん」は，ここで使いました。

平成27年事例Ⅱ

B商店街は，ローカル私鉄のX駅周辺に広がる商店街である。B商店街域内の総面積は約4万m^2（店舗，街路，住宅，公園を含む）であり，約180店が出店している。商店街運営はB商店街協同組合が行っており，約8割の店舗が組合に加盟している。組合には加盟店から選出された理事13名，専従職員2名が属している。組合運営費（専従職員給与，街路灯保守費，イベント実施費など）は，月数千円の組合費，各種補助金，組合事務所のイベントスペース収入，駐車場収入などから賄われる。

現在の代表理事は商店街で寝具店を営む50歳代男性である。代表理事が先代から寝具店を引き継いだ頃，後述する総合スーパーの出店により，経営は厳しいものであった。しかし，購入者向けのアフターサービスに注力した結果，経営が安定し始めた。現在は後継者に店舗経営を任せ，自身は組合活動に軸足を移している。

現在の代表理事も以前は，持ち回りで選出された他の理事と同じように，運営に対して消極的な理事の1人であった。しかし，寝具店の後継者が決定後，県が主催したセミナーで全国の商店街活性化事例を目にした。このセミナーをきっかけに，後継者が将来にわたり寝具店を経営し続けるためには，商店街全体の活性化が必要であると感じ，以降は積極的に組合運営に関与するようになった。その後，代表理事に就任し，10年後を見据えた組合運営という方針を打ち出した結果，志を同じくする若手店主数名の賛同を得るに至った。現在はそれらの店主達が理事に立候補し，理事の平均年齢は低くなり，逆に運営への関与度は高くなりつつある。この動きを受けて，県や市，商店街の店主，土地・建物の所有者も組合に協力的になりつつある。

B商店街の誕生は，明治中期に現在のB商店街周辺に数千人の工員が勤務する大規模織物工場が建設されたことに起因する。その後，当該工場の周辺に関連工場が多数建設され，工場街が形成された。結果，工員を対象とする飲食業，小売業，（狭義の）サービス業等で構成される歓楽街が周辺に形成された。昭和初期にはX駅が開業し，駅と工場街の間に現在とほぼ同面積の商店街が完成した。第2次世界大戦時の空襲により，工場街は炎上し，商店街も大きな被害を受けたが，戦後，工場街が再生したのに伴い商店街も復興を成し遂げた。昭和後期に入り，公害問題から工場の移転が始まり，工員の来店が大幅に減少した。娯楽施設の大半が撤退し，周辺住宅街に住む住民を対象とした商店街へと変化していった。主力の飲食店も，かつては“工員が疲れを癒す居酒屋”という趣の店が多かったが，“大人が落ち着いて食事ができる食事処”といった趣の店に変わっていった。

同時期に食品販売を得意とする大手総合スーパーチェーンによる織物工場跡地への出店計画が立ち上がった。総合スーパーは4階建てであり，延床面積は商店街の延床面積に比べて小規模なものとなっている。組合は商店街と総合スーパーを一体とする商業集積としての魅力向上を期待し，出店を歓迎した。なお，B商店街は元々歓楽街としての側面が強く，食品を扱う小売店はほとんどなく，周辺住民は主に遠方の別の商店街で食品を購入していた。当時の組合は総合スーパー出店を機に「食品販売を提供する総合スーパー」と「飲食，非食品販売，サービスを提供する商店街」という補完関係による商店街来訪客の増加を将来像として描いていた。しかし総合スーパー出店後，そのもくろみは大きく外れた。総合スーパーの低価格のNB商品やPB商品が，低価格志向にある周辺住民の非食品需要も吸収し，多くの非食品小売店が廃業した。また，総合スーパーに低価格を売りにする外食チェーン店が入店したため，外食需要もそれらに吸収され飲食店の売上もそれほど伸びなかった。

2000年以降，B商店街周辺の環境に変化が起きつつある。それは工場街跡地の再開発である。空き地となっていた工場街跡地に高価格で販売される高層マンションが多数開発され，高層マンション街が形成されつつある。そして2015年以降も高層マンションの建築が計画されている（図1はB商店街周辺の概略図である）。同時に近年は高層マンション開発を契機とする地価の値上がりを受けて，住宅街の中高年層が土地・建物を売却し，他地域へ転居する例も増えつつある。この傾向は当面続くものと見込まれている。現在は人口の流入分が流出分を超過し，周辺人口は増加傾向にある。同時にB商店街の周辺住民の構成も変化しつつある（図2は2015年と2005年の商圏の年齢別人口である）。

この間におけるB商店街の空き店舗率（店舗物件における空き物件の割合）は2005年時点で約3%，2010年時点で約5%，2015年時点で約7%となっている。この傾向に代表理事は強い危機感を抱いており，B商店街が生き残る道を模索し始めている。

現在，B商店街の業種構成は店舗数ベースで飲食業約65%，サービス業約20%，非食品小売業約15%で，食品小売業はほぼない状況となっている。なお，店舗ごとの床面積は極端には変わらないので，延床面積もほぼ同様の比率である。一方，総合スーパーの売場構成は延床面積ベースで食品，非食品，飲食，サービスがそれぞれ約25%となっている。なお，商店街の各店舗の営業終了時間は，総合スーパーの対応する売場の営業終了時間に合わせている場合が多い。それは総合スーパーに対抗する意味合いもあるが，B商店街が元々歓楽街であったため，当初から営業終了時間が遅かったことの名残でもある。

代表理事は手始めに，比較的短期間で成果が出やすい取り組みとして，周辺住民に商店街との接点を持ってもらうイベントを開始した。月に1回，県内の農水産物および加工品を組合事務所周辺の街路で販売する「物産市」を実施している。食品小売業がほぼない商店街の弱みを補いつつ，低価格食品販売を主とする総合スーパーと差別化しながら周辺住民を商店街に呼び込むことを狙っている。代表理事は，イベント業者任せにせず，自らが県内を回って，大手チェーンにはない，こだわりの商品を販売する小売店に物産市への参加を説得して回った。結果，当該イベントは集客力を持つイベントに成長している。しかし，イベント当日は飲食店，サービス業の売り上げは大幅に増加するが，非食品小売店の店主からは「売上増加効果が現れていない」といった不満の声が挙がっている。

代表理事は短期的な課題としてイベントの改善を実現したいと考えている。また総合スーパーに対して劣勢にあるB商店街の立場を改善するため，総合スーパーとのすみ分けが重要であると考えている。そのために中期的には，環境の変化に対応した業種誘致が必要だと考えている。また長期的には，顧客と店主，店員が顔見知りとなり親しく会話を交わすような状態になることが理想であると考えている。これらの課題解決のため，代表理事は，組合および商店街店主への助言を求めて中小企業診断士に相談することにした。

【図1】B商店街周辺　概略図（2015年）

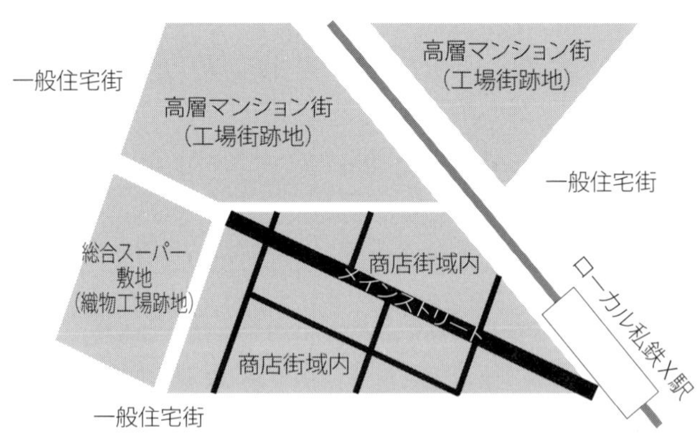

【図2】年齢別人口分布

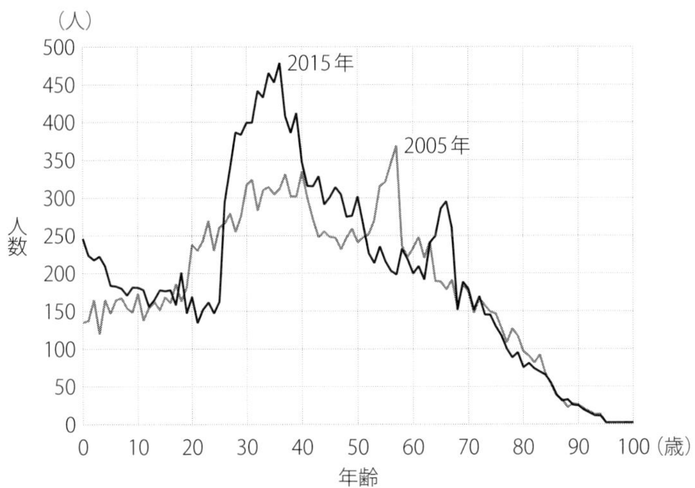

1 事例のテーマ

「総合スーパーと競合する古くからの商店街が，高層マンション建設ラッシュを契機に地元住民との関係性を構築し，差別化戦略で取り込んで行こうとする事例」

2 与件文の整理

事例企業の概要		
	業　　種	商店街　総面積4万㎡ 8割が組合加入
	事業者構成	飲食65%，非食品小売15%，サービス20%
	収　　入	組合費，補助金，イベントスペース収入，駐車場収入
	従業員数	理事13名　専従職員2名 代表理事・理事は商店街改革に積極的。
	市　　場	私鉄X駅近隣 駅前から高層マンション・一般住宅街に流れる地域住民
	最近の取組	月1回イベント 「物産市」

<table>
<tr><td>事例企業の概要</td><td colspan="2">（県内のこだわりの農産物。スーパーとの差別化）
→集客力あるも，非食品小売店に対するメリット少ない
時系列の出来事
明治中期
大規模工場と工員対象の歓楽街形成
昭和初期
X駅開業，駅と工場間を結ぶ商店街
昭和後期
公害問題から工場撤退，周辺住宅街住民対象に
「工員が疲れを癒す居酒屋」→「大人が落ち着いて食事できる食事処」
同時期
食品得意の総合スーパー出店計画
当初はシナジー効果を期待も，NB・PB商品や外食チェーンが商店街の脅威に（代表理事の寝具店はアフターサービスで経営悪化を切り抜ける）
2000年以降
工場街跡地の再開発
→高層マンション群へ
今後も増加し，人口も増加傾向
課　　題　短期的にイベント改善
中期的に環境の変化に対応した業種誘致
長期的に顧客関係性の構築</td></tr>
<tr><td rowspan="2">SWOT</td><td>強み
○理事・県・市・商店街主・土地建物の所有者は協力的</td><td>機会
○増加する高層マンション群。20歳代後半～30歳代後半，0歳～5歳の年齢層が増加
○こだわりの商品や・イベントで集客し売上向上</td></tr>
<tr><td>弱み
○食品小売がない
○非食品小売も総合スーパーに対し劣位
○空き店舗率の上昇　2005年3%
2010年5%
2015年7%</td><td>脅威
○近隣食品スーパーが，NB商品・PB商品・外食チェーン誘致で非食品小売業・飲食店を圧迫</td></tr>
</table>

3 全体観

与件文は，3ページと例年より少し長いです。そして，今年は地図とグラフが出されました。ビックリ問題ではありますが，読み取りやすく対応可能な変化球です。事例Ⅱの根幹的テーマである「STPを踏まえた競争戦略」をキチンと踏襲している事例と言えます。

明治時代から続いた工員相手の歓楽街から地元住民を標的市場に変えてきた，飲食店比率が65％と異常に高い商店街です（普通は30％程度です）。こんなところの飲食店は，歌舞伎町とか道頓堀とかという特殊な場所でなければ，現実では，よっぽど差別化ポイントがない限り，それぞれの飲食店の生き残りは困難です（もし，私が本当にご相談を受けたら，「尖った飲食店の集まりで遠方から人を呼べる街」にするよう助言します）。

グラフからは，0歳～5歳，20歳代後半～30歳代後半の年代層の方々の純増が読み取れます（60歳代の年代層も多いのですが，この方々は10年前からの住人です）。地図からは，商店街が高層マンションと駅の間に立地することだけはわかりました。県や市，商店街の関係者も皆さん協力的なので，これはどこかで使えそうです。そんな商店街の組合長さんの悩みに答えてあげる事例です。

設問は，「THE　助言」！一見すると，なんと，全問助言系の問題です。

出題者は，与件文のなかで何とか一定の方向に導こうとはしてますが，正解を一つに絞り込むのはなかなか難しそうです。受験生の答案もかなり割れることが予想されますので，許容範囲や別解も用意されていると思われます。

設問の構成は次の通りです。

第1問　40点
　設問1　100字　標的市場の設定
　設問2　50字　誘致業種の選定
　設問3　50字　誘致業種と既存業種とのテナントミックス
第2問　20点　100字　イベントに対する非食品小売業の取り組みかた
第3問　40点
　設問1　100字　誘致する食品小売業の選定
　設問2　100字　誘致企業と既存業種がコラボする新規イベント提案

と提案系中心の構成となっております。

設問ごとの難易度は，第1問の設問1と第3問の設問1は確実に取るべき問題。第1問の設問2と設問3は誘致業種が割れると思われますが，整合性をキチンと説明できれば問題ないでしょう（「この業種しかありえない」との断定は不可能です。）。第2問は，どれを選んでも説明がキチンとつけば良いのでしょうが，「物産市」「飲食店が多い」とくれば，「食器店」の選択が説明を楽にすると思います。第3問設問2は，飲食店65％と異常な割合にした設問者の意図と近頃の流行りを考えれば，「街バル」（グルメイベント）を書かせたかったものと推定します。順番通り解いていけば良いと思いますが，第1問設問2が思いつかなければ，後回しにして解いて行くのが得策です。この事例は，答案がかなり割れそうなので，提案力を測るには，良い問題と言えます。

4 設問ごとの答案・解説

第1問（配点40点）

設問1

今後，B商店街はどのような顧客層をターゲットとすべきか。代表理事への助言内容を100字以内で述べよ。

【橋詰がたどりついた答案】

「増加しつつある高価格の高層マンションに移り住んできた20歳代後半～30歳代後半までの年齢層で0歳～5歳の子供を持つ，価格よりも良いものや店との関係性にこだわる子育て世代をターゲットとすべきであると助言する。」

（100字）

解　説

まずグラフからは，0歳～5歳，20歳代後半～30歳代後半，60歳代の年代層が増加しているのが読み取れます。このうち，60歳代は10年前の50歳代と重なるので元々地元にいた方々ですし，与件文に流出傾向にあることが書かれているので除外します。0歳～5歳，20歳代後半～30歳代後半の方々は，10年前の10歳若い層と比べても多いので，新たにこの地で生まれたか，流入した年代層ですので，この層がターゲットになります。

また，この層の中でも低価格を望む層には総合スーパーに勝てませんので，高価格でもこだわりの商品や関係性を望む層にターゲットを絞ると上記の答案にたどりつきました。

ここまで，何気なく考えてきましたが，解きながら，この問題は市場細分化基準すべてを含んでいることに気付きます。すなわち，高層マンション（地理的基準），20歳代後半～30歳代後半（人口動態的基準），「価格よりも良いもの」（心理的基準），店との関係性（行動基準）とキチンと網羅されてます。

設問2

設問1で解答したターゲット顧客層向けに，新たにどのようなサービス業の業種を誘致すべきか。代表理事への助言内容を50字以内で述べよ。

設問3

設問2で解答した業種の店とB商店街の主力である既存の飲食店とのテナント・ミックス（店舗の組み合わせ）の効果を最大化するために，個々の飲食店の店主達はどのようなマーケティング戦略をとるべきか。助言内容を50字以内で述べよ。

【橋詰がたどりついた答案】

（設問2）

「標的顧客が子供を預けて買物，食事，仕事に行くことができるための託児所等保育施設の誘致を助言する。」(48字)

（設問3）

「託児所の預け料をある程度飲食店で負担し，大人が落ち着いて食事を楽しめることを訴求することである。」(48字)

解　説

設問2の解答により設問3の解答が変わってくるので，一緒に解説します。

まず，正解は一つではない（一つに絞りきるには制約条件が緩い）問題です。いろんな議論ができる，「本試験でなければ」楽しい問題です。

ターゲットは，「増加しつつある高価格の高層マンションに移り住んできた20歳代後半～30歳代後半までの年齢層で0歳～5歳の子供を持つ，価格よりも良いものや店との関係性にこだわる子育て世代」と考えます。

素直に与件文を読んで，想定できる誘致業種の制約条件は

①上記ターゲットが喜びそうなもの

②飲食店とコラボできるもの

③狭義のサービス業

④他の店舗と同規模の面積で済むもの

⑤通勤通学路にあると嬉しいもの

そうすると，保育施設，宅配サービス，クリーニング店，ケータリングサービス，ミニフィットネスクラブ，音楽教室ぐらいが想起されます。(宅配サービス，ケータリングサービスは，通勤通学路になくてもいいけど，飲食店とのコラボ性は一番高い)

そして，もしかしたら制約条件になるかもしれないものを与件文から探して絞っていくと

①「大人が落ち着いて食事できる」飲食店のコンセプトを守れるもの

②県・市が関わると誘致しやすいもの

③比較的遅くまでやっているもの

④中小企業庁の「商店街活性化事例」で補助金対象になりそうな事例

これを全部を満たすのは許認可または届出業種の「保育施設・託児所」となり，テナントミックス案は「子供を預けて大人の時間を楽しめるようにする。」が一番しっくりきました。ちなみに，商店街活性化事例で取り上げられているのは，「託児所」と「宅配サービス」でした。従って，「宅配サービス」「ケータリングサービス」で「飲食店の出前をする」というテナントミックスも，「クリーニング店」「ミニフィットネスクラブ」「音楽教室」で「飲食店のクーポンをおく」というのも，許容範囲と思われます。

勝手な推測ですが，0歳～5歳の子供を静かなレストラン連れて行くと，どうやったって賑やかになり「大人の雰囲気」はぶち壊しです。だから，子供用メニューは持ち帰り限定と思っております。それに，飲食店比率65％の厳しい競走を生き残ってきた飲食店がファミリー向けにコンセプト変更をすることはリスクが高すぎるし，改装費用もかかります。飲食店主でない組合長への提案としては，やはり考えにくいものです。第一，乳幼児を抱えたファミリーが日常的に行くとしたらスーパーのチェーン店でしょう。非日常を楽しむ方向性の方が，総合スーパーに対しても，差別化できます。

「娯楽施設が減少」という表現から「娯楽施設」を取り上げた方もありましたが，あれは「工員の減少に対応する自然減」であり，加えて「娯楽施設」を誘致する誘因が少ない（当面はマンション工事現場の作業員が狙い目になりますが一過性と思われます）ので，「難しい」と思います。

ただ，この問題は，答えがかなり割れると考えられますし，「これが絶対正

解」と言い切れない問題と思いますので，設問2と設問3の整合性・納得性さえ取れていれば，ある程度得点になると思われます。

第2問（配点20点）

物産市当日における非食品小売店の売上向上を実現するためには，非食品小売店の店主達へどのような助言をすべきか。B商店街の主な非食品小売店である家具店，食器店，スポーツ用品店の中からひとつの業種店を対象に選択し，(a) 欄の該当する業種点の番号に○印をつけるとともに，(b) 欄に助言内容を100字以内で述べよ。

【橋詰がたどりついた答案】

(a)『食器店』

(b)「①物産市で，農作物等を使った料理を食器に盛り付けてその場での即売会，②飲食店で料理と引き立てあう食器を提供し盛り付けてもらう代わりに食器店の宣伝もしてもらうこと，で売上向上につなげることを助言する。」(99字)

解　説

まず，「①物産市はこだわりの農作物とその加工品を販売している，②B商店街は飲食店比率65％である，③物産市当日の売上向上をさせることが要求されている」ということですので，「家具店・食器店・スポーツ店」からの業種の選択は「食器店」が「食べ物つながり」で書きやすいと思います。他の業種を選択してもキチンと施策が説明できればOKと思われますが，結構苦労されると思います。

ここで，食器店が物産市『当日』に売上を上げるためには，商品が物産市の場所に存在するか，物産市の来場者が食器店の店舗に来店してくれることが必須です。従って，①物産市会場での即売会，②物産市のその場，または訪れている飲食店で食器店の商品に興味を持たせる施策が必要になります。

具体的な施策は，

①物産市で農作物加工物やそれで作った料理を食器店の食器に盛り付けて展示し，その食器に興味を持つ顧客への即売，もしくは食器店の場所を案内し来店誘致する

②飲食店へその料理に相応しい食器の提供の代わりに，食器の宣伝を依頼する

ということで，それを100字にまとめて上記答案にたどりつきます。この問題は，そんなに複雑ではないので「食器店」を選んで無難に書く方が確実に得点になると思います。

第3問（配点40点）

設問1

代表理事は，B商店街の魅力向上に向け，食品小売店の誘致が必要であると考えている。B商店街はどのような食品小売店を誘致すべきか。当該食品小売店のマーケティング戦略と併せて，代表理事への助言内容を100字以内で述べよ。

【橋詰がたどりついた答案】

「物産市に誘致した店を始めに，価格より品質に拘る顧客層を標的にした拘りの商品をアフターサービス等関係性構築で販売できる店を誘致し，既存飲食店への食材提供や低価格販売の総合スーパーとのすみ分けを図ること。」

（100字）

解　説

誘致の対象は，まずは物産市に参加した食品小売店です。そのお店が常駐すれば，「毎日が物産市」状態!それに，自ら説得した食品小売店であれば，相手の商品・スタンス等の情報もあるし，既に気心も知れてるから説得しやすいので，この相手を外すわけには行きません。

また，その小売店にマーケティング戦略を授けるとしたら，高層マンションの住民に対し商店街の長期戦略である顧客との関係性構築やこだわりの商品による総合スーパーと差別化しすみ分ける戦略，そして，飲食店が65%を占めるB商店街自体（100店舗近く）がマーケットになることです。この問題も，与件文にヒント満載の問題ですので，確実に取りたいところです。

設問2

代表理事は，設問1で解答した食品小売店が長期にわたり商店街に定着する

ための誘致と連動した新規イベントを実施したいと考えている。どのような新規イベントを実施すべきか。期待される効果と併せて，代表理事への助言内容を100字以内で述べよ。

【橋詰がたどりついた答案】
「商店街の65%を占める飲食店全体で食品小売店の食材を利用した食べ歩きグルメイベントを定期的に開催する。標的顧客に商店街全体を回遊させ，顧客関係性を構築し，商店街や個々の店舗への愛顧を高める効果がある。」(99字)

解　説

この問題は，出題者が飲食店が商店街店舗の65%も占めるアンバランスな業態シェアを設定したことから，意図的に，いま流行りの「街バル」を書かせるよう誘導していると思われます。(ただ，「お祭りの定期開催」でも良いと思われます。)「街バル」とは，商店街の飲食店等が共同で行うグルメイベントで，共同チケットを使ったり，同一価格の特別メニューを提供したりして，商店街の飲食店をハシゴさせて回遊させたり，滞在時間を増やしたりします。商店街自体のブランディングや消費者に新しい店として発見してもらったりする個々の飲食店の認知度を上げるなどのメリットがあります。

(「街コン」はダメです。ターゲットが20年ぐらいズレます (^_^;))

そして，設問要求では「食品小売店が長期にわたり商店街に定着するための誘致と連動した新規イベント」とありますので，「定期的に」「食品小売店の食材を利用した」という食料小売店のメリットを一言書く必要があります。

第3章
事例Ⅲ

1 特徴と対応

1. 事例Ⅲのメインテーマ

「受注→設計→調達→製造→納品までのQCDを整えて，次のビジネスチャンスへ。」

与件文では，企業概要と受注から納品までのプロセスなどオペレーションを中心に章建てして示されています。業務改善が最大のテーマなのでSWOT分析をすると「悪いところだらけ」なのですが，すべて抽出して丁寧に，「左にあるものを右に移動する」レベルの改善提案をしていく問題です。営業側と生産計画・生産統制とのアンマッチや情報共有が頻出の改善点です。

2. フレームワーク

「理念と環境変化に応じた全体戦略を実現するために，事業のオペレーション（生産管理や生産統制）を整え，新しい事業戦略・製品戦略を進めていく。」イメージです。

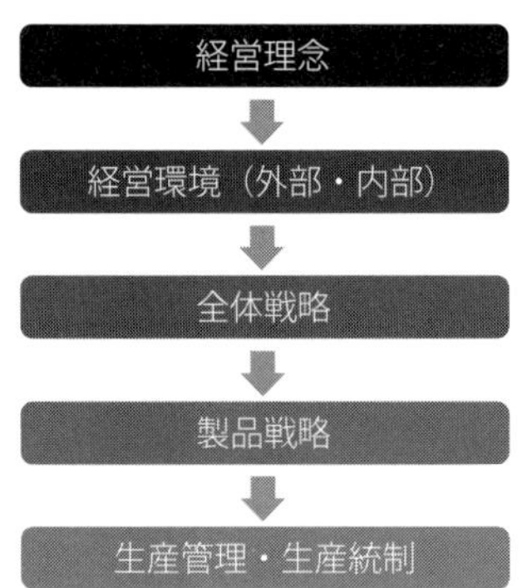

3. 事例の特徴

毎年変わらず，キチッと整理された与件文です。時系列に出来事を並べるような部分は少なく，現況を整然と並べてあります。設問も，まず第1問は，強み・弱みを問う問題が鉄板で，そこから経営レベルの是正，オペレーションレベルの是正と奇をてらわず続いていき，最後は次のステップに進むに際しての課題解決を問ってきます。

与件文を読み取る対応としては，組織図と工程の流れを簡単に図示して，どの工程をどの部署が担い，何が原因でスムーズな流れになっていないのかを把握できるようにすると良いと思います。特に最近の与件文は専門用語を並べられるケースも多くなってきているので，言葉に負けることなく粘り強く流れを整理していきましょう。

オペレーションの改善提案が主となる事例ですので，与件文中に「していない」「できてない」「担当者の経験で」，「担当者の判断で」というように，直せる余地のあるもの，効率化できるもの，合理化できるものは，残さずすべて解決します。標準化・マニュアル化する，効率化・合理化する提案をすれば，それでOKです。また，生産計画の是正がよく問われますので，「策定サイクルの短縮化，利害関係者と情報連携を密にして弾力的に見直す。」で解決することが基本です。

たまに，長文問題も出題されますが，箇条書きの数を増やせば対応できます(起承転結などは不要)。必要な1次知識が多いので覚えるべきことを事前にキチンと整理しておきましょう。

2 事例Ⅲ必要知識一問一答

1	事例Ⅲのポイントは?	生産リードタイムの短縮と効率的な生産体制の構築が目的。受注・設計・調達・作業・納品のどこかの過程のQCDが改善必要。
2	事例Ⅲのフレームワークは?	理念→内外環境→経営戦略→製品戦略→生産管理・生産統制。
3	製造業の経営環境の変化傾向を6つあげよ。	多品種少量化，短納期化，海外への生産シフト，内製化，下請け構造変化，高齢化。
4	製造業の課題を6つあげよ。	小ロット化，納期管理，コストダウン，受注先分散・販売力強化，独自技術，技術承継。
5	生産活動の4Mとは?	人，設備，資材，方法。
6	工程管理のポイント2つあげよ。	生産計画，生産統制。
7	生産計画策定のポイントを3つあげよ。	営業との極め細やかな情報交換，顧客ニーズ（短納期）に対応したフレキシブルな計画見直し，専門化した管理者による計画策定。
8	生産（要素別）計画3形態は?	手順，工数，負荷。

9	生産（期間別）計画3形態は？	大日程，中日程，小日程。
10	生産統制の3つの手順をあげよ。	進捗管理，現品管理，余力管理。
11	受注生産のメリットを2つあげよ。	顧客のニーズにあった製品仕様，在庫不要。
12	受注生産のデメリットを2つあげよ。	生産負荷変動が激しい，リードタイム長い。
13	受注生産で大切なことを3つあげよ。	納期遵守，生産統制，受注情報。
14	見込み生産のメリットを2つあげよ。	生産性向上，リードタイム短い。
15	見込み生産のデメリットを2つあげよ。	生産者仕様製品であり売れ残りの可能性，需要予測・在庫管理が必要。
16	見込み生産で大切なことを3つあげよ。	需要・販売予測，在庫調整，生産計画の弾力的な変更。
17	セル生産方式のメリットを3つあげよ。	仕掛品在庫の減少，作業者のモチベーション，多品種生産に対応。
18	セル生産方式のデメリットを2つあげよ。	作業者に高いスキル要求，品質にバラツキ。
19	ライン生産方式のメリットを2つあげよ。	生産性向上，少品種大量生産に対応。
20	ライン生産方式のデメリットを2つあげよ。	モチベーション維持が困難，仕掛・在庫品増加。
21	ロット生産の効率化には？	段取り替えの効率化（回数減少，内段取り→外段取り）。
22	OEMメリットを5つあげよ。	安定受注，設備稼働率向上，相手ブランド利用，製造集中，技術水準向上。
23	OEMのデメリットを3つあげよ。	相手先ペースの生産・価格，自社ブランド・販売チャネルの後退，顧客リレーションの分断。
24	OEM導入の際の留意点を3つあげよ。	納期遵守，生産体制整備，製品開発力・営業力の維持
25	内製のメリットを3つあげよ。	製造ノウハウの蓄積，機密保持，差別化。
26	内製のデメリットを3つあげよ。	開発リードタイム，初期投資，開発リスク。
27	品質レベルの3形態を述べよ。	当たり前品質，一元的品質，魅力的品質。
28	品質管理運動をレベル毎に3つあげよ。	SQC，TQC，TQM。
29	Q（品質向上）のために設計・調達・作業でできることは？	デザインレビュー，コンカレントエンジニアリングによる設計段階での製造部門との調整，外注・部品調達における品質評価指導，作業マニュアル化・QC。
30	生産コストダウンの方向性を3つ述べよ。	生産時間の短縮，歩留まりの向上（不良品をなくす），材料費を下げる。

31	原価管理のポイントを2つあげよ。	原価そのものの低減，在庫管理。
32	在庫の適正化のための生産面の施策を4つあげよ。	ロットサイズの適正化，製販の情報共有，生産計画の随時見直し，段取りの効率化。
33	C（在庫管理）のために設計・調達・作業でできることは?	設計段階での部品の共通化，調達の効率的管理（ABC管理・経済的発注量・安全在庫・MRP），ラインバランシングによる仕掛品在庫の削減。
34	設計によるコストダウン方法を4つあげよ。	部品共通化，組立容易な設計，材料歩留まりの良い設計，不良の出にくい設計。
35	調達によるコストダウン方法を2つあげよ。	同機能低価格資材の調達，資材の標準化による同一費目量極大化・費目数極少化。
36	定期発注方式の長所・短所は?どんな部材向き?	需要変動に対応しやすいが，都度発注量算出必要。重要な部材向き。
37	定量発注方式の長所・短所は?どんな部材向き?	発注管理容易も，需要と供給の乖離リスクあり。重要度の低い部材向き。
38	作業によるコストダウン方法を2つあげよ。	作業効率化による生産性改善，QCサークルによる不良・ロスの低減化。
39	在庫保有のメリットを3つあげよ。	機会損失防止，短納期，発注費用低減。
40	在庫保有のデメリットを3つあげよ。	CF悪化，デッドストック発生リスク，在庫費用発生。
41	D（納期短縮）のために設計・調達・作業でできることは?	情報の共有化による設計・生産の並列化，外注先・調達先との情報共有化，ラインバランシングによる生産リードタイム縮小と標準化・マニュアル化による作業改善，段取りの効率化。
42	合理化の3Sとは?	単純化，標準化，専門化。
43	工程改善のECRS	除去，結合，再配列，単純化。
44	5Sとは?	整理，整頓，しつけ，清潔，清掃。
45	設備管理の手法を2つ述べよ。	事後保全，予防保全。
46	CADによる具体的改善効果を述べよ。	設計図面のデータ化による情報の流用・共有化の簡易性・NCとの連動性強化により，効率化・短納期化。多品種少量生産への対応やコンカレントエンジニアリングへの対応が可能となる。
47	PDMとは?	生産に関する技術情報を総合的に関連付けて，製品全般の生産性向上を図るシステム。
48	MRPとは?	資材所要量計画。
49	TPMとは?	全員参加の生産保全（故障ゼロ，ロスゼロ）。
50	SFAとは?	工場内の生産状況を営業担当者が利用できるようにすること。在庫・納期・受注出荷の手配・余力・進捗。
51	SCMとは?	生産→顧客までを情報ネットワークで結び全体最適を図る経営手法。

52	POPとは?	生産の稼働状況・進捗状況をリアルタイムで把握するシステム。
53	技術承継のための施策を4つあげよ。	熟練工によるOJT，研修・講習・勉強会・教育・訓練等のOff-JT，マニュアル化・データベース・標準化等の組織知化，マイスター制度等の評価制度。
54	環境への取組みの具体的指標を3つあげよ。	ISO14000シリーズ取得，エコラベル表示，ゼロエミッション工場設置。
55	情報共有化ツールを4つあげよ。	電子掲示板，スケジューラー，TV電話会議，電子決裁。
56	工業団地のメリットを4つあげよ。	集積効果，生産環境の向上，生産効率の向上，物流効率の向上。
57	後工程引取方式のポイントを3つのべよ。	①後工程が使用した分だけ前工程に引取り，②前工程は補充する分だけ製造，③作業指示・管理の道具として「かんばん」使用。

令和元年事例Ⅲ

【企業概要】

C社は，輸送用機械，産業機械，建設機械などに用いられる金属部品の製造業を顧客に，金属熱処理および機械加工を営む。資本金6千万円，従業員数40名，年商約5億円の中小企業である。組織は，熱処理部，機械加工部，設計部，総務部で構成されている。

金属熱処理とは，金属材料に加熱と冷却をして，強さ，硬さ，耐摩耗性，耐食性などの性質を向上させる加工技術である。多くの金属製品や部品加工の最終工程として，製品品質を保証する重要な基盤技術である。金属材料を加熱する熱処理設備など装置産業の色彩が強く，設備投資負担が大きく，また素材や形状による温度管理などの特殊な技術の蓄積が必要である。このため，一般に金属加工業では，熱処理は内製せず熱処理業に外注する傾向が強い。C社は創業当初から，熱処理専業企業として産業機械や建設機械などの部品，ネジや歯車など他社の金属製品を受け入れて熱処理を行ってきた。

その後，熱処理加工だけでなく，その前工程である部品の機械加工も含めた依頼があり，設計部門と機械加工部門をもった。設計部門は，発注先から指示される製品仕様をC社社内の機械加工用に図面化するもので，現在2名で担当している。機械加工は，多品種少量の受注生産で，徐々に受注量が増加し，売上高の増加に貢献している。

約10年前，所属する工業会が開催した商談会で，金属熱処理業を探していた自動車部品メーカーX社との出会いがあり，自動車部品の熱処理を始めた。その後X社の増産計画により，自動車部品専用の熱処理工程を増設し，それによってC社売上高に占めるX社の割合は約20%までになっている。さらに現在，X社の内外作区分の見直しによって，熱処理加工に加え，前加工である機械加工工程をC社に移管する計画が持ち上がっている。

【生産の概要】

C社の工場は，熱処理工場と機械加工工場がそれぞれ独立した建屋になっている。熱処理工場は，熱処理方法が異なる熱処理炉を数種類保有し，バッチ処理されている。機械加工工場では，多品種少量の受注ロット生産に対応するため，加工技能が必要なものの，切削工具の交換が容易で段取り時間が短い汎用の旋盤，フライス盤，研削盤がそれぞれ複数台機能別にレイアウトされている。

熱処理は，加熱条件や冷却条件等の設定指示はあるものの，金属材料の形状や材質によって加熱・冷却温度や速度などの微調整が必要となる。そのため金属熱処理技能検定試験に合格し技能士資格をもつベテラン作業者を中心に作業が行われ品質が保持されている。また，機械加工も汎用機械加工機の扱いに慣れた作業者の個人技能によって加工品質が保たれている。

生産プロセスは，受注内容によって以下のようになっている。

・機械加工を伴う受注：材料調達→機械加工→熱処理加工→出荷検査

・熱処理加工のみの受注：部品受入→熱処理加工→出荷検査

生産計画は，機械加工部と熱処理部それぞれで立案されるが，機械加工を伴う受注については熱処理加工との工程順や日程などを考慮して調整される。両部門とも受注生産であることから，納期を優先して月ごとに日程計画を作成し，それに基づいて日々の作業が差立てされる。納期の短い注文については，顧客から注文が入った時点で日程計画を調整，修正し，追加される。機械加工受注品に使用される材料の調達は，日程計画が確定する都度発注し，加工日の1週間前までに納品されるように材料商社と契約しており，材料在庫は受注分のみである。

【自動車部品機械加工の受託生産計画】

C社では，自動車部品メーカーX社から生産の移管を求められている自動車部品機械加工の受託生産について検討中である。

その内容は，自動車部品専用の熱処理設備で加工しているX社の全ての部品の機械加工であり，C社では初めての本格的量産機械加工になる。受託する金属部品は，寸法や形状が異なる10種類の部品で，加工工程は部品によって異なるがそれぞれ5工程ほどの機械加工となり，その加工には，旋盤，フライス盤，研削盤，またはマシニングセンタなどの工作機械が必要になる。この受託生産に応える場合，機械加工部門の生産量は現在の約2倍になると予想され，現状と比較して大きな加工能力を必要とする。

また，この機械加工の受託生産の実施を機会に，X社で運用されている後工程引取方式を両社間の管理方式として運用しようとする提案がX社からある。具体的運用方法は，X社からは3カ月前に部品ごとの納品予定内示があり，1カ月ごとに見直しが行われ，納品3日前にX社からC社に届く外注かんばんによって納品が確定する。これら納品予定内示および外注かんばんは，通信回線を使用して両社間でデータを交換する計画である。

外注かんばんの電子データ化などのシステム構築は，X社の全面支援によって行われる予定となっているが，確定受注情報となる外注かんばんの社内運用を進めるためには，C社内で生産管理の見直しが必要になる。この後工程引取方式は，X社自動車部品の機械加工工程および自動車部品専用の熱処理工程に限定した運用範囲とし，その他の加工品については従来同様の生産計画立案と差立方法で運用する計画である。

生産設備面では，現在の機械加工部門の工程能力を考慮すると加工設備の増強が必要であり，敷地内の空きスペースに設備を増設するために新工場の検討を行っている。C社社長は，この新工場計画について前向きに検討を進める考えであり，次のような方針を社内に表明している。

1. X社の受託生産部品だけの生産をする専用機化・専用ライン化にするのではなく，将来的にはX社向け自動車部品以外の量産の機械加工ができる新工場にする。
2. これまでの作業者のスキルに頼った加工品質の維持ではなく，作業標準化を進める。
3. 一人当たり生産性を極限まで高めるよう作業設計，工程レイアウト設計などの工程計画を進め，最適な新規設備の選定を行う。
4. 近年の人材採用難に対応して，新工場要員の採用は最小限にとどめ，作業方法の教育を実施し，早期の工場稼働を目指す。

現在C社社内では，各部の関係者が参加する検討チームを組織し，上記のC社社長方針に従って検討を進めている。

1 事例のテーマ

「大口取引先からの量産・後工程引取への対応を契機に，受注ロット生産からライン生産への移行を進める中で生産性を向上し，本格的な量産機械加工メーカーとして相応しい生産体制を構築する事例」

2 与件文の整理

事例企業の概要

業　　種　金属熱処理・機械加工
顧　　客　輸送用機械・産業機械・建設機械の部品メーカー
財務内容　売上500百万円　資本金60百万円
従業員数　40名（正規・非正規記載なし）
組　　織　熱処理部―金属材料への加熱・冷却で性質を向上
　　　　　機械加工部―多品種少量の受注生産
　　　　　受注量増加で売上増加に貢献
　　　　　設計部2名―発注先指示仕様を自社加工用に図面化
　　　　　総務部

業界の特徴
　熱処理は，製品品質を保証する重要な基盤技術
　装置産業で設備投資負担が大きく，特殊な技術の蓄積が必要
　→外注する傾向が強い

設備面
　熱処理と機械加工は別工場
　　熱処理
　　　処理方法ごとに数種類の熱処理炉（バッチ処理）
　　　材料の形状・材質により温度・速度の微調整必要
　　　→金属熱処理技能士検定試験合格の技能士資格をもつベテラン作業者により品質保持
　　機械加工
　　　多品種少量の受注ロット生産
　　　→複数台機能別レイアウト（旋盤，フライス盤，研削盤）
　　　→技術必要も，交換が容易で段取り時間が短い機械
　　　→機械を使い慣れた作業者の個人技能により品質保持

生産工程
　熱処理＋機械加工
　　材料調達→機械加工→熱処理加工→出荷検査
　熱処理のみ
　　部品受入→熱処理加工→出荷検査

生産計画
　各部で立案
　機械加工を伴う部品は熱処理工程順・日程を考慮
　納期優先で月次で日程作成→日々の仕事内容決定
　短納期品は受注次第，計画を修正し折込

材料発注（機械加工受注品のみ）
　日程計画確定の都度発注→加工日の1週間前までに納品
　在庫は受注分のみ

<table>
<tr><td>事例企業の概要</td><td colspan="2">自動車部品メーカーX社から打診の機械加工移管計画への対応
○従来の対応
取引10年で売上に占める割合20%
同社の生産計画に合わせ自動車部品専用の熱処理工程増設
→機械加工工程移管計画持ちあがる
○受注中の熱処理部品の機械加工をすべておこなう計画
→当社にとって初めての本格的量産機械加工
寸法や形状の異なる10種類（約5工程）の部品
工作機械（旋盤，フライス盤，研削盤，マシニング）が必要
生産量2倍となり加工能力増強必要
○同期した新管理方式（後工程引取方式）導入の提案あり
3カ月内示提示→毎月修正
→納品3日前に外注かんばんで数量確定（内示，外注かんばんは通信データでやり取り）
→外注かんばんの社内運用のためには生産管理の見直しが必要
※あくまでX社向け限定。他社向け加工品は従来同様の方式
→加工設備の増強が必要であり，下記の社長方針で検討チームを組織，新工場建設を前向き検討中
①X社専用ラインとせず，将来的にはX社向け以外の量産機械加工ができるラインとする
②加工品質維持を作業者のスキルに頼らず作業標準化
③一人当たりの生産性を極限まで高める作業設計・工程レイアウト設計等の工程計画を立て，最適な設備を選定
④新規採用は最小限，現要員への教育で早期稼働を目指す</td></tr>
<tr><td rowspan="2">SWOT</td><td>強み
○金属加工の製品品質を保証する重要な基盤技術でありながら内製化しにくい熱処理技術の蓄積，装置の保有
○金属熱処理の技能士資格をもつベテラン作業者や汎用機械加工機の扱いに慣れた作業者の個人技能</td><td>機会
○機械加工の受注量・売上高増加傾向
○X社からの機械加工工程の生産移管計画
→本格的な量産加工への参入機会（機械加工生産量増見込み）</td></tr>
<tr><td>弱み
○生産計画の各部策定，月次策定
→量産・後工程引取への見直し必要
○作業者のスキルに頼った加工品質
○材料調達計画の見直し余地</td><td>脅威
○近年人材採用難</td></tr>
</table>

3 全体感

与件文は3ページ，いつも通り章立てもしてあり，久しぶりに文章だけではありましたが例年並みと言えます。

C社は，かつては金属熱処理専業企業でしたが，その前工程である機械加工も依頼を受けるようになり，着実に売上を伸ばしてきました。多品種少量の受注ロット生産に対応するため機械加工はこれまで個人技能に頼ってきたものの，自動車メーカーX社からの要望に応えるには，加工設備の増強と作業の標準化が必要になります。C社社長は新工場の方針を社内に表明し，計画を前向きに検討しています。「後工程引取方式」とか「外注かんばん」とか，トヨタのかんばん方式の専門用語が，「知っているのは当然」かのごとく使用されています。中小企業診断士として必須の知識となってきたようですね。

設問の構成は次の通りです。

第1問	20点	80字	事業変遷を理解した上での強みの分析
第2問	20点	100字	機械加工受託生産における生産面での効果とリスク
第3問	40点		
設問1		120字	生産性を高める量産加工のための新工場の在り方
設問2		120字	後工程引取方式構築と運用のための生産管理上の検討内容
第4問	20点	120字	新工場稼働後の戦略

はじめに強みを分析し，取引先からの要望に応えるために生産面での改善をして，今後の戦略をたてる流れはオーソドックスなものですが，多くの方が「難しい事例」という見解を示しています。

今回は社長の方針が与件文に明記されているので，今後の戦略である第4問は書きやすかったと思います。第1問と合わせて確実にとりましょう。反面，生産面に触れる第2問，第3問は難しいので，妥当性が高いことを何とか想起して部分点を稼ぎたいところです。

難易度を上げている要因としては，例年に比べ生産面の改善についての設問がやや抽象度の高い問われ方をしており，推測して解答する内容であったためだと考えられます。例年は与件文に書かれている「あからさまな問題点」の裏返しを解答とすることがパターン化されていたため，得点を伸ばしやすい論点でした。ところが今回のC社は，現状において技術力はもちろんのこと，生産管理の仕組みにも特に大きな問題点は見当たりません。そのため，与件文の情報から，「これから起こるであろう問題点」を推測できなければ，何を書いて良いのかわからない状況に陥ります。また，かんばん方式の専門用語や生産管理の仕組みに「拒否反応」を示した方もいらっしゃったかもしれません。

C社は，現状に甘えず改善を繰り返し，弱みや脅威の少ない企業です。それゆえ，試験問題としては今までの弱みだらけの企業を改善して新しい事業に取り組むパターンが通用せず，とっつきにくい事例でした。過去問のパターンやお作法をなぞるだけでは対策が困難であり，課題設定と解決能力のコンサルタントとしての地力を向上させることが試験突破に必要になってきていると感じます。

4 設問ごとの答案・解説

第1問（配点20点）

C社の事業変遷を理解した上で，C社の強みを80字以内で述べよ。

【橋詰がたどり着いた答案】
「強みは，重要な基盤技術でありながら内製化しにくい熱処理技術の蓄積・装置の保有，前工程たる設計・機械加工部門の存在，それらを支えるベテラン作業者の存在である。」（78字）

解　説

定番の強みを分析する問題です。「事業変遷を理解した上で」とあるので，今後の戦略の方向性も意識はしつつ，C社がこれまで事業を存続・成長できた要因を答えます。そのため，過去～現在の経緯が書かれている【企業概要】と【生産の概要】から分析すると良いですね。

経営資源のフレームワークであるヒト・モノ・カネ・情報・ノウハウを切り口にして解答すると抜け漏れを防ぎやすいです。中小企業の場合，カネが強みになることはほぼ無いと思いますので，残りの4つを考えます。①ヒトは熱処理の微調整や汎用機械加工機を扱えるベテラン作業者，②情報・モノは他社では内製化しにくい熱処理の技術や装置，③ノウハウはその前工程である設計・機械加工部門を持つこと，と考えました。

事例Ⅲでは，強みに「一貫生産体制」があげられることが多く，今回も「熱処理と機械加工の一貫生産体制」を書かれた受験生の解答が見受けられましたが，前工程を捌くことができる程度のレベルなので「一貫生産体制」とまでは呼べないかなと思いました。

第2問（配点20点）

自動車部品メーカーX社からの機械加工の受託生産に応じる場合，C社における生産面での効果とリスクを100字以内で述べよ。

【橋詰がたどり着いた答案】

「生産面での効果は，受注が倍増し，将来的な量産機械加工，作業の標準化，生産性向上の契機となることである。リスクは，生産計画の見直しが必要なこと，加工能力の増強が必要なことや設計担当者が2名と少なくボトルネック化する可能性があることである。」（118字）

解説

X社からの受託生産に応じる場合，機械加工において現状の多品種少量体制では対応が難しく，量産ができる体制を新たに構築するという課題が発生します。当然，「効果」というメリットも，「リスク」というデメリットもあり，多面的に分析できる能力が問われています。

「効果」としては，受注が倍増し，依頼に応えることで新たなノウハウが蓄積できるチャンスとなると考えられます。これまでは，汎用機械加工機の扱いに慣れた作業者の個人技能によって加工品質を保ち，多品種少量の体制を維持していましたが，機械加工の量産化が作業の標準化や生産性の向上を目指す契機となります。生産面での効果なので，「売上の向上」と書くとNGかなと思います。

「リスク」については，【自動車部品機械加工の受託生産計画】から，後工程引取方式導入による生産計画の見直しや，新工場増設を伴う加工能力の増強が必要になることが読み取れます。

また，設計部門は2名で担当していることがワザワザ書かれているのも気になります。規模が大きくなった際に設計担当者の手が足りなければ，前述の部分が改善されたことに伴いここがボトルネックとなるため，リスクの一つとして盛り込みました。

第3問（配点40点）

X社から求められている新規受託生産の実現に向けたC社の対応について，以下の設問に答えよ。

設問1

C社社長の新工場計画についての方針に基づいて，生産性を高める量産加工のための新工場の在り方について120字以内で述べよ。

【橋詰がたどり着いた答案】

「新工場の在り方は，将来的に他社向けも目指した効率的な受注ライン生産拠点である。具体的には，従来の受注ロット生産から切り替え，最小限の人員で，作業標準化による加工品質維持，一人当たりの生産性を極限まで高める工程計画と最適な設備の選定を行う。」（119字）

解　説

第1問SWOT分析，第2問投資の効果とリスクときて，今度は投資方針を問う問題です。

「『在り方』を述べよ」という問い方に，「新工場の位置づけ」（戦略論）を問われたように感じられた方も多いかと思います。平成25年に「工場の役割をどのように変えるべきなのか?」という過去問を解かれた方は特にそう思われるかもしれません。ただ，今回はそのようなことではなさそうです。

新工場における社長の方針は，

①X社専用ラインとせず，将来的にはX社向け以外の量産機械加工ができるラインとする

②加工品質維持を作業者のスキルに頼らず作業標準化

③一人当たりの生産性を極限まで高める作業設計・工程レイアウト設計等の工程計画を立て，最適な設備を選定

④新規採用は最小限，現要員への教育で早期稼働を目指す
ということです。

こういった工場の機能の方針に基づいた「新工場の在り方」ですから，具体的な「あるべき新工場の姿」（戦術論）を述べなさいということと思われます。社長の方針を活かした表現でまとめたいのですが，①～④をそのまますべて解答要素として使うだけで120字を超えてしまいますので，うまく編集する必要があります。また，新工場は量産加工なのでライン生産がフィットすると思いますので「従来のロット生産からライン生産にする」ということを入れたり，「効率的な工場にしたい」社長の想いが伝わってくる方針なのでその言葉を加えた上で，①～④を編集すると120字ギリギリに収まるのではないでしょうか？

設問2

X社とC社間で外注かんばんを使った後工程引取方式の構築と運用を進めるために，これまで受注ロット生産対応であったC社では生産管理上どのような検討が必要なのか，140字以内で述べよ。

【橋詰がたどり着いた答案】

「必要な検討は，ライン生産への移行による生産の平準化のため，①受注情報を生産計画専門部署に集中し一元化して作成する，②3カ月計画，月次計画，3日計画ときめ細やかな計画の作成，③材料は加工日に間に合うよう予定から見込で調達する，④通信データによるX社との生産計画情報共有，等である。」(139字)

解　説

設問2ではX社からの受託生産の体制構築や運用方法が問われています。「後工程引取方式」とは，日本工業規格において「すべての工程が，後工程の要求に合わせて，必要な物を，必要なときに，必要な量だけ生産（供給）する生産方式」と定義されています。いわゆるトヨタが生み出した「かんばん方式」「ジャスト・イン・タイム」の考え方ですね。平成29年1次試験の運営管理にて「かんばん方式」に関する出題がされており，必須知識としてこれらの生産管理用語に対する注釈が付かなかったのだと思います。

後工程引取方式にするためには生産を平準化することが必須です。設問1と

合わせ，新工場ではライン生産へ移行していく流れと推測し，これまでの受注ロット生産における生産計画や材料調達の方法を変える方向となっていきます。

第8段落，第11段落から，以下の3つの点が，今後の管理方式にフィットしないと読み取れました。

①X社からの受託生産は機械加工と熱処理加工の両方が必要になるが，現在，機械加工部と熱処理部間で別々に生産計画を立案している。

②X社からは3カ月前に内示，1カ月ごとに見直し，3日前に外注かんばん確定の納品情報がくるが，現在，日程計画は月ごとに作成している。

③②の通り納品情報は3日前に確定するが，現在，材料調達は加工日の1週間以上前，日程計画が確定する都度発注している。（納品情報が確定してから発注していては加工に間に合わない。）

この3点を今後の管理方式に合うように変えてあげると良いですね。また，通信回線を使用して両社間でデータ交換する体制になるので，両社間で生産計画の情報も適時共有できると更に精度が高まると考え，4つ目の項目として盛り込んでいます。

第4問（配点20点）

新工場が稼働した後のC社の戦略について，120字以内で述べよ。

【橋詰がたどり着いた答案】

「戦略は，極限まで効率化された作業・工程・レイアウト・生産計画，最新設備をもつ新工場の機械加工能力を訴求するとともに，設計人員を増加し，現在熱処理のみの受注先から機械加工の同時発注を促すことにより，量産機械加工部門を伸ばしていくことである。」（119字）

解　説

新工場稼働後の戦略の問題です。第3問との切り分けに悩むところですが，時系列で考えると，「X社向けの受託生産のハードルをクリアした後のC社の戦略を答えるのだろうな」と解釈しました。与件文には今後の明確なターゲットについて想起できる記述はないのですが，他社では内製化が難しい熱処理加工を有している強みと量産化された機械加工を活用するとなると，X社のような受託生産を他の顧客にも展開していく未来が推測できるかと思います。

従って，量産機械加工部門の充実が不可欠となります。X社の受託生産ができる体制になったとはいえ，多品種少量の体制から本格的な量産体制に移行するには，継続的な効率化の追求や組織増強をしていくべきでしょう。また，内部体制も整えつつ，受注開拓も進めるべきと考えます。X社での成功事例を基に，既存顧客に対し「熱処理だけでなく機械加工も同時にできますよ」とアピールしていけば開拓しやすそうです。

今後の戦略を問われたときには，これまでの強みや外部環境と共に，新たな取組で生まれるノウハウや設備，経験をどのように活用するかも考えましょう。

平成30年事例Ⅲ

【C社の概要】

C社は，1974年の創業以来，大手電気・電子部品メーカー数社を顧客（以下「顧客企業」という）に，電気・電子部品のプラスチック射出成形加工を営む中小企業である。従業員数60名，年商約9億円，会社組織は総務部，製造部で構成されている。

プラスチック射出成形加工（以下「成形加工」という）とは，プラスチックの材料を加熱溶融し，金型内に加圧注入して，固化させて成形を行う加工方法である。C社では創業当初，顧客企業から金型の支給を受けて，成形加工を行っていた。

C社は，住工混在地域に立地していたが，1980年，C社同様の立地環境にあった他の中小企業とともに高度化資金を活用して工業団地に移転した。この工業団地には，現在，金属プレス加工，プラスチック加工，コネクター加工，プリント基板製作などの電気・電子部品に関連する中小企業が多く立地している。

C社のプラスチック射出成形加工製品（以下「成形加工品」という）は，顧客企業で電気・電子部品に組み立てられ，その後，家電メーカーに納品されて家電製品の一部になる。主に量産する成形加工品を受注していたが，1990年代後半から顧客企業の生産工場の海外移転に伴い量産品の国内生産は減少し，主要顧客企業からの受注量の減少が続いた。

こうした顧客企業の動向に対応した方策として，C社では金型設計と金型製作部門を新設し，製品図面によって注文を受け，金型の設計・製作から成形加工まで対応できる体制を社内に構築した。また，プラスチック成形や金型製作にかかる技能士などの資格取得者を養成し，さらにOJTによってスキルアップを図るなど加工技術力の強化を推進してきた。このように金型設計・製作部門を持ち，技術力を強化したことによって，材料歩留り向上や成形速度の改善など，顧客企業の成形加工品のコスト低減のノウハウを蓄積することができた。

C社が立地する工業団地の中小企業も大手電気・電子部品メーカーを顧客としていたため，C社同様工業団地に移転後，顧客企業の工場の海外移転に伴い経営難に遭遇した企業が多い。そこで工業団地組合が中心となり，技術交流会の定期開催，共同受注や共同開発の実施などお互いに助け合い，経営難を乗り越えてきた。C社は，この工業団地組合活動のリーダー的存在であった。

近年，国内需要分の家電製品の生産が国内に戻る傾向があり，以前の国内生産品が戻りはじめた。それによって，C社ではどうにか安定した受注量を確保できる状態になったが，顧客企業からの1回の発注量が以前よりも少なく，受注量全体としては以前と同じレベルまでには戻っていない。

最近C社は，成形加工の際に金属部品などを組み込んでしまう成形技術（インサート成形）を習得し，古くから取引のある顧客企業の1社からの受注に成功している。それまで他社の金属加工品とC社の成形加工品，そして顧客企業での両部品の組立という3社で分担していた工程が，C社の高度な成形技術によって金属加工品をC社の成形加工で組み込んで納品するため，顧客企業の工程数の短縮や納期の短縮，そしてコスト削減も図られることになる。

【生産概要】

製造部は，生産管理課，金型製作課，成形加工課，品質管理課で構成されている。生産管理課は顧客企業との窓口になり生産計画の立案，資材購買管理，製品在庫管理を，金型製作課は金型設計・製作を，成形加工課は成形加工を，品質管理課は製品検査および品質保証をそれぞれ担当している。

主要な顧客企業の成形加工品は，繰り返し発注され，毎日指定の数量を納品する。C社の受注量の半数を占める顧客企業X社からの発注については，毎週末の金曜日に翌週の月曜日から金曜日の確定納品計画が指示される。C社の生産管理課ではX社の確定納品計画に基づき，それにその他の顧客企業の受注分を加え，毎週金曜日に翌週の生産計画を確定する。日々の各製品の成形加工は，各設備の能力，稼働状況を考慮して原則週1回計画される。また，生産ロットサイズは長時間を要するプラスチック射出成形機（以下「成形機」という）の段取り時間を考慮して決定される。生産効率を上げるために生産ロットサイズは受注量よりも大きく計画され，製品在庫が過大である。C社の主要製品で，最も生産数量が多いX社製品Aの今年7月2日㈪から7月31日㈫までの在庫数量推移を図1に示す。製品Aは，毎日600個前後の納品指定数であり，C社の生産ロットサイズは約3,000個で週1回の生産を行っている。他の製品は，毎日の指定納品数量が少なく，変動することもあるため，製品A以上に在庫管理に苦慮している。

成形加工課の作業は，作業者1人が2台の成形機を担当し，段取り作業，成形機のメンテナンスなどを担当している。また全ての成形機は，作業者が金型

【図1】製品Aの在庫数量推移（2018年7月）

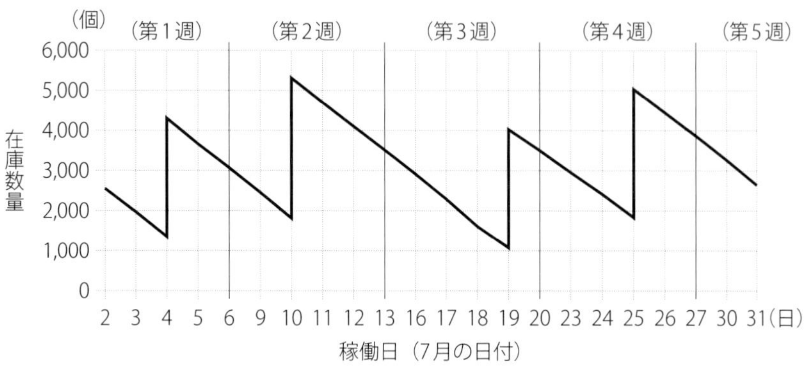

をセットし材料供給してスタートを指示すれば，製品の取り出しも含め自動運転し，指示した成形加工を終了すると自動停止状態となる。

図2で示す「成形機2台持ちのマン・マシン・チャート（現状）」は，製品Aの成形加工を担当している1人の作業者の作業内容である。

成形機の段取り時間が長時間となっている主な原因は，金型，使用材料などを各置き場で探し，移動し，準備する作業に長時間要していることにある。図2で示す「成形機1の段取り作業内容の詳細」は，製品Aの成形加工作業者が，昼休み直後に行った製品Bのための段取り作業の内容である。金型は顧客からの支給品もまだあり，C社内で統一した識別コードがなく，また置き場も混乱していることから，成形加工課の中でもベテラン作業者しか探すことができない金型まである。また使用材料は，仕入先から材料倉庫に納品されるが，その都度納品位置が変わり探すことになる。

顧客企業からは，短納期化，小ロット化，多品種少量化がますます要望される状況にあり，ジャストインタイムな生産に移行するため，C社では段取り作業時間の短縮などの改善によってそれに対応することを会社方針としている。

その対策の一つとして，現在，生産管理のコンピュータ化を進めようとしているが，生産現場で効率的に運用するためには，成形加工課の作業者が効率よく金型，材料などを使用できるようにする必要があり，そのためにデータベース化などの社内準備を検討中である。

【図2】成形加工作業者の一日の作業内容

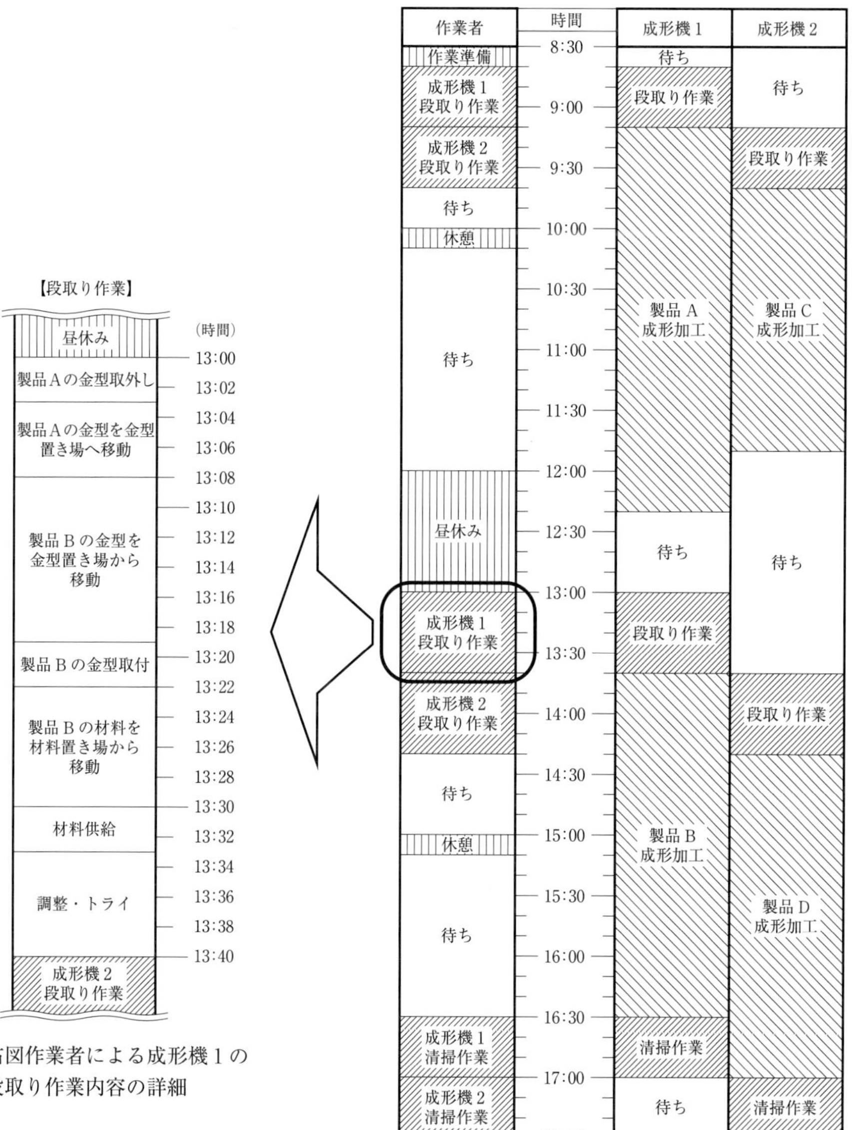

右図作業者による成形機1の段取り作業内容の詳細

成形機2台持ちのマン・マシン・チャート（現状）

1 事例のテーマ

「受注量減少を金型設計・製作部門設立・技術力の強化で乗り越え，技術やノウハウを蓄積した加工事業者が，工場団地の仲間との協働や生産の効率化で，受注増加・コストダウンを目指す事例」

2 与件文の整理

事例企業の概要

業　　種　プラスチック射出成形加工　主力商品　電気・電子部品
顧　　客　大手電気・電子部品メーカー数社
財務内容　売上9億円　資本金記載なし
従業員数　正規・非正規記載なし　合計60名
組　　織　総務部
　　　　　製造部
　　　　　　生産管理課：顧客との窓口，生産計画立案，資材購買管理，
　　　　　　　　　　　　製品在庫管理
　　　　　　金型製作課：金型設計・製作
　　　　　　成形加工課：成形加工
　　　　　　品質管理課：製品検査，品質保証
生産工程　プラスチックの材料を加熱溶融
　　　　　→金型内に加圧注入→固化させて成形
　　　　　→顧客企業で電気・電子部品に組立
　　　　　→家電メーカーに納品されて家電製品の一部に
業務の流れ
　主要顧客の成形加工品は，繰返発注，毎日指定数量納品
　　顧客企業X社は，毎週金曜日に翌週の確定納品計画が指示
　　→生産管理課でX社の確定納品計画＋他の顧客の受注分で毎週金曜日に翌週の生産計画を確定
　日々の成形加工計画
　　各設備の能力，稼働状況を考慮し原則週1回計画
生産ロットサイズ
　長時間要する成形機の段取り時間を考慮し決定
　生産効率向上のため生産ロットサイズは受注量よりも大
　→製品在庫が過大
　最大生産数量のX社製品Aは，毎日約600個の納品指定数
　生産ロットサイズは約3,000個で週1回生産
　他の製品は，毎日の指定納品数量が少なく，変動もあり，製品A以上に在庫管理に苦慮

事例企業の概要

作業について
成形加工課の作業は，作業者1人が2台持ち段取り作業，成形機のメンテナンスなどを担当
作業者が機械に金型セット→材料供給しスタート指示
→製品の取り出しも含め自動運転し，終了すると自動停止
工業団地
金属プレス・プラスチック・コネクター加工，プリント基板製作等電気・電子部品関連中小企業が多い
段取り時間が長時間となる主因
金型，使用材料等を置き場で探し，移動，準備作業に長時間
金型は顧客の支給品もあり社内で統一識別コードなく置き場も混乱（ベテラン作業者しか探せない金型まで）
使用材料は仕入先が倉庫に納品も都度納品位置が変更
時系列の流れ
1974年
創業。当初は顧客から金型の支給を受けて，成形加工
1980年
住工混在地域→他の中小企業と高度化資金を活用し工業団地に移転
1990年代後半
顧客の生産工場海外移転に伴い量産品の国内生産・受注減少
→・金型設計・製作部門を新設，製品図面により注文を受け，金型の設計・製作～成形加工まで対応できる体制構築
・技能士等の資格取得者を養成，OJTによりスキルアップ等加工技術力強化推進→材料歩留り向上や成形速度の改善等，コスト低減のノウハウを蓄積
・工業団地の中小企業も同じ顧客で顧客工場海外移転に伴う経営難の企業が多いため，工業団地組合を中心に，技術交流会の定期開催，共同受注や共同開発実施等相互扶助し，経営難を乗り越えた
近年
国内需要分の家電製品の生産が国内に戻る傾向
→どうにか安定受注量確保できる状態になるも，1回の発注量減少，受注全体量は以前と同じまでには戻らず
最近
成形加工の際に金属部品等を組込む成形技術を習得し，古くからの顧客の新規受注に成功
→従来，他社金属加工品+C社成形加工品→顧客で組立していたが，高度な技術によりC社単独加工で組込み
→顧客の工程数短縮や納期短縮，コスト削減
顧客企業のニーズ
短納期化，小ロット化，多品種少量化
ジャストインタイムへ移行のため，段取り作業時間の短縮等の改善により対応することが会社方針

	→対策として，生産管理のコンピュータ化の推進 生産現場での効率的運用のため，作業者が効率よく金型，材料等を使用できる必要 →データベース化などの社内準備を検討中	
SWOT	強み ○金型設計・製作部門を持ち，技術力の強化により，材料歩留り向上や成形速度の改善など，顧客企業の成形加工品のコスト低減のノウハウを蓄積 ○工業団地組合（金属プレス・プラスチック・コネクター加工，プリント基板製作等電気・電子部品関連中小企業が多い）活動のリーダー的存在 ○新技術インサート成形の開発	機会 ○国内需要分の家電製品の生産が国内に戻る傾向 →どうにか安定した受注量を確保できる状態
	弱み ○ロットサイズ過大 ○金型，使用材料等の置き場が整理されず，移動，準備に長時間 ○金型は顧客の支給品もあり社内で統一識別コードなく ○置き場も混乱（ベテラン作業者しか探せない金型まで） ○使用材料は仕入先が材料倉庫に納品も都度納品位置が変更	脅威 ○1回の発注量が以前よりも少なく，受注量全体としては以前と同じレベルまでには戻らず

3　全体観

与件文は，図を2つ合わせて4ページと例年よりもやや情報量が多めです。丸ごと1ページ使われたマン・マシン・チャートに面食らった方もいるかと思いますが，事例Ⅲでは図から問題点を分析する問題が頻出しているので，きちんと対策はしておきましょう。2次試験において，生産現場に関する専門的な知識までは必要ないのですが，生産管理の1次試験レベルの分析手法やツールは頭に入れておいた方が良いと思います。

C社は，顧客企業の国内生産が減少するなか，プラスチック射出成形加工に加え金型設計・製作の体制も社内に構築し，技術力の強化により顧客企業の成形加工品のコスト低減のノウハウを蓄積してきました。また，工業団地組合のリーダー的存在として，技術交流会，共同受注・開発の実施を牽引し，多くの組合企業とともに経営難を乗り越えています。近年は国内生産も戻りはじめていますが，顧客企業からの発注量は以前よりも少なく，まだまだ受注量は以前のレベルには戻りません。

そんな中，C社は，金属部品等を組み込む成形技術の活用による，顧客企業の工程数や納期の短縮，コスト削減に成功しています。今後はこの技術や工業団地の企業を活用することが突破口になりそうです。

設問の構成は次の通りです。

第1問　20点　80字　業績維持できた理由
第2問　20点　120字　成形加工作業内容の問題点と改善策
第3問　20点　120字　生産計画上の問題点と改善策
第4問　20点　120字　生産管理コンピュータ化のために整備する内容
第5問　20点　120字　付加価値を高める戦略

現状分析のあと，生産管理上の問題点を解決して，今後の方向性を解答させるオーソドックスな出題構成です。第2問，第5問がやや難しいと感じるので，第1問，第3問，第4問から優先的に取り組み確実に得点したいです。また，第5問では地域連携の視点が持てたかどうかが勝負の分かれ目だと思います。

近年の厳しい経営環境においては，商業やサービス業と同様に製造業においても，お互いの企業の強みを持ち寄り，付加価値の高い製品や提案を顧客に提供することが事業存続において重要になっています。

全体的には設問の切り分けはしやすいため，落ち着いて対応すれば解答はしやすい事例だと思いますが，与件文の情報量が多いため，あまり丁寧に読み込んでいると時間があっという間に過ぎていきます。事例Ⅲは，事例ⅠやⅡに比べ解答の文字数が多いので，書く時間を含めたタイムマネジメントは本番までにしっかりと固めておきましょう。

4　設問ごとの答案・解説

第1問（配点20点）

顧客企業の生産工場の海外移転などの経営環境にあっても，C社の業績は維持されてきた。その理由を80字以内で述べよ。

【橋詰がたどり着いた答案】

「金型設計・製作部門の保有と技術力の強化により材料歩留り向上や成形速度改善等顧客のコスト低減ノウハウを蓄積，金型の設計～成形加工まで対応できる体制構築を行ったから。」(80字)

解　説

業績維持ができた理由として，C社の強みを分析する問題です。いくつか強みになりそうな記述が与件文中に出てきますが，設問に「顧客企業の生産工場の海外移転」とあるので，それに対する方策の記述がある第5段落をまとめるのが最も妥当だと判断しました。ただ単純に，現在できていること，持っている経営資源を羅列する解答もよく見受けられますが，顧客から支持されてきた真の部分は何なのかを意識しましょう。80字なので，必要な要素を的確にまとめる力も求められています。

2次試験でこのような分析をさせる問題が出るのは，中小企業においては「強みを機会にぶつける（これまで培われてきた強みを強化・活用して，外部環境の変化に対応する）」という考え方が中小企業診断士の基礎的な思考だからです。

今回の事例においては今後の戦略を問われる第5問との連動性も意識して解答すると説得力が増します。与件文からの抜き出しでほとんどの受験生が高得点を取ってくることが予想されるので，あまり時間をかけずに満点を目指したい問題です。

第2問（配点20点）

C社の成形加工課の成形加工にかかわる作業内容（図2）を分析し，作業方法に関する問題点とその改善策を120字以内で述べよ。

【橋詰がたどり着いた答案】

「問題点は，①段取り後は全自動の成型機にも関わらず長い待ちが発生，②段取りが長時間かかる，こと。改善策は，①午前の加工終了後，午後の段取りをした後昼休みに入る，②金型・材料の置き場を整理し，製品毎の金型と材料

を近い位置に置く，ことである。」(118字)

解　説

まずは，図2から読み取れることを探します。右のマン・マシン・チャートを見ると，作業者の待ち時間が異常に長いことが気になります。全自動の機械なのに作業準備を含めても3.5時間しか実働していません。この状態なら2台どころか4台くらいは担当して欲しいものです。その上，昼休みの時間は，なんと成形機の方に待ち時間を出しており，このあたりが第一の問題点だろうと推測できます。成形機の稼働率を上げるため，作業者にはお腹が空いているところをチョットだけ我慢して，午後の成形加工の段取りをしてからご飯に行っていただきましょう。

次に，段取り作業内容の詳細をわざわざ図示していることにも着目すると，ここでも不自然な部分が見受けられます。「取り付け」や「取り外し」はともかく，「金型や材料の移動」だけで合計24分もかかっているのですが，そこまでC社の工場は広いのでしょうか。これが第二の問題点だと考えられます。第13段落の記述から「置場が煩雑になっていること」が原因と読み取れるので，置き場を整理し，製品毎に近い位置に置くことを提案しました。これにより段取り作業時間が短縮されます。

その他，段取り作業時間の短縮の提案として，「成形機稼働中に次の金型を持ってきて外段取り化する」等のご意見もありました。様々な解釈の仕方があり解答が割れる問題だと思いますので，妥当性が高いと考えられるものを選び，着実に点数の極大化を図っていきましょう。

第3問（配点20点）

C社の生産計画策定方法と製品在庫数量の推移（図1）を分析して，C社の生産計画上の問題点とその改善策を120字以内で述べよ。

【橋詰がたどり着いた答案】

「問題点は，①製品Aの製造サイクルがバラバラ，②ロットサイズが過大で在庫が過大であること。改善策は，①製品Aの製造サイクルを一定化，②各課との綿密な情報交換で生産作業上の改善点を取り入れロットサイズを適正化した生産計画を策定することである。」(119字)

解　説

図1の特徴から，製造サイクルが一定でないこと，出庫量に比べ在庫数量が過大になっている日があること，の2点が読み取れます。製品Aの発注元であるX社からは毎日600個前後の確定納品計画が指示されているので，納品計画に合わせてコンスタントに製造していけば，在庫は欠品することもなく適正な数量になるはずです。与件文に「生産ロットサイズは長時間を要する成形機の段取り時間を考慮して決定される」とあるので，生産効率のみを重視した生産計画の策定により在庫が過大に陥る，というよくあるパターンの問題点だと考えられます。

改善策としては，在庫が過大にならないよう，一定した製造サイクルや適正なロットサイズになるよう生産計画を策定することです。在庫は過大になっても欠品になってもいけないので，出庫量に応じた製造サイクルの一定化を目指します。最適な生産計画策定のためには，X社からの確定納品計画だけでなく，金型製作課，成形加工課，品質管理課との生産に関する情報交換が不可欠です。また，段取り時間だけでなく在庫数量に配慮して最適なロットサイズを決めるようにすると，段取り回数は増加してしまう可能性があります。そのため，第2問のような生産作業上の問題点を改善していくことを解答に盛り込みました。

頻出の論点なので，過去問の対策がしっかりできている方にとってはボーナス問題だったのではないかと思います。確実に取りに行きましょう。

第4問（配点20点）

C社が検討している生産管理のコンピュータ化を進めるために，事前に整備しておくべき内容を120字以内で述べよ。

【橋詰がたどり着いた答案】

「整備すべき事項は，生産現場で作業者が効率良く金型・材料を使用できるよう，①金型・材料に社内統一識別コードをつけデータベース化する，②金型の置き場を誰でも判断できるよう整理する，③仕入先と協議し使用材料を倉庫に納品位置を固定する，ことである。」（120字）

解　説

「生産管理のコンピュータ化」ということで，事例Ⅲ定番の情報システムに関する問題です。与件文にわかりやすいヒントが満載なので，第1問同様に満点を狙いたい設問です。第14段落から，「コンピュータ化を進めるためには，成形加工課の作業者が効率良く金型，材料等を使用できるようにする必要がある」と読み取れます。そのために，データベース化を検討中ですので，まずはそこを整備しましょう。ここは1次試験の情報システムの知識を思い出してください。データベース構築の際に製品や部品には，主キーや外部キー（数字やアルファベットで構成されたコード等）を附番する必要があります。ということは，C社の金型や使用材料も社内で統一した識別コードをつけておくべきということになります。

ベテラン作業者しか探せないほど金型の置き場が混乱しているのも問題です。コンピュータ化してもこれでは効率的な運用は望めないので，誰でも探せるように品名を表示するなどの整理はしておいた方が良いでしょう。

また，使用材料の納品位置も仕入先にお任せせずに，あらかじめ固定した方が作業者は把握しやすいです。

今回は「事前に準備しておくべき内容」であり，構築するシステムの内容そのものや運用中に共有すべき情報を問われていないことに注意してください。出題者の意図する制約条件を外すと大量失点になりかねません。何でもかんでもITさえ導入すれば生産性が向上するわけでなく，このような事前準備があってこそ活きるというものです。

第5問（配点20点）

わが国中小製造業の経営が厳しさを増す中で，C社が立地環境や経営資源を生かして付加価値を高めるための今後の戦略について，中小企業診断士として120字以内で助言せよ。

【橋詰がたどり着いた答案】

「戦略は，工業団地の中小企業たちと協働し，技術交流会の定期開催や共同開発実施等を通じて，お互いの技術を組み合わせた高度な技術により，顧客企業に対して，顧客の工程数短縮や納期短縮，コスト削減を図ることができる共同提案や共同受注を進めることである。」（120字）

解　説

中小企業に対し今後の戦略を提案する際には，「強みを機会にぶつける」，すなわち，これまでの強みや成功体験を活用することが中小企業診断士の基本的な考え方になります。

制約条件に「立地環境」とあります。第3段落に「工業団地に移転」とありますが，「工業団地」ときたら「集積効果」や「近隣工場との協働」を思い浮かべるのがセオリーで，予想通り第6段落に協働に関する記述がありました。出題者は「工業団地内の中小企業と協力する内容でどこかで使って欲しい」ようですが，ここで使えそうです。工業団地には，電気・電子部品金属プレス加工等電気・電子部品に関連する中小企業が多く立地しています。一方，C社の顧客企業はそれらの加工品を電気・電子部品として組み立て，家電メーカーに納品しています。つまり，工業団地の中小企業が連携し，電気・電子部品に関連する加工品の組み立てや一括納品をすることにより，顧客企業側の調達の簡便化や製造工程の一部を代行することにつながり，納期の短縮やコスト削減を図ることができると考えられます。C社は工業団地のリーダー的存在であり，技術交流会の定期開催や共同開発を実施する互助関係の基盤があるため，協働の実現可能性も高いと思われます。C社単体ではなく工業団地の中小企業たちを巻き込み，互いの技術を組み合わせて付加価値の高い共同提案をしていくことが，中小企業診断士として最も相応しい助言だと考えました。

また，「経営資源」ときましたが，C社には金属加工品を組み込んで成形加工するという技術力と，顧客企業の工程数短縮や納期短縮，コスト削減を図った成功体験がありますので，これらを活かした答案を記述していけば良いと思います。

なお，戦略や事業の方向性を問われたときは，「誰に，何を，どのように」というドメイン設定を意識して解答を組み立てましょう。ドメインを明確にすることが事業を成功させるための第一歩です。

平成29年事例Ⅲ

【C社の概要】

C社は，1947年の創業で，産業機械やプラント機器のメーカーを顧客とし，金属部品の加工を行ってきた社長以下24名の中小企業である。受注のほとんどが顧客企業から材料や部品の支給を受けて加工を担う賃加工型の下請製造業で，年間売上高は約2億円である。

現在の社長は，創業者である先代社長から経営を引き継いだ。10年前，CAD等のITの技能を備えた社長の長男（現在常務）が入社し，設計のCAD化や老朽化した設備の更新など，生産性向上に向けた活動を推進してきた。この常務は，高齢の現社長の後継者として社内で期待されている。

C社の組織は，社長，常務の他，経理担当1名，設計担当1名，製造部20名で構成されている。顧客への営業は社長と常務が担当している。

近年，売り上げの中心となっている産業機械・プラント機器の部品加工では，受注量が減少し，加えて受注単価の値引き要請も厳しい状況が続いている。その対応として，現在C社では新規製品の事業化を進めている。

【生産概要】

製造部は機械加工班と製缶板金班で構成され，それぞれ10名の作業者が加工に従事している。機械加工班はNC旋盤，汎用旋盤，フライス盤などの加工機械を保有し，製缶板金班はレーザー加工機，シャーリング機，プレス機，ベンダー機，溶接機などの鋼板加工機械を保有している。

C社では創業以来，顧客の要求する加工精度を保つため機械の専任担当制をとっており，そのため担当している機械の他は操作ができない作業者が多い。また，各機械の操作方法や加工方法に関する技術情報は各専任作業者それぞれが保有し，標準化やマニュアル化は進められていない。

加工内容については，機械加工班はコンベアなどの搬送設備，食品加工機械，農業機械などに組み込まれる部品加工，鋳物部品の仕上げ加工など比較的小物でロットサイズが大きい機械加工であり，製缶板金班は農業機械のフレーム，建設用機械のバケット，各種産業機械の本体カバーなど大型で多品種少量の鋼材や鋼板の加工が中心である。

顧客から注文が入ると，受注窓口である社長と常務から，担当する製造部の作業者に直接生産指示が行われる。顧客は古くから取引関係がある企業が多く，受注品の多くは各顧客から繰り返し発注される部品である。そのため受注後の加工内容などの具体的な打ち合わせは，各機械を担当する作業者が顧客と直接行っている。

【新規事業の概要】

新規事業は，3次元CADで作成した3次元データを用いて，3次元形状の加工ができる小型・精密木工加工機「CNC木工加工機」の事業化である。この新規事業は，異業種交流の場で常務が耳にした木材加工企業の話がヒントになり進められた。「木工加工機は大型化，NC化が進み，加工機導入の際には多額の投資を必要とするようになった。以前使っていたならい旋盤のような汎用性があり操作性が良い加工機が欲しいが，見つからない」との情報であった。ならい旋盤とは，模型をなぞって刃物が移動し，模型と同じ形状の加工品を容易に再現できる旋盤である。

常務と設計担当者が中心となり加工機の設計，開発を進め，外部のCNC制御装置製作企業も加えて，試作機そして1号機の実現にこぎつけた。

しかし，それまで木工加工関連企業とのつながりも情報もないC社にとって，この新規事業の販路開拓をどのように進めるのか，製品開発当初から社内で大きな問題となっている。C社は，特に新規顧客獲得のための営業活動を積極的に行った経験がない。また，販売やマーケティングに関するノウハウもなく，機械商社などの販売チャネルもない。

そこで常務が中心となって，木工機械の展示会に出展することから始めた。展示会では，特徴である精密加工の内容を来展者に理解してもらうため，複雑な形状の加工を容易に行うCNC木工加工機の実演を行ったが，それによって多くの来展者の注目を集めることができた。特に，NC機械を使用した経験のない家具や工芸品などの木工加工関係者から，プログラムの作成方法，プログラムの提供の可能性，駆動部や刃物のメンテナンス方法，加工可能な材質などに関する質問が多くあり，それに答えることで，CNC木工加工機の加工精度や操作性，メンテナンスの容易性が来展者から評価され，C社内では大きな手応えを感じた。そして展示会後，来展者2社から注文が入り，本格的に生産がスタートしている。このCNC木工加工機については，各方面から注目されており，今後改良や新機種の開発を進めていく予定である。

この展示会での成功を参考に，現在は会社案内程度の掲載内容となっているホームページを活用して，インターネットで広くPRすることを検討している。

CNC木工加工機の生産は，内部部品加工を機械加工班で，制御装置収納ケースなどの鋼板加工と本体塗装を製缶板金班でそれぞれ行い，それに外部調達したCNC制御装置を含めて組み立てる。これまで製造部では専任担当制で作業者間の連携が少なかったが，この新規事業では，機械加工班と製缶板金班が同じCNC木工加工機の部品加工，組み立てに関わることとなる。なお，最終検査は設計担当者が行う。

これまで加工賃収入が中心であったC社にとって，付加価値の高い最終製品に育つものとしてCNC木工加工機は今後が期待されている。

1 事例のテーマ

「賃加工中心の金属部品加工から脱却し，付加価値の高い加工機製作の事業化を目指すため，生産能力の向上や部門間連携，新分野での事業の進め方を模索する事例」

2 与件文の整理

事例企業の概要	
業　　種	金属部品加工業
主力商品	賃加工型下請製造
主取引先	産業機械やプラント機器メーカー
財務内容	売上2億円　資本金記述なし
従業員数	正規・非正規別記なし　合計24名
組織	
	営　業（社長・常務），経理担当1名，設計担当1名
	製造部　20名
	・機械加工班10名 部品加工（比較的小物でロットサイズ大きいもの）
	・製缶板金班10名 鋼板加工（大型で多品種少量の鋼材・鋼板加工） 農業機械のフレーム，建設機械のバケット，産業機械の本体カバー等 鋼板加工機械
業務の流れ	
	社長・常務が受注→作業者に直接生産指示 →取引先との打ち合わせは作業者が直接実施

<table>
<tr><td rowspan="1">事例企業の概要</td><td colspan="2">新規事業
「CNC木工加工機」
3次元CADで3次元データを利用して3次元形状加工ができる小型・精密木工加工機
→営業ノウハウ，販売チャネルなし
→展示会出展（実演，多様な質問に対する説明で信頼を得る）
→2社から受注，本格生産スタート，今後改良，新機種開発予定
→HP，インターネットで広くアピール検討中
→生産
機械加工班：内部部品加工
製缶板金班：制御装置収納ケース等の鋼板加工と本体塗装
これらに，CNC制御装置を含めて両部連携して組立
最終検査は設計担当者が行う</td></tr>
<tr><td rowspan="2">SWOT</td><td>強み
○CAD等IT技能のある常務（後継者あり）</td><td>機会
○新規事業が有望</td></tr>
<tr><td>弱み
○機械の専任担当制（他の機械を操作できない者が多い）
○機械の操作方法や加工方法のマニュアル化・標準化が進められていない
○新規営業ノウハウ，マーケティングノウハウ，販売チャネルない</td><td>脅威
○現事業の受注量減少，受注単価値引き要請厳しい</td></tr>
</table>

3 全体観

与件文は，図表が無く，本文だけで2ページ余りと例年に比べ少なめでした。また，賃加工業であるため，製造工程もシンプルで，読みやすい内容でした。

C社は，顧客から材料や部品の支給を受ける賃加工製造業です。下請であることから，積極的な営業活動が必要ありませんでした。しかし，近年，受注量の減少に加えて値引き要請も厳しくなってきたため，新規事業化を模索していました。そこで，CAD等のIT技能を備えた社長の長男である常務が，異業種交流会で木材加工企業のニーズを耳にしたことから，CNC木工加工機を開発しました。

営業スキルや販売チャネルはなかったのですが，木工機械展示会を通じて，来展者からの評価と受注を得ることに成功しました。さらなる事業化のため，製造部の生産能力の向上，生産管理体制の構築，ホームページを活用した受注活動，そして，改良や新機種開発への社内および社外との協力体制を整えて成長しようとしています。

設問の構成は次のとおりです。

第1問　30点　140字　生産管理上の課題と対応策
第2問　20点　120字　生産能力を向上させるための課題と対応策
第3問　20点　160字　ホームページの活用方法，受注獲得のための社内対応策
第4問　30点　140字　新規事業の高付加価値を進めるための製品，サービス方策

今回は，事例Ⅲの第1問の鉄板である事例企業の「強み」，「弱み」が問われなかったり，まるで事例Ⅱのようにホームページの活用が問われたり，社長のワガママともいえるムチャ振りの制約条件に沿った解答が求められたりと受験生をびっくりさせる仕掛けがなされていました。

ただ，構成は複雑でなく与件文からの抜き出しで解答できる問題が多いので，いつも通りSWOTをキチンと行って対応できれば，第1問，第2問は確実に取れる問題です。第3問の社内対応策は，少し難易度が高く，ホームページにアクセスした潜在顧客への対応，ニーズを実現させるために必要なことを，イメージし助言できるかどうかがポイントとなります。第4問は，現在の生産管理体制，生産能力の向上，そしてホームページ活用等，第1問から第3問の課題を解決した後のC社の進むべき方向を問う事例Ⅲの定番の設問ですが，制約条件が厳しく，これも難問と言えると思います。

与件文から現在の業務の問題点を洗い出し，丁寧に読み解けばなんとか合格点にはたどり着ける事例です。設問の制約にしっかり注意して答案を作成していきましょう。

4 設問毎の答案・解説

第1問（配点　30点）

CNC木工加工機の生産販売を進めるために検討すべき生産管理上の課題と

その対応策を140字以内で述べよ。

【橋詰がたどり着いた答案】

「生産管理上の課題は，従来連携の無かった部門間や担当者間の連携を円滑に融合させ効率的な生産体制を構築することである。対応策は，受注から納品までの工程全体の管理担当者を定め全体最適を図り，機械加工班・製缶板金班・外部調達の工程・納品計画を管理し円滑な協働組立作業を進める，ことである。」（140字）

解　説

新規事業のために見直すべき，生産管理体制を問う問題です。定番のSWOT分析が出なかったためビックリされた方も多かったと思います。課題と対応策はSWOTによる現状分析を行った上で，「あるべき姿」とのギャップを埋めるために抽出し・考えるものですので，セオリー通り対応すればそんなに難しくはないと思います。

あるべき「新規事業の生産管理体制」を想定し，その上で現状の生産管理体制で改善していかなければならない事項を考えていきます。CNC木工加工機で求められる生産管理体制は，第14段落の「これまでの製造部では専任担当制で作業者間の連携が少なかったが，この新規事業では，機械加工班と製缶板金班が同じCNC木工加工機の部品加工，組み立てに関わることとなる。」との記載から，各機械作業者だけでなく，「機械加工班と製缶板金班両部門とが協力して生産できる生産体制づくり」が必要であることが読み取れます。

それに対し，現在の生産管理体制は，第8段落に「受注窓口である社長と常務から，担当する製造部の作業者に直接生産指示が行われる。」とあることや，具体的な打ち合わせは，顧客と各機械担当作業者が直接行っていること，第14段落に「これまで製造部では専任担当者制で作業者間の連携が少なかった」と記載されていることから，組織的に生産管理が行われているのではなく，各機械担当作業者が個々に，受注情報や顧客との直接の打合せを基に，生産，納期管理を行っていると読み取れます。従って，対応策は，連携体制構築のための具体策としての工程管理や納品管理等全体最適を図る施策を書いていくのが良いと思います。

注意しなければいけないのは，いわゆるレイヤーを誤らないことです。設問文で，「CNC木工加工機の生産販売」と記載されているので，単なる生産だけ，販売だけといったオペレーションレベルでなく，生産，販売に至る経営管理レベルでの答案が求められます。従って，この設問では，「マニュアル化する」とか「標準化する」といった具体的な打ち手の答案とはならないことに注意しましょう。

第2問（配点　20点）

C社社長は，現在の生産業務を整備して生産能力を向上させ，それによって生じる余力をCNC木工加工機の生産に充てたいと考えている。それを実現するための課題とその対応策について120字以内で述べよ。

【橋詰がたどり着いた答案】
「課題は，作業者の多能工化と他班との連携による効率的生産体制の構築である。対応策は，機械の操作方法や加工技術情報をマニュアル化・標準化により共有化し，作業者への研修等による修得や人事交流等を通じ複数作業実施可能な体制を構築することである。」（118字）

解　説

第1問に続き，「課題と対応策」を問う問題です。ただ，今回は「オペレーションレベル」です。

第6段落から，現在は「機械の専任担当制」をとっていることがわかります。この専任担当者制により，顧客の要求する加工精度を保つことができました。しかし，①「担当している機械の他は操作ができない作業者が多い。」，②各機械の操作方法や加工方法に関する技術情報は各専任作業者それぞれが保有し，標準化やマニュアル化が進められていない。」，③「作業者間の連携が少なかった」（第14段落）とあるなど，効率化の余地は十分ありそうです。従って，新規事業を進めるために①～③を改善し，生産能力を向上させることが必要になります。ここで，1次試験知識から，①の改善策として，「多能工化」，②の改善策として，「標準化」，「マニュアル化」，「共有化」，が考えられます。そして，③の改善策として，連携が少なければ，研修や人事等を通じた交流により，協力体制を構築することが考えられました。

第3問（配点　20点）

C社では，ホームページを活用したCNC木工加工機の受注拡大を考えている。展示会での成功を参考に，潜在的顧客を獲得するためのホームページの活用方法，潜在顧客を受注に結び付けるための社内対応策を160字以内で述べよ。

【橋詰がたどり着いた答案】

「活用方法は，新事業特設ページを作成し，①加工実演動画の設置，②新事業へのQ&Aやお問い合わせ欄の掲載等，製品のPRを行うとともに，双方向のコミュニケーションを可能にすることである。社内対応策は，ホームページの対応技術者を定め，アクセスへの迅速な対応や顧客ニーズを営業担当者に結び付けられる社内連携体制を構築することである。」（159字）

解　説

ホームページの活用法と社内対応策を問う問題です。ただし，制約条件として「展示会での成功を参考に，潜在的顧客を獲得するための」とあるのがクセモノです。従来型の一方通行の宣伝は，顕在化したニーズ（顕在的顧客）獲得手段です。「潜在的顧客」を掘り起こすためには「相手の声に応える『双方向コミュニケーション』でなければなりません。そして，「展示会での成功を参考に」ということから，第12段落の①精密加工の内容を理解してもらうための「CNC木工加工機の実演」，②「プログラムの作成方法，プログラムの提供の可能性，駆動部や刃物のメンテナンス方法，加工可能な材料などに関する質問が多くあり，それに応えることで，CNC木工加工機の加工精度や操作性，メンテナンスの容易性が来展者から評価されたこと」をホームページで実現することが求められます。従って，ホームページの活用方法は，①CNC木工加工機の実演を「動画で提供」し，②質問と回答は，「Q&Aやお問い合わせ欄への掲載」が考えられます。さらに，お問い合わせ欄に投稿された潜在的顧客からの声に応えるというC社と潜在的顧客とのコミュニケーションを通じて，展示会でも経験した信頼関係が構築されることとなると思います。

社内対応策は，折角ホームページで獲得した潜在的顧客の質問等に，迅速かつ確実に対応するために，対応者を置き，社内での情報利用だけでなく，潜在顧客を受注に結び付けるためにも営業担当者へバトンタッチできる社内手順や連携体制の構築が考えられると思います。

ただ，この設問は制約条件や後半部の想像力をはたらかせる必要性から難しかったと思います。「半分取れれば良し」とする設問かもしれません。ITに詳しい方であればもっと異なるアイデアが出るかもしれませんが，あまりマニアックな提案をすると採点者に理解されない恐れもあります。そして，あくまで「社内」の対応策であることも忘れずに。

第4問（配点30点）

C社社長は，今後大きな設備投資や人員増をせずに，高付加価値なCNC木工加工機事業を進めたいと思っている。これを実現するためには，製品やサービスについてどのような方策が考えられるか，140字以内で述べよ。

【橋詰がたどり着いた答案】

「方策は，今回受注の木工加工関連企業の意見を取り入れ，製品面では業界のニーズに合った製品の改良や新機種開発を進めるとともに，サービス面ではプログラムの共同開発や提供，メンテナンス等のアフターサービスを実施しつつ業界との繋がりを強め，新事業展開のノウハウとして活かしていくことである。」（140字）

解　説

C社社長はワガママです。大きな設備投資や人員増をしないという制約条件の下で，「製品」面と「サービス」面でCNC木工加工機の高付加価値化を進める方策を望んでいます。経営資源は一般的に「ヒト」「モノ」，「カネ」，「情報・ノウハウ」と言われてますが，社長のワガママをかなえるためには，「ヒト」と「情報・ノウハウ」を使った対応策を探すこととなろうかと思います。

これが事例Ⅱであれば，「この加工機を使って工芸品やお土産も作れます。村おこしにいかがでしょう?」とでも提案するのでしょうが，与件文の片隅にもないので，マーケティング的な思い付きを提案するわけにもいきません。あくまで事例Ⅲですので，CNC木工加工機の高付加価値化には，CNC木工加工機の改良や新機種の開発を進める必要があります。ここで，CNC木工加工機の改良や新機種の開発には，顧客企業の不満，必要な機能等のニーズ情報が必要になりますので，外部協力者との連携も含めた方策が考えられます。

「木工加工関連企業とのつながりも情報もなく，積極的な新規顧客獲得のための営業活動の経験不足，販売やマーケティングに関するノウハウがなく，販売チャネルもない」C社でしたが，木工機械展示会出展での「ヒト」のご縁により，木工加工関連企業とのつながりができています。まずは，このつながりを通じて得た情報・質問内容・ニーズを活用するような方策が考えられます。

製品面では木工加工関連企業からの意見やニーズを改良や新機種の開発に活かすことができますし，サービス面でも木工加工関連企業と協力したプログラムの作成や提供，メンテナンスに関するサービスを提供するということが提案できると思います。

こんなワガママに応えてあげるのですから，診断士報酬を上げていただくことも「大きな設備投資も人員増も必要無い対応策になる」と考えていただけるとありがたいのですが‥‥。

平成28年事例Ⅲ

【C社の概要】

C社は，調理用のカット野菜を生産，販売している。C社は，2013年に野菜を栽培するX農業法人から分離し，設立された企業である。販売先は総菜メーカーや冷凍食品メーカーが中心で，主に量産される総菜などの原材料となるカット野菜を受注生産し，年商は約2億円である。

カット野菜とは，皮むき，切断，スライス，整形など生野菜を料理素材として下処理した加工製品である。外食産業や総菜メーカーなど向けの千切り，角切りなどに加工された製品が需要の中心で，最近ではスーパーマーケットやコンビニエンスストアなどで販売されている袋に入ったサラダやカップサラダにも広がっている。国内の野菜需要全体に占めるカット野菜需要の割合は年々増加している。

カット野菜は，販売先の意向を受けて，野菜の流通を担っている卸売業者や仲卸業者が，野菜の販売方法の一つとして始めたと言われている。またカット野菜は，販売先から要望される通年納品に応えるため，常に一定量の野菜を確保する必要がある。そのため同業者の多くが野菜の調達能力が高い卸売業者や仲卸業者である。

X農業法人では，市場に出荷できない規格外野菜の有効活用を目的として2000年からカット野菜の加工を始めたが，その後受注量が増加したため，仕入単価の高い市場規格品の使用や他産地からの仕入れも必要となり，原材料費率が大きく増加した。そこで事業収支を明確にし，収益性の向上に努めて加工事業として確立するために分離し，X農業法人の100％出資子会社としてC社が設立された。C社の設立当時作成された社内コスト管理資料（次ページ表1）では，予想されていた以上の原材料費と労務費の上昇によって限界利益がマイナスとなっていることが判明し，この傾向は今でも改善されていない。これは，X農業法人から独立し改善に向けて努力しているものの，いまだに効果的な生産管理が組織的に行われていないことによる。

工場操業状況は，規格外野菜を主に原料として利用していた時には収穫時期から約半年間の季節操業となっていたが，市場規格品の使用や他産地からの仕入れによって工場操業期間は長くなったものの，C社に受け継がれた後でもまだ約3カ月の休業期間が例年生じている。販売先からは通年取引の要望がある。

C社の組織は，X農業法人時代の加工部門責任者が社長となり，製造3グループと総務グループで構成されている。社長は，全体の経営管理の他に営業活動も担っている。各製造グループには責任者として正社員の製造リーダー1名が配置され，合計25名のパート社員が3つの製造グループに配置されている。X農業法人時代から同じ製造グループに勤めているパート社員が多く，他の製造グループへの移動はない。総務グループは，正社員1名とパート社員2名で構成されている。

現在取引関係にある顧客や関連する業界から，C社とX農業法人との関係に注目した新たな取引の要望がある。その中でC社社長が有望と考えている二つの新事業がある。一つは，カット野菜を原料としたソースや乾燥野菜などの高付加価値製品の事業であり，設備投資を必要とする事業である。もう一つは，新鮮さを売りものにしている中小地場スーパーマーケットなどから要望がある一般消費者向けのサラダ用や調理用のカット野菜パックの事業であり，現在の製造工程を利用できる事業である。

C社社長は，まず現状の生産管理を見直し，早急に収益改善を図ることを第1の目標としているが，それが達成された後には新事業に着手してさらなる収益拡大を目指すことを考えている。

【表1】C社作成の社内コスト管理資料

		構成比(%)
売上高		100.0
変動費	原材料費	66.8
	労務費	28.1
	荷造運賃	9.0
	水道光熱費	5.4
	その他変動費	2.1
	変動費計	111.4
限界利益		▲11.4
固定費	人件費	5.8
	修繕費	2.4
	減価償却費	5.1
	その他固定費	2.8
	固定費計	16.1
営業利益		▲27.5

【表2】C社の年間クレーム件数

クレーム項目	件数	構成比(%)
カット形状不均一	54	50.5
鮮度劣化	21	19.6
異物混入	11	10.3
色合い不均一	8	7.5
異臭	4	3.7
その他	9	8.4
計	107	100.0

【生産概要】

C社のカット野菜製造工程は，顧客別に編成・グループ化され，現在3つの製造グループで製造を行っている。各製造グループでは主に素材選別，皮むき，カット，洗浄，計量・パック・検査，出荷の各工程を持っている。各製造グループは，生産高を日常の管理項目として管理してきた。

顧客からの注文は，各製造グループに直接入り，各製造グループで各々生産計画を立て，原材料調達から出荷まで行っている。製造グループごとの生産管理によって，同種類の原材料調達における単価の差異，加工ロスによる歩留りの低下，出荷のための輸送費用のロス，製造グループ間での作業員の移動の制限などがみられる。

製造部門の大きな問題は品質不良であり，前ページの表2に示すような製品クレームが発生している。その原因を製造3グループ全員でブレーンストーミングし，作成した特性要因図が図1である。

また食品工場としての施設・設備面などの衛生管理，作業方法などの衛生管理，どちらの管理レベルにも課題があり，販売先からの改善要求もある。

【図1】C社作成の加工不良に関する特性要因図

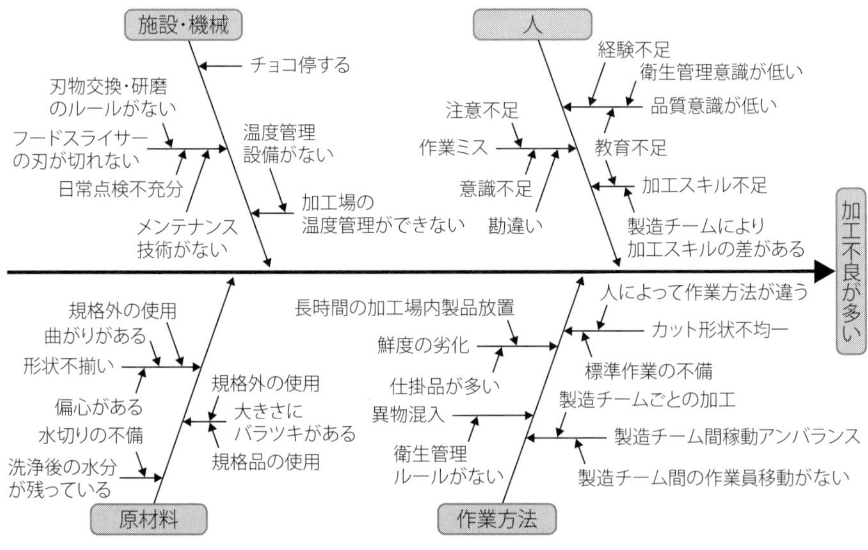

1 事例のテーマ

「品質に課題を抱える食品加工業者が，生産管理プロセスを見直して製品品質を向上し，新事業参入により収益改善を図る事例」

2 与件文の整理

事例企業の概要

業　　種　調理用カット野菜生産，販売
主力商品　外食産業・惣菜向千切り，角切り野菜
　　　　　スーパー，コンビニ向サラダ野菜
財務内容　売上2億円　資本金　不明
　　　　　（X農業法人100%子会社）
従業員数　正規4名，非正規77名　合計81名
操　　業　受注生産。当初は，半年の季節操業→9カ月
　　　　　（規格外野菜の転用目的のため）
組　　織　社長　経営管理・営業
　　　　　製造3グループ
　　　　　　正社員の製造リーダー1名
　　　　　　+各25名のパート社員
　　　　　　（他グループへの異動は無い）
　　　　　総務　正社員1名，パート社員2名
業務の流れ
　各製造Grで直接受注→生産計画→原材料調達→皮むき→切断・スライス→整形・洗浄・計量・パック→検査・出荷。
　目標設定は「生産高」
時系列の出来事
　2000年
　　X農業法人が規格外野菜の有効活用を目的として開始
　　→受注量増加に伴い仕入単価高い規格品や他産地からの仕入も必要となり原材料比率が増加
　2013年
　　事業収支の明確化，収益性の向上のためX農業法人から分離，設立
課　　題　現状の生産管理見直し，早急な収益改善
　　　　　品質不良の改善

SWOT		
	強み ○農業法人X社の子会社として，安価な規格外野菜の供給を受けられることや，経営支援を受けられること	機会 ○需要は年々増加。通年取引のニーズ，新取引要望 ①高付加価値製品事業 （カット野菜原料のソース，乾燥野菜） →要設備投資 ②一般消費者向けサラダ・調理用カット野菜 パック事業 →設備投資不要
	弱み ○限界利益マイナス（予想以上の原材料費，労務費上昇が原因） →効果的な生産管理が組織的に行われていない ○9ヶ月営業（毎年3ヶ月の休業期間）同種類原材料の単価差異，加工ロスによる歩留まり低下，輸送費用ロス，作業員の移動の制限，加工不良が多い ○ルール無い，温度管理無い，メンテナンス無い ○大きさのバラツキ，加工手順，仕掛品多い，作業ミス，教育不足，チームごとスキル差，衛生管理・品質管理意識が低い，製品放置，稼動アンバランス，作業方法の差異	脅威 ○数多くのクレーム

3 全体観

与件文は図表をいれて3ページと例年並みです。事例Ⅲも図表入りというのが定着してきました。ただ，「品質に問題あり」という事例は，ほとんど見たことがありません。よく，受験生の間で「事例のモデル企業探し」なんてされていますが，C社についてだけは知らない方が良さそうです。残念ながら，食品を取り扱わせたくないレベルです。農業法人X社が副次的事業として始めたC社ですが，一元的管理ができてないので赤字体質になってしまっています。キチンと社内の管理体制を構築することにより事業として立て直した上で，新事業に乗り出したいようです。

設問の構成は次の通りです。

第1問　20点　40字×2　C社の強み・弱み
第2問　30点　160字　　収益改善のための生産管理上の施策
第3問　20点　120字　　最も効率的なクレーム改善策
第4問　30点　160字　　改善後に選択すべき新事業

というように，SWOTから改善策に発展し新事業に向かう，よくあるパターンの問題構成です。第3問が受験生のコンサルタントとしての資質を問うようなクセモノ問題ですが，ほかの問題は，丁寧に与件文を分析していけば解ける問題です。

4 設問ごとの答案・解説

第1問（配点20点）

カット野菜業界におけるC社の（a）強みと（b）弱みを，それぞれ40字以内で述べよ。

【橋詰がたどりついた答案】

（a）強み

「X社100％子会社として，安価な規格外野菜が調達できることや経営支援を受けられること。」(40字)

（b）弱み

「効果的な生産・コスト管理の組織的未実施，品質管理レベルが低く，通年操業でないこと。」(40字)

解　説

抜出系の問題です。強みは第4段落の記述全体から読み取られる農業法人X社の100％子会社としての調達面，支援面のメリットであり，弱みも第4段落に明記されていることと，第5段落の休業期間，第11段落の品質不良です。この問題は字数が少ないので，骨子そのものが答案になります。

第2問（配点30点）

現在C社が抱えている最大の経営課題は，収益改善を早急に図ることである。生産管理面での対応策を160字以内で述べよ。

【橋詰がたどりついた答案】
「対応策は，現在グループごとに行っている受注，生産計画，原材料調達，出荷を専門部署で一元的に行い，原材料の一括調達による単価の統一と大量購入による引き下げ，加工ロスの防止による歩留まりの向上，出荷作業の効率化による輸送費用の低減化，作業員移動の円滑化等により原材料費・労務費・荷造運賃等費用の低減化を進めることである。」（158字）

解　説

第10段落の業務をグループごとに独立してやっていることが，不効率の原因です。第10段落をほぼ抜き出して，一元管理することによるコストダウン面のメリットを記述していきます。専門的部署で一元的に管理して余力のあるラインに効率的に生産させることにより，原材料費・労務費・輸送コストを引き下げ，収益改善につながるということになります。

第3問（配点20点）

C社では，クレームを削減する改善活動を計画している。このクレーム改善活動を最も効果的に実施するために，着目するクレーム内容，それを解決するための具体的対応策を120字以内で述べよ。

【橋詰がたどりついた答案】
「管理項目を品質管理とし，「カット形状・色合いの不均一」に着目し加工レベル平準化・スキル向上，「鮮度劣化・異物混入・異臭」に着目し衛生・品質管理意識・レベル向上で対応のため，作業ルール化・マニュアル化・標準化，全社研修，小集団活動の実施を提案。」（120字）

解　説

この問題が一番の難問です。橋詰は，この問題の解答の仕方により，コンサルタントとしての資質が問われる問題とも考えています。まず，「カット形状の不均一」が最も多いクレーム項目ですが，これだけを解決した答案を書くのであればコンサルタント失格です。「鮮度劣化」，「異物混入」，「異臭」の一つでも明るみに出て健康被害でも出せば，食品産業としての明日はありません。X農業法人ともども市場から退場になります。「効率的に」なんて言っている場合じゃありません。常識的に考えれば，数の問題でなく，対応の優先順位は「品質異常」>「不均一」です。そこに，この問題の意地悪な点があります。ワザと「品質異常」を下位に位置付けたうえで，項目をあげています。他の設問で衛生面を解決提案をするような問題もなく，見過ごすにはあまりに重い。やはり，この設問で解決した方が良さそうです。橋詰は，管理項目に注目しました。まずは，管理項目＝生産高→管理項目＝品質と変えること。「たくさん作る！」が目標だと仕事が雑になります。やっぱり，「丁寧に作る！」。みんなのスキルを持ち寄れば，効率的な会社の加工ノウハウだってできる。それをマニュアル化・標準化すればクレームもなくなる。そういった意識を社員全員で高めあう。そんな活動をやっていけば，効率的にクレームをなくせます。それに従って，ルール化・マニュアル化・標準化や全社での研修や小集団活動の実施を進めていくことにより，オペレーションレベルでの全社的スキルアップや品質の統一を図るとともに食品に対する衛生意識や品質意識を徹底させていくのです。そして，「不均一」には，加工レベルの平準化・スキル向上で対応して，「品質異常」には衛生・品質管理意識・レベル向上で対応するということになります。

第4問（配点30点）

C社社長は，経営体質の強化を目指し，今後カット野菜の新事業による収益拡大を狙っている。またその内容は，顧客からの新たな取引の要望，およびC社の生産管理レベルや経営資源などを勘案して計画しようとしている。この計画について，中小企業診断士としてどのような新事業を提案するか，その理由，その事業を成功に導くために必要な社内対応策とともに160字以内で述べよ。

【橋詰がたどりついた答案】

「一般消費者向けカット野菜パック事業を提案する。理由は，①安価な規格外の野菜調達能力があること②既存加工ノウハウを活かせること③設備投資なく固定費増加を防げること，である。対応策は，①効果的な生産管理の組織的実施②作業のルール化，マニュアル化，標準化③グループを超えた研修や小集団活動④作業効率化による短納期実現，である。」(160字)

解　説

最後の問題は，まとめの問題です。新事業進出の鉄則は「リスクとシナジー」。リスクは極小にした上で，当社の強みを活かせる事業を選択する。となれば，橋詰は「カット野菜パック事業」を選択します。また，「C社の生産管理レベルや経営資源などを勘案して」との制約条件があるので，C社の経営資源（強み）である規格外野菜の調達能力，加工ノウハウを活かせるということが言えます。ソースや乾燥野菜の事業はノウハウがない上に設備投資により財務内容を悪化させるので，とてもこの管理レベルの会社にはリスクが高すぎて提案できません。また，カット野菜事業を成功させるためには，C社がこれまでの設問で解決しようとしていることに併せて，「新鮮さ」がモットーであることから，短納期化や通年営業が不可欠になってきますので，これらを列挙することになります。

平成27年事例Ⅲ

【C社の概要】

C社は，建設資材を主体に農業機械部品や産業機械部品などの鋳物製品を生産，販売している。建設資材の大部分は下水道や，埋設された電気・通信ケーブル用のマンホールの蓋である。農業機械部品はトラクターの駆動関連部品，産業機械部品はブルドーザーやフォークリフト，工作機械の構造関連部品などである。取引先は，マンホール蓋については土木建設企業，農業機械部品や産業機械部品については各部品メーカーである。

C社はマンホール蓋などの鋳物工場として1954年に創業した。会社組織は営業部，設計部，製造部，総務部からなっている。現在の従業員数は50名，一般に3K職場といわれる作業環境が影響して若手人材確保が難しく，高齢化が進んでいる。年商は約10億円である。

公共事業予算の縮小や海外製品との競争激化などの影響を受け，マンホール蓋の受注量が減少し，売上高が低迷した時期があった。その対応としてC社では，中小鋳物工場が減少するなか，積極的に鋳造工程の生産能力の増強を進めるとともに，機械加工工程と塗装工程の新設により一貫生産体制を確立することで，農業機械部品と産業機械部品の受注獲得に成功した。その際，鋳造技術に精通した中堅エンジニア3名を社内から選抜して営業部をつくり，新市場の開拓を行わせたことも大きな力となった。

現在の売上構成比は，建設資材55％，農業機械部品30％，産業機械部品15％となっている。農業機械部品と産業機械部品の受注量は増加傾向にあるが，これらの部品では顧客からの軽量化，複雑形状化要求が強くなっていて，鋳造技術の向上が求められている。

さらに現在，自動車部品2次下請企業でもある産業機械部品の取引先から，C社としては新規受注となる自動車部品の生産依頼があり，その獲得に向けて検討を進めている。

【C社の生産概要】

工程は図1に示すように鋳造工程，後処理工程，機械加工工程，塗装工程，検査発送工程の5工程である。

主要製品のマンホール蓋は，地方公共団体や通信会社などの事業主体ごとに仕様が異なるため品種が多く，さらにこれら事業主体の予算確定後，C社に発注が行われるため受注量の季節変動が大きい。このため，営業部で得ている顧客情報の予想を基に需要の多い規格品などについてはあらかじめ見込生産し，

【図1】C社の生産工程

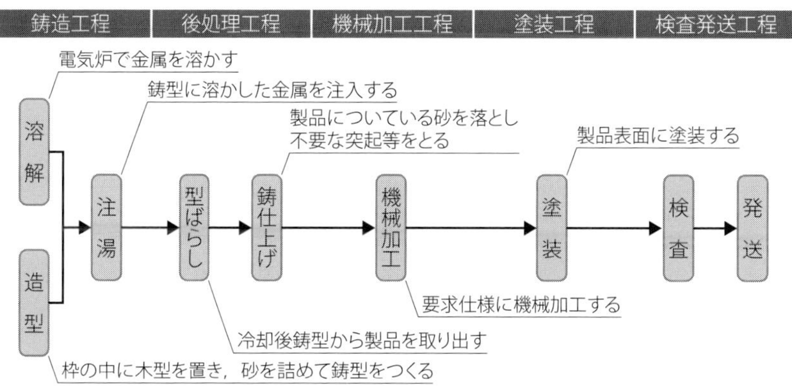

受注が確定すると在庫品から納品する。一方，農業機械部品や産業機械部品は取引先からの受注が確定した製品を生産している。

生産計画は，鋳造工程の計画のみが立案される。その立案方法は，まず受注内容が確定した製品について納期を基準に計画し，さらに余力部分にマンホール蓋などの見込生産品を加えて作成する。鋳造工程以降の後処理工程，機械加工工程，塗装工程，検査発送工程は，前工程から運搬されてきた仕掛品の品種，数量を確認した上で，段取り回数が最小になるようそれぞれの工程担当者が加工順を決めている。1日4回（4ロット）の鋳造作業が行われているが，農業機械部品や産業機械部品の納期遅延が生じている。その対策の1つとしてC社では，受注処理，生産計画，生産統制，在庫管理などを統合したIT化の検討を進めている。

新規受注の問い合わせがあった場合は，営業部が顧客と技術的な打ち合わせを行い顧客の要望を把握し，その内容を設計部に伝え図面等仕様書を作成する。その仕様書が顧客と合意されると，製造部に引き渡して生産準備し，生産計画に織り込んで，資材調達の後製造される。

【改善チームによる調査結果】

C社では現在，自動車部品の新規受注を目指して，製造部内に改善チームをつくり，生産能力向上を目的とした改善活動を実施している。

それによると，製造現場では，鋳造工程後の仕掛品が多く，その置き場に大

【図2】主力マンホール蓋1ロット当たりの工程別加工時間

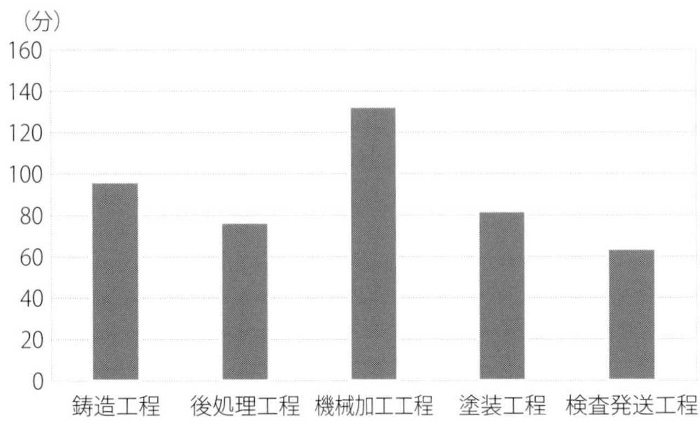

【図3】機械加工工程設備稼動状況

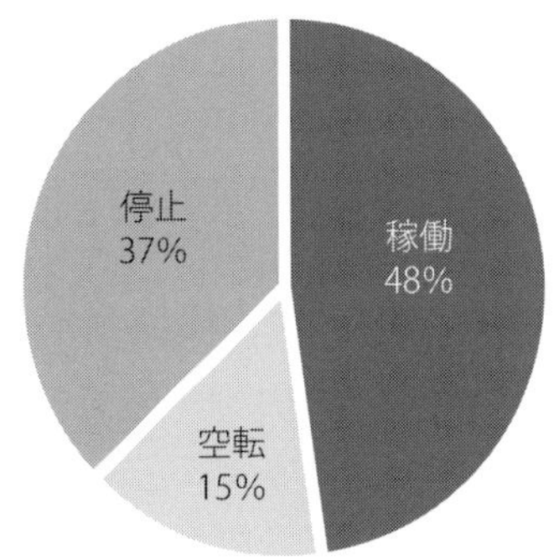

きなスペースが必要になり，フォークリフトによる製品の移動は，散在する仕掛品置き場を避けて走行している。またこの仕掛品によって，多台持ちを行っている機械加工工程の作業についても設備間の移動が非常に困難な状況である。このため，製造リードタイムが長期化し納期遅延が生じる原因となっている。

C社では工場全体の生産能力を鋳造工程の処理能力で把握しており，受注増への対応策として鋳造工程の生産能力増強を特に進めてきた。しかし，改善チームが行ったマンホール蓋の主力製品の工程分析によると，図2に示すように機械加工工程がネック工程となっていた。この結果は他製品の工程分析でも同様の傾向を示していて，機械加工工程の残業が日常的に生じている原因が判明した。

そこで改善チームは，機械加工工程の設備稼働状況を調査し，図3に示す結果を得た。稼働率は48％と低く，非稼働として停止37％，空転15％となっている。停止は，刃物，治具（ジグ）の交換や加工前後の製品運搬，機械調整などの段取り作業を主な要因として生じている。また空転は，加工が終了し製品を脱着する必要があるとき，作業員の作業遅れによって設備が待っている状態により生じている。

1 事例のテーマ

「工程全体の管理を徹底し，ボトルネック工程の改善による全体最適化を行うことで，新事業の成功へ向かわせる事例」

2 与件文の整理

事例企業の概要

業　　種　鋳物製品製造業
主力商品　マンホールの蓋（55%）
　　　　　→土木建設企業へ
　　　　　農業機械部品（30%），産業機械部品（15%）
　　　　　→部品メーカーへ
財務内容　売上10億円　資本金記述なし
従業員数　50名（3K職場で高齢化）
組織と受注の流れ
　営業部　顧客と技術的打ち合わせ，要望把握
　設計部　図面等仕様書作成
　製造部　準備，生産計画，資材調達，生産
　総務部
時系列の出来事
　1954年
　　鋳物（マンホール蓋）工場として創業
　　公共事業縮小，海外との競争激化による低迷した時期有り
　　→生産能力向上，機械加工・塗装工程による一貫生産体制を確立し，農業機械部品。産業機械部品の受注獲得
　　→鋳造技術に精通した中堅エンジニアで営業部を形成し，新規開拓
業務の流れ
　鋳造工程→後処理工程
　→機械加工工程（ボトルネック工程）
　　稼働率48%
　　非稼働　停止37%　段取り作業が主要因
　　　　　　空転15%　作業員の作業遅れによる待ち
　→塗装工程→検査発送工程
製品ごとの特徴
　マンホール蓋　多品種，受注季節変動大きい→規格品は見込み生産
　農業機械部品・産業機械部品は受注生産
生産計画（鋳造工程のみ）
　受注確定品の納期を基準に計画
　（余力にマンホール蓋）

	それ以降は，担当者が加工順を決定 →農業機械部品・産業機械部品の納期遅延発生 →受注・生産計画・生産統制・在庫管理のIT化検討中 改善チーム（自動車部品の新規受注のため。製造部内）	
SWOT	強み ○生産能力向上，機械加工・塗装工程による一貫生産体制確立 ○（自動車部品参入に有用な）駆動・構造部品を作っていること） ○鋳造技術に精通した中堅エンジニアが営業，新市場開拓ができること	機会 ○農業機械部品・産業機械部品受注は増加傾向 →軽量化・複雑形状化要求が強く鋳造技術向上が求められる →自動車部品の新規生産依頼も有り
	弱み ○生産計画が鋳造工程のみ ○鋳造工程より後は担当者が加工順を決定 ○農業機械部品・産業機械部品の納期遅延発生 ○仕掛品置き場が散在 →製品移動や設備間移動の妨げ （←リードタイム長期化，納期遅延の原因） ○生産能力を鋳造工程の処理能力で把握も，ボトルネック工程は機械加工工程	脅威 ○マンホール蓋が，多品種，かつ受注季節変動大きい

3 全体観

与件文は，グラフと図を入れて3ページ半と，本文は例年より少し短いです。工程図を用意されていますし，グラフも一定の方向性の解釈を促してます。事例Ⅲの根幹的テーマである「技術力はある企業がオペレーションの問題点を改善して，新しい事業に向かう」例年通りのオーソドックスな事例です。

マンホール屋さんから脱却すべく，一貫生産体制や技術営業のできる営業部で新規開拓を積極的に行っていますが，鋳造工程だけを一生懸命強化した結果，後の工程に歪みが生じ機械加工工程がボトルネック工程になっています。

そんなところに，自動車部品の新事業の依頼があり，プロジェクトチームを組んで改善に取り組んでますが，幸いにもボトルネック工程である機械加工工程の加工時間を半減すれば各工程のバランスは取れるとともに，その時間を半減するために改善すべき原因も明確です。そのための改善策を一つ一つ丁寧に示してあげる事例です。

設問の構成は次の通りです。

第1問　40点			
設問1		40字×2	自動車部品分野に参入の際の強み
設問2		100字	自動車部品分野参入のメリット
設問3		100字	短納期化のための改善策
第2問	20点	100字	鋳造工程優先の設備投資に伴う問題点と改善策
第3問	20点	120字	生産管理のIT化のための納期管理手法と活用すべき情報
第4問	20点	140字	国際競争のなか国内生産維持の為強化すべき点とその理由

と，強みと問題点の指摘，めざすべき方向と改善策を解答させる出題構成です。

設問ごとの難易度は，第1問の設問1，設問3と第2問，第4問は確実に取りたい問題です。第1問設問3は本事例のまとめ的な問題であり，最後に解きたい問題です。第3問は情報項目列挙で部分点を狙う問題と思われます。

「要素の切り分けが難しい」という声が結構ありました。試験テクニックの観点からは，「Aの要素は第X問で使ったから，第Y問では使えない」と考えるかもしれませんが，コンサルティングの観点からいえば，一つの原因の解決がいくつかの課題の解決につながることは日常茶飯事です。2次試験はコンサルティングの試験なのですから，無理に切り分けにこだわることなく，自信を持って重複してかまわないと思います。出題者も，ワザとそう仕向けている(受験テクニックよりも，本当の判断力を問う）意図が見受けられます。

4 設問ごとの答案・解説

第1問（配点40点）

C社では，現在取引している産業機械部品メーカーから新規に自動車部品の生産依頼があり，新規受注の獲得に向けて検討している。この計画について以下の設問に答えよ。

設問1

C社が自動車部品分野に参入する場合，強みとなる点を2つあげ，それぞれ40字以内で述べよ。

【橋詰がたどりついた答案】
「自動車部品製造に有用な駆動・構造関連部品を作り，一貫生産体制を確立していること。」(40字)
「鋳造技術に精通している中堅エンジニアが営業部を構成しており新市場開拓ができること。」(40字)

解　説

「C社の概要」の1～3段落からの抜き出しです。基本は，①一貫生産体制，②技術営業のできる営業部です。ただ，「自動車部品分野に参入する場合」の強みなので「駆動関連部品」「構造関連部品」を既に作っていることも拾いたいところです。また，営業部門では「新市場開拓」のアクションを起せるところも入れられると良いですね。この問題は，確実に取りたい問題です。

設問2

自動車部品の受注獲得は，C社にとってどのようなメリットがあるのか100字以内で述べよ。

【橋詰がたどりついた答案】
「メリットは，①建設資材に偏った事業構造の多様化による改善，②公共事業低迷や海外との競争激化の中で受注の安定，③既取引先との関係強化，④短納期化や業務の効率化等の契機とすることができる，ことである。」(98字)

解 説

まず，C社の事業構造をみると，建設資材が55%，農業機械部品30%，産業機械部品15%と一事業に依存した事業構造となってます。新事業分野の受注は，単純に言っても事業ポートフォリオの改善になります。また，マンホール事業は海外との競争の激しい季節性の高い不安定な事業ですので，安定受注につながります。そして，産業機械部品の既存取引先からの依頼に応えることができる話なので，既取引先との関係強化につながります。

加えて，昨年に引き続き同じ論点が求められています。「新しい事業に向かうためのオペレーション改善取組自体」を新事業のメリットとして指摘する，「鶏が先か卵が先か」というような論点も，今回取り上げるべきメリットと考えます。

このように，事例問題では「新規プロジェクトのメリット」を問われることが多いのですが，メリットは決して一つではありません。「経営」には常に多面的な視点が求められます。

設問3

自動車部品の受注獲得には，自動車業界で要求される短納期に対応する必要がある。そのためにはどのような改善策が必要なのか，100字以内で述べよ。

【橋詰がたどりついた答案】

「改善策は，①仕掛品置き場の集中による製品や工員の移動動線の合理化，②外段取り化や工員の動作研究による作業の効率化による機械加工工程の効率化，③全工程の生産計画・業務一元管理による全体最適化，である。」(99字)

解 説

まず，与件文の【改善チームによる調査結果】の2段落に「製造リードタイムが長期化し納期遅延が生じる原因」として，はっきり記述されている「散在する仕掛品置き場を避けて移動しなければならない状況」は，改善すべき第1点です。これは，製品や工員の移動動線を合理化した上で，仕掛品置き場を整備集中できるよう置き場所を決めることで，改善できます。また，ボトルネック工程である機械加工工程を短縮化できれば，当然納期短縮につながります。ここで，機械加工工程は段取り作業（段取り作業で止まっているということは内段取りですね），作業員の作業遅れにより半分動いていない状態なので，現在内段取りでやっている作業の外段取り化や動作研究による作業の効率化により改善できます。そして，短納期化を図るためには生産計画・生産統制が不可欠なので，「全工程の生産計画・業務一元管理による全体最適化」ということに言及せざるをえません。

ただ，これは第2問の解答も混ざっているので，「切り分け」に迷った方もあるでしょうが，どちらにも記述すべき事項なので，重複させて問題ありません。これらを100字以内でまとめると，答案にたどりつきます。この問題は，一番最後にやった方が良いですね。

第2問（配点20点）

C社の設備投資は鋳造工程が優先されてきた。これによって生産工程に生じている問題点と，その改善策を100字以内で述べよ。

【橋詰がたどりついた答案】

「問題点は，鋳造工程の生産力向上に以降の工程が連携できず機械加工工程がボトルネック工程となっていることである。改善策は，段取りの外段取り化や工員の動作研究で作業を効率化する等機械加工工程の効率化である。」

（100字）

解　説

鋳造工程優先の生産能力増強で，次の後処理工程は何とかついて行っているものの，その次の機械加工工程の処理能力が追いつかずボトルネック工程になってしまい，その直前に仕掛品在庫が溜まってしまいました。その結果，在庫の置き場に困って工場内に散在させてしまい，作業動線の阻害要因となり，納期遅延要因（問題点）となっています。

ここで，グラフを見ると機械加工工程だけが他の工程の倍の時間を要していることを示しているので，機械加工工程を半減できれば各工程の時間が概ね同じぐらいとなり，モノの流れがスムーズに流れることになります。この機械加工工程の稼働率は48％と計ったように半分しか稼働していないので，不稼働の要因をつぶしていけば，稼働率が概ね倍になり，必要稼働時間が半減する仕掛けになっています。ここで，不稼働時間52％の要因は，停止37％，空転15％で，停止の要因は段取りのための時間（すなわち，内段取りをしているということです），空転の要因は作業員の作業の遅れです。従って，改善策は，「段取りの外段取り化による効率化と作業員の動作研究による作業の効率化」ということになります。

第3問（配点20点）

C社は，納期遅延の解消を目的に生産管理のIT化を計画している。それには，どのように納期管理をし，その際，どのような情報を活用していくべきか，120字以内で述べよ。

【橋詰がたどりついた答案】
「全工程をシステム登録し，工程毎の進捗納期をIT上で全社一元管理する。活用すべき情報は，短納期化に役立つ，受注量，顧客要望，納期，仕様，工程毎の処理能力，生産計画，生産統制，資材購入，在庫，出荷等の情報であり，見える化により全体最適を図る。」（118字）

解　説

イメージは，POP（Point Of Production 生産時点情報管理）です。工程毎に進捗状況を入力し，リアルタイムで全体の情報を把握（見える化）することで，全体最適を図るものです。活用する情報としては，POPの定義上から言えば，「機械・設備・作業者・ワーク（加工対象物）」の4点をあげるのでしょうが，与件上には「POP」とは書かれていません。また，その4点に直接つながる記述もないので，与件文中にある「受注量，顧客要望，納期，仕様，工程毎の処理能力，生産計画，生産統制，資材購入，在庫，出荷」等の納期管理に影響を与える情報項目を思いつく限り列挙して得点を積み上げていく問題です。

（どんな情報をシステムにインプットしてコントロールすれば納期短縮につながるかを一生懸命考えましょう）。

それと，それらを「全社で共有」することがポイントになります。

第4問（配点20点）

海外製品との競争が厳しい時代のなかで，今後もC社は国内生産を維持する考えである。そのためにC社が強化すべき点は何か，その理由とともに140字以内で述べよ。

【橋詰がたどりついた答案】

「強化すべき点は，①軽量化複雑形状化が求められていることから鋳造技術力の向上による商品の差別化，②求められる短納期化と価格競争力の確保のため生産体制の効率化による短納期化とコストダウン，③長期的な競争力確保のための作業環境改善による若手人材の確保，④技術営業による新市場開拓力である。」（140字）

解　説

まず，海外製品と聞いて想起するのが，「①価格競争力では勝てない，②品質は勝てそう，③納期でも勝てそう」ということです。そういった状況の中でも，C社製品を選んでもらえて生き残れる状況を作り出すために，強化すべきポイントを考える必要があります。

すると，強化すべきなのは，

①価格競争力の面では，勝てないまでも格差を埋めるために生産の効率化によるコストダウンを行う

②品質面では，部品の軽量化複雑形状化が求められていることから鋳造技術力の向上と強みである技術営業力による差別化を行う

③納期では，国内にあるメリットを活かすとともに，生産の効率化で短納期化を行う

の3点になります。

また，出題者がワザワザ「3K職場で若手人材の確保」の課題や技術営業ができて新市場が開拓できる強みに言及しているということは，ここも強化させたいのでしょう。ですから，「長期的な競争力確保のための作業環境改善による若手人材の確保」や「技術営業による新市場開拓力」も加えると，C社社長に対するより良い助言になるのではないでしょうか？これらを140字にまとめて，答案にたどりつきます。この問題も，切り分けに悩んだ方が多いと思いますが，試験テクニックである「切り分け」よりも，コンサルティングとしての解答を優先すべきと思いますし，書いて減点にはなりません。

第4章
事例Ⅳ

～本論に入る前にひとこと～

事例Ⅳに苦手意識は持たないで！

多くの方が，「事例Ⅳは一番苦手！」と言います。理由を聞くと，「だいたい，数式ばかりでとっつきにくい！」とか，「細かなところに気配りをしなければいけない複雑な計算問題が多く，答えが合う気がしない。」とおっしゃいます。本番でも時間が足りませんし，いろんなチョンボをやらかします。

計算間違いはもちろん，制約条件の読み間違えや単位の間違い，また，複雑な計算に夢中になりすぎて最後の簡単な問題が時間切れでできないなど，はっきりと正解が出る唯一の事例だけに，終わった後に後悔のカタマリになります。

でも，事例Ⅳの問題を朝一番で落ち着いてやると，そんなに難しく感じません。取替投資の問題はプロセスが複雑なので面倒ではありますが，問題自体は難解ではないので，すんなりできると思います。過去問を復習する場合でも，事例Ⅰ～Ⅲは相応の時間がかかりますが，事例Ⅳは30分もあればできてしまいます。

事例Ⅳは4事例の中で一番出題範囲が狭い事例です。財務分析，CVP，CF，NPV，取替投資，デシジョンツリー，為替，ファイナンスの計算問題をキチンと解けるようにすれば，合格点は確実に取れます。落ち着いた状態で事例Ⅳを解けば，1次試験を通ってきた皆さんであれば，余裕で解けるはずです。細かい本当に深いところは出ません。平成25年の第4問で「品質管理会計」の問題が配点30点で出た時には慌てましたが，それができなくてもとりあえず60点を確保することは可能です。

企業行動と財務指標の動きを肌感覚で知ることができて，受験機関が出している計算問題集とイケカコノート（意思決定会計講義ノート）の中での代表的な問題を確実に解けるようにしておけば大丈夫。あとは確実な計算力をつければ，間違いなく，事例Ⅳがあなたの2次試験の合格貯金箱になってくれます。

それでは，なぜ多くの人が「事例Ⅳは苦手」と考えるのでしょう？

理由は2つ。

一つは，「仕入れる→作る→売る→回収する→支払う」と言った企業行動が，実際どのように貸借対照表・損益計算書を動かしているのかを絵としてイメージできないことです。受験生の大半の方は，普段からほとんど決算書に縁がない方々ですからやむを得ないところもあるのですが，出題されている内容はそんなに複雑なものではないのです。高度な財務諸表の理屈まで理解する必要はありませんが，経営コンサルタントを名乗るのであれば，企業の経済行動が財務諸表にどのような動きを与えるかどうかぐらいは身に付けておきたいものです。

もう一つは，事例Ⅰ～Ⅲをやったスタミナ切れのアタマで事例Ⅳに立ち向かうことに加え，出題者も輪をかけて，こまめなトラップを仕掛けてくることです。出題と解答の単位が異なっていたり，解答欄の縦横を変えてみたり，通常営業利益ベースで計算するものを経常利益で計算させたり，設備の償却時期を期初にしたり期末にしたり，枚挙にいとまがありません。

アタマの状態が新鮮な時には，すぐに見破れるトラップや問題の難易度・優先順位も，アタマがスタミナ切れの状態では，細やかな気配りもできないし，計算間違いもやらかしてしまいます。答えが明確に出る科目であるがゆえに，こんなことが「なかなか正解にたどりつかないなぁ？」とか，「こんなところまで気を配ってられないよ。」という苦手意識を作ってしまうことにつながると思います。

ですから，事例Ⅳでは，「肌感覚でモノの動きと財務諸表の動きが一致するようになる」といった「問題を解く実力をつける」勉強のみならず，問題の見極め，タイムマネジメント，計算間違いを前提とした計算問題への対処の仕方を手順として身に付けることが重要になります。ことに，平成28年のような難易度の低い事例だと採点者の採点も厳しくなりますので，つまらない計算間違いを致命傷にしないような用心深さが必要です。

すなわち，事例Ⅳは「正常な判断ができない状態で立ち向かうもの」という前提条件で立ち向かう必要があります。私の友人たちも，あえて酒を飲んで計算問題をやったり，一日の勉強の一番最後に複雑な計算問題をやる方もいました。

橋詰も，「事例Ⅳマラソン」と称して，朝から晩まで10年分の事例Ⅳの過去問をやったりしてました。これらの対策は気休めではありますが，そういったことを前提に作業手順を定めておくことは重要になります。

1 メインテーマ

「企業価値の極大化と投資判断」

事例Ⅳは，社運を賭けた一世一代の大勝負をしようとする社長さんの背中を押してあげるかどうかを考える，やはりコンサルティングの問題です。

（ただし，事例Ⅰ～Ⅲがお金をなるべく使わないマイナーチェンジなのに対して，億単位のお金を掛けるダイナミックなご相談になります。）

現在の財務状況を把握した上で，企業の数値的な弱みをカバーし強みを伸ばして，企業価値を向上させる投資判断を行う事例です。

2 フレームワーク

「理念と環境変化に応じた全体戦略を実現するために，財務内容に見合った投資戦略を検討していく。」イメージです。

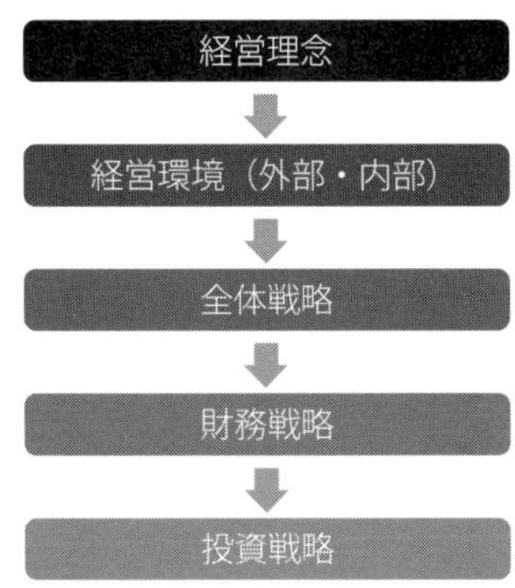

3 特徴

1. 問題構成

中小企業診断士2次試験は，コンサルティングの事例問題ですから，当然現状（内外環境）分析をした上で，投資の可否が問われます。

通常は，与件文で事例企業の定性的な面を含む概況が説明されて，貸借対照表，損益計算書が提示（どちらかがない年もありましたが····）された上で，毎年鉄板の第1問の経営分析，そして，それを踏まえた中間の問題のCVPや投資のメリット計算や投資判断の問題と続いていきます。

そして，最後の問題は，だいたい知識の独立問題が出るケースが多いようです。ここにも出題者の「ゆさぶり」があるのですが，それは後ほどご説明します。

また,最近は事業承継・M&Aが大きなテーマとして取り上げられています。実務でも身近になってきていますので，連結決算や企業価値算定などの関連知識は使えるようにしておく必要があると思います。

まずは，事例Ⅳはこんな出され方をされるということを理解してください。

4 事例Ⅳの解き方

1. 全般的な取り組み方

① まずは全体的な方針を決めましょう

事例Ⅳは，ほとんどが計算問題であり，長文問題を答えさせる問題はあまり出ないので，さすがに設問文のこまかな分析や骨子作りは，ほとんどやりません。SWOT分析もやらない方も多いのですが，これはやっておいた方が財務指標の精度も上がりますし，指標を使った説明問題も書きやすいので，私は強くおススメします。

手順の最初は，①与件文のSWOT，②設問の種類の確認，③解答の順番付けと進めていきます。これは，与件文のSWOT・設問種類（CF計算なのか?取替投資なのか?ディシジョンツリーなのか?ファイナンスなのか?）の分析により，「財務分析」の問題で指摘すべき財務指標の推定ができるためと，80分間のマネジメントを行うためです。

財務指標と計算問題との関係

年度	財務指標			計算問題		
H13	当座比率	売上高経常利益率	売上債権回転率	CF	商品ごとの採算・品揃えの見直し	
H14	負債比率	売上高経常利益率	棚卸資産回転率	CF	商品別投資期待値	
H15		売上高営業利益率	有形固定資産回転率	原価計算・見直し	投資CF	NPV
H16	負債比率	売上高経常利益率	有形固定資産回転率	FCF	企業価値	投資期待値
H17	流動比率	売上高経常利益率		予想財務諸表	CVP	材料調達
H18	流動比率	売上高営業利益率	有形固定資産回転率	CF	部門別限界利益	投資期待値
H19	負債比率	売上高経常利益率	有形固定資産回転率	CVP	NPV	
H20	自己資本比率	売上高売上総利益率	有形固定資産回転率	NPV	取替投資	資金調達
H21	負債比率	(売上高売上総利益率)	有形固定資産回転率	ROAとROEの関係式	CVP	
H22	自己資本比率	(売上高売上総利益率)	有形固定資産回転率	CVP	NPV	投資判断
H23	自己資本比率	売上高経常利益率	棚卸資産回転率	CF	プロダクトミックス	デシジョンツリー
H24	売上高営業利益率	売上高経常利益率	ROA	CVP	企業価値	投資効率
H25	当座比率	固定比率	負債比率	資金調達	減価償却	タックスシールド
H26	負債比率	(売上高売上総利益率)	有形固定資産回転率	NPV	プロダクトミックス	
H27	負債比率	(売上高売上総利益率)	売上債権回転率	CVP	NPV	プロジェクト評価
H28	負債比率	売上高経常利益率	有形固定資産回転率	CF	NPV	CVP
H29	負債比率	売上高総利益率	棚卸資産回転率	予測損益計算書	CVP	NPV
H30	自己資本比率	売上高営業利益率	有形固定資産回転率	WACC	NPV	CVP
R1	売上高営業利益率	棚卸資産回転率	有形固定資産回転率	CVP	NPV	

(注)(カッコ)書きは良かった指標

上記の表は，平成13年度以降の選択すべき財務指標を出題された計算問題を並べたものです。財務指標の選択に従って，その財務指標を改善すべく第2問，第3問が設定されているのがおわかりになろうかと思います。事例問題は全体を通してコンサルティングになっているはずです。第1問で抽出した経営課題を中間の問題で解決するパターンが多いので，逆に中間の問題の性質（何を解決しようとしているのか?）を判断できれば，第1問の精度もグッと上がります。

加えて，第2問目，3問目のそれぞれの設問1，2の難易度の違いを判断するとともに，第4問が最近は知識の独立問題が多いので内容を確認しておきます。そして，その順番に解いていくのかを決めていきます。

大抵は，第1問経営分析→最後の問題の知識系の独立問題→中間の問題の各設問1→中間の問題の各設問2という順番に落ち着きます。

総じて，中間の問題の設問2は複雑な計算になるものや，前提条件の解釈が複数発生するような難問が多いので，苦手な方は，ついでに取れればラッキーぐらいに考えた方が良いと思います。

このような丁寧なマネジメント作業があなたを合格へと導くのです。

② 簡単にできる問題から確実に解きましょう

問題の難易度は，先ほど解く順番を申し上げた通り，第1問→最後の問題→中間の問題の設問1→中間の問題の設問2の順に難しくなります。

中間の問題の設問2については，一般的に計算過程が複雑で時間がかかります。また，出題者もワザとやっているのか，綿密に考えると答えが一つに絞れなかったり，答えが出なかったりするような問題が出たりします。これもゆさぶりの一つです。ここに時間を取られたり，パニックになって，他の簡単な問題にとりかかる時間がなくなったりする受験生が例年多く見られます。

事例Ⅳは簡単な問題を確実に取れれば60点取れます。第1問と知識問題，中間の問題の設問1を解ければ合格できるんです。あとは中間の問題の設問2で粘って部分点を取っていければ，60点～70点ぐらい取っていけると思います。

③ 解けた問題を固めましょう

事例Ⅳは最後の事例です。脳がヘトヘトになった状態で臨む事例なので，「思わぬ計算間違いや判断ミス，転記ミスはやらかすもの」として取り組んでください。また,「後でまとめて検算しよう」なんて考えないでください。きっとやる気も起きないで流してしまう可能性も高いですし，終了間際に計算間違いに気付いてもパニックに陥るのが関の山です。最後の気力を振り絞って，検算を繰り返し，一問一問確実に得点を積み重ねてください。

また，最近の事例Ⅳでは，計算量も多くなってきているので，少しでも引っかかったり，難問を夢中になって解いていると，時間内にすべての問題にキチッとあたれないケースが多発しております。そして，出題者も「簡単にできる問題」・「時間をかければできる問題」・「誰にもできない難問」を用意した上で,「難問」を途中の問題にして「簡単にできる問題」を一番最後に配置したりするなどのゆさぶりをかけてきたりしています。しつこいようですが，問題を解きだす前にすべての問題に目を通して，

・簡単にできる問題からやる
・時間のかかる問題は最後に解く
・難問は誰もできないので，早めに見切りをつけて，部分点狙いへの切り替えや他の問題を優先的に解く
・できる問題で文字数制限のある記述問題は，綿密に文字数合わせをして点数を極大化する
・計算過程はメモを取って，その場で検算3回して解答を固める

というセルフマネジメントの徹底が極めて重要になります。

2. 鉄板第1問の財務分析は現状分析と心得よ

毎年鉄板の第1問財務析の問題へのあたり方についてお話します。

根本的なお話として，財務分析の問題は「貸借対照表と損益計算書を見て財務指標を当てるゲーム」ではありません。あくまで,「企業の特徴を中小企業のおっちゃんに『財務指標を使って』説明してあげる問題」です。

このことを理解していない受験生が意外に多いのです。

事例Ⅳの試験が始まると，みなさんすぐに，損益計算書と貸借対照表の数値を比べて，電卓をたたき始めます。そして，10個ぐらいの経営指標を計算して，比較して，良い指標，悪い指標をピックアップします。

それが出題者のワナだとも気付かずに‥‥

橋詰は，この経営分析の問題こそ事例Ⅳ最大の「ゆさぶり問題」と考えております。

問題の出し方が，
設問1「指標を選びなさい」
設問2「その指標を使って説明しなさい」
との順番だから悪いんです。

これでは，素直で純粋な受験生は財務指標の比較に走るに決まってます。

経営分析の問題がうまくできない受験生は，
①財務指標10指標の計算をいきなり始める
②差異の大きい指標を3つ選択し，説明しようとする
③3つの指標を多面的に説明できない
という悪循環に陥ります。

それに対して，
経営分析の問題にうまく対応できる受験生は，
①与件文をSWOT分析する
②定性的な特徴からD社の特徴を抽出する
③その特徴を「安全性」「収益性」「効率性」から，相応しい指標を選択して計算する
④定性的な原因を中心に説明を完成させる
というプロセスで高得点を取ります。

これは，「事例問題は『コンサルティング』であり，第1問は現状分析の問題」であるかどうかを理解しているかどうかの違いです。あくまで，財務分析の問題は，「企業の特徴を中小企業のおっちゃんに『財務指標を使って』説明してあげる問題」であり，一番の目的は，クライアントの定性的な特徴を指摘することで，定性的な特徴の結果としての財務指標なのです。ですから，経営コンサルタントは，「社長の会社の特徴は○○であり，その結果として，財務指標が××になってますよね。」と説明します。

従って，受験生の方がすべきなのは，いきなり電卓をたたくことではなく，与件文からD社をキチンとSWOT分析して，何がD社の課題なのかを抽出した上で，あとの設問で事例企業のどんな課題を整える投資施策を打っているかをしっかり見極めることです。そうすれば，だいたい後付けで財務指標が決まりますし，問題点や長所短所を説明する文章も自動的にすっきり説明できます。

一つの例として，平成27年事例Ⅳの経営指標を選ぶ問題でご説明します。

与件文のSWOTから始めて判断すると，「売上高売上総利益率，売上債権回転率，負債比率（自己資本比率）」の3つがあげられ，説明もスムーズに論点を3つあげることができるのですが，電卓をたたくことから始めた多くの受験生は「売上高経常利益率，有形固定回転率，負債比率（自己資本比率）」をあげて，説明については借金が多い影響しか答えられませんでした。合格者の方の中にも，こうした方法で解いて得点が上がらなかった方が多くいらっしゃいましたが，事例Ⅳで高得点をあげられた方は全員前者をあげておられました。

これこそが，経営分析を「最大のゆさぶり問題」と私が呼ぶゆえんです。そして，キチンとした解き方をすることで，財務指標の計算を10種類もする必要はなくなりますので，時間の節約にもなります。

与件文にはD社の内外環境が文章で示されています。簡単で良いのでSWOT分析をやっておけば，3つのうち2つは与件文だけで判断できると思います。

最後の一つはやはり，財務諸表を読まないとできないケースが出てきますが，借入金や支払利息が多いとか，商品廃棄損とかといった特徴的な科目や表が現れたりとか，しますので，選択や説明には困らないと思います。

また，経営分析の問題においては，「中小企業のおっちゃん」が理解できないような難しい指標や改善点を端的に指摘できない総合指標は使いません。

使う指標は，

（収益性）売上高売上総利益率，売上高営業利益率，売上高経常利益率

（安全性）自己資本比率，負債比率，当座比率，流動比率

（効率性）売上債権回転率，有形固定資産回転率，棚卸資産回転率

の10種類を知っていればだいたい十分です。

たまに，売上高販管費率とか売上高売上原価率のほうがもっと的確と思われるときもありますが，そんな際にも，売上高営業利益率や売上高売上総利益率で十分代替可能と考えます。失礼ながら，中小企業のおっちゃんに「インタレスト・カバレッジ・レシオが悪い」なんて言ってもピンときませんし，ROA等の総合指標を示してもどこを直せば良いのやら・・・・。（1回だけ使いましたが）

やはり，シンプルが一番です。

そして，3つの経営指標を選択させる際にセオリーとして「安全性」「収益性」「効率性」を一つずつ選びなさいと受験機関では指導されています。必要以上にこだわる必要はありませんが，ここも，考え方はコンサルティングです。そもそも企業にとって最も大切なのは，「企業の存続」（安全性）です。そ

のためには企業を儲かる体質（収益性）にする必要がありますし，儲かる体質にするためには「合理的に経営資源を動かす」（効率性）必要があります。要するに，企業の財務内容の改善とは，この3つの方向から財務内容を眺め，そのファクターとなる事象を改善することによって，企業を良い方向にもっていくことです。だから，3つ選びなさいと言っているのです。

最近は長所・短所の両方を指摘させるケースが多くなってきているので，まずは3方向で考えるのが基本です。ただ，古い過去には問題点3つあげなさいという問題も何回か出ております。こういったケースでは安全性，収益性，効率性すべてに問題点がある企業は救いようがないので，2つがカブる可能性はあります。

いずれにしても，与件文や財務諸表をしっかり読んで，試験であれば採点者が，実務であればクライアントさんが，しっかり納得できる説明ができる対応していただければと思います。

3. 中間のボリュームのある問題について

第1問財務分析での課題抽出をうけて，第2問，第3問ではそれらを解決すべく，CVP，CF，NPV，取替投資，デシジョンツリー，ファイナンス等の問題が出題されるのが例年のパターンです。

これらの問題は，設問1が簡単な問題で，設問2が計算が複雑でボリュームもある難問だったりします。

設問1を確実に取っていくのはもちろんですが，設問2等の計算問題は，一旦後回しにしてください。苦手な方は途中で迷路に陥ったり，得意な方でも時間がかかることがあります。そして，これらの問題の次の問題は，知ってさえいれば確実に解ける問題だったりします。

全体の得点を極大化するためにも，まずは確実に解ける問題から解いて得点を積み重ねていくことを強くおススメします。最低でも，途中で少しでも詰まるようなら，時間を浪費することなく，次の問題の設問1に移ってください。

事例問題はすべてがタイムマネジメントです。特に計算問題は夢中になるとタイムマネジメントがどっかに飛んでしまいます。常に，「あと○分だから，ここは△分かけられる。次の問題は×分で書こう。」と言ったことを冷静に判断していくことが必要です。そして，複雑な計算問題は必ず余白に計算過程をメモしながら取り組んでください。

多分，もう一回最初から解く形での検算は時間も気力もなくなると思いますので，計算間違いがあったとしてもどこで誤ったのかはっきりわかるようにしておいた方が良いです。

～中間の問題に対する各論的なアドバイス～

① 「モノ」「カネ」の動きが貸借対照表・損益計算書をどう動かすのかを理解しましょう。

貸借対照表は必ず左右が同額。右の何かを動かせば左の何かが動くか，右の他の科目が反対の動きをします。「モノ」「おカネ」をどう動かせば，貸借対照表や損益計算書がどう動くかを意識することは重要です。

② 設備投資の問題は，必ずメモをしながら解きましょう。

設備投資の問題は計算量が多く検算が大変です。面倒でも，必ず，CFの時系列や計算過程をメモしながら解きましょう。検算が楽になります。

5 事例Ⅳの勉強方法と必要な知識

1. 目標とする到達レベル

レベル的な結論を先に言えば，受験機関の2次試験用の計算問題集をキチンと解けるようになっていれば十分合格レベルに達すると思います。それに下記の知識をマスターしておけば「鬼に金棒」です。

2. 勉強は，計算問題と事例1つを毎日やる。

前述のとおり，2次試験の勉強は技術の訓練であり，身体に覚えさせる問題です。やった時間数には必ずしも比例しませんが，ブランクを作ると急速にスピードダウンします。夏を過ぎたころからは毎日Ⅰ～Ⅳの内1事例，1計算問題を解かれることをおススメします。

3. 必要な知識について

必要な知識は多くありません。

「中小企業診断士2次試験合格者の頭の中にあった全知識」（同友館）＋「イケカコノート」（意思決定会計講義ノート（税務経理協会　大塚宗春氏著）の通称です）が頭に入ってれば，多すぎるぐらいです。イケカコノートも結構難解なので基本部分だけ理解しておけば大丈夫です。

ただし，キーワードに紐付けられる頻出の知識は反射的に思い出したいですし，覚えるだけでなく，自分の言葉で言えるレベルにまで理解をしていただいたほうが良いと思います。

2次試験はあくまで論述試験です。

6 事例Ⅳ必要知識の一問一答

1	事例Ⅳのポイントは？	企業価値の極大化と投資判断。
2	事例Ⅳのフレームワークは？	理念→内外環境→経営戦略→財務戦略→投資戦略。
3	財務分析の切り分けの方向性を3つあげよ。	安全性，効率性，収益性。
4	財務分析のコメントの仕方。	「～といった理由で，（安全性or効率性or収益性）が（高いor低い）。」
5	安全性の指標を6つあげよ。	流動比率，当座比率，固定比率，固定長期適合率，自己資本比率，負債比率。
6	流動比率の公式と意味を述べよ。	流動資産/流動負債×100（%）。100%以上必要。短期負債を短期現金化可能な資産で賄えるかを計る短期的な安全性の指標。
7	当座比率の公式と意味を述べよ。	（現預金＋売上債権＋有価証券－貸倒引当金）/流動資産×100（%）。100%以上であることが望ましい。短期負債を即時現金化可能な資産で賄えるかを計る短期的な安全性指標。
8	固定比率の公式と意味を述べよ。	固定資産/自己資本×100（%）。低いほど良い。長期資産を自己資本で調達できているかを計る安全性の指標。
9	固定長期適合率の公式と意味を述べよ。	固定資産/（固定負債＋自己資本）×100（%）。低いほど良い。長期資産を安定的資金で調達できているかを計る安全性指標。
10	自己資本比率の公式と意味を述べよ。	自己資本/総資産×100（%）。高いほど良い。内部留保の蓄積度合いを計る総合的な安全性指標。

11	負債比率の公式と意味を述べよ。	負債の部/資本の部×100(%)。低いほど良い。負債の負担度合いを計る安全性指標。WACCやROE・ROA関係式での関連で使われるケースあり。
12	効率性の指標を3つあげよ。	売上債権回転率，棚卸債権回転率，有形固定資産回転率。
13	売上債権回転率の公式と意味を述べよ。	売上高/売上債権(回)。高いほど良い。売上債権の回収効率を計る効率性指標。
14	棚卸債権回転率の公式と意味を述べよ。	売上高/棚卸債権(回)。高いほど良い。在庫の水準を計る効率性指標。
15	有形固定資産回転率の公式と意味を述べよ。	売上高/有形固定資産(回)。高いほど良い。設備投資等固定資産の水準を計る効率性指標。
16	収益性の指標を3つあげよ。	売上高売上総利益率，売上高営業利益率，売上高経常利益率。
17	売上高売上総利益率の公式と意味を述べよ。	売上総利益/売上高×100(%)。粗利益率ともいう。収益性の高い商品を扱えてるかとか，生み出せているかどうかを表す指標。粗利率の高低や製造原価の問題を指摘する場合に使用。
18	売上高営業利益率の公式と意味を述べよ。	営業利益/売上高×100(%)。財務面を除いた会社の総合的な収益力を表す指標。販管費の問題を指摘する場合に使用。
19	売上高経常利益率の公式と意味を述べよ。	経常利益/売上高×100(%)。財務面を含めた会社の総合的な収益力を表す指標。借入利息等の問題を指摘する場合に使用。
20	ROEの公式と意味を述べよ。	税引後利益/自己資本×100(%)
21	ROAの公式と意味を述べよ。	事業利益/総資産×100(%)
22	ROEとROAの関係式と意味を述べよ。	ROE=(1−税率){ROA+(ROA −負債利子率)×負債比率}
23	CF分析の意味を述べよ。	(期間損益を示す)発生主義の財務諸表から実際の現金の黒字・赤字を分析すること。
24	営業CFの公式と意味を述べよ。	(税引前当期純利益+減価償却費−特別損益−営業外損益−売上債権増加額−棚卸資産増加額+仕入債務増加額)+営業外現金収支−法人税支払額−その他流動負債減少額。本業における現金収支。
25	投資CFの公式と意味を述べよ。	固定資産売却による現金収入−固定資産購入による現金支出+有価証券売却による現金収入−有価証券購入による現金支出。投資活動における現金収支。
26	財務CFの公式と意味を述べよ。	借入額−借入返済額。財務活動における現金収支。
27	CFの検算の仕方について述べよ。	営業CF+投資CF+財務CF=貸借対照表上の現金の増加額となれば良い。ただし，H28年のように何故か合わない年もあり，無用にこだわらない。

28	FCF（フリーキャッシュフロー）	営業CF＋投資CF＝営業利益×(1−税率)＋減価償却費−(売上債権増加額＋棚卸資産増加額−仕入れ債務増加額)−設備投資額
29	加重平均資本コスト（WACC）	自己資本/(自己資本＋他人資本)×自己資本コスト＋他人資本/(自己資本＋他人資本)×負債コスト×(1−税率)
30	CAPM	(安全資産の利率)＋β×(市場の期待収益率−安全資産の利率) ＊βは当該資産の期待収益の市場への感度のこと。
31	企業価値の求め方，正味現在価値（NPV）法	フリーキャッシュフロー(FCF)/加重平均資本コスト(WACC)
32	企業価値の求め方，配当割引モデル	配当/(期待収益率−期待成長率)
33	タックスシールド	税引前利益が赤字の場合，減価償却費等による節税効果が減殺されること。
34	損益分岐点売上高	固定費/(1−変動費/売上高)＝固定費/限界利益率。企業の利益がゼロとなる売上高。
35	限界利益	売上高−変動費
36	貢献利益	売上高−変動費−個別固定費
37	営業利益	売上高−変動費−個別固定費−共通固定費
38	損益分岐点比率	損益分岐点売上高/売上高×100(%)
39	安全余裕率	(売上高−損益分岐点売上高)/売上高×100(%)。＝100−損益分岐点比率(%)。利益がゼロになるまでどれだけ余裕があるかを示す指標。
40	目標利益達成売上高	(目標利益＋固定費)/(1−変動費/売上高)
41	経営レバレッジ（営業レバレッジ）係数	限界利益/営業利益
42	経済的付加価値（EVA）	税引後営業利益−総資本コスト(投下資本×加重資本平均コスト)
43	為替リスク回避法を2つあげよ。	為替予約，オプション取引。
44	為替予約とは？	ある一定期日に，外貨を一定レートで売買する予約をする取引。
45	オプション取引とは？	ある一定期日or期間に，外貨を一定レートで売買する権利を売買する取引。
46	品質適合コスト	予防原価<評価原価<内部失敗原価<外部失敗原価
47	期待値	確率変数の実現値を，確率の重みで平均した値。たとえば，A円となる確率がa%で，B円となる確率がb%，C円となる確率がc%でa+b+c=100の場合）の期待値D円=A円×a%+B円×b%+C円×c%。
48	期待値の分散	上記の場合，分散E={(A−D)の2乗}×a%+{(B−D)の2乗}×b%+{(C−D)の2乗}×c%。
49	期待値の標準偏差	分散の平方根。一般に「バラツキを求めよ」と言われたら，これを求める。

50	価格差異	(標準価格−実際価格)×実際数量
51	数量差異	(標準数量−実際数量)×標準価格
52	付加価値額	営業利益＋人件費＋減価償却費

令和元年事例Ⅳ

D社は，1940年代半ばに木材および建材の販売を開始し，現在は，資本金2億円，従業員70名の建材卸売業を主に営む企業である。同社は，連結子会社(D社が100%出資している）を有しているため，連結財務諸表を作成している。

同社は3つの事業部から構成されている。建材事業部では得意先である工務店等に木材製品，合板，新建材などを販売しており，前述の連結子会社は建材事業部のための配送を専門に担当している。マーケット事業部では，自社開発の建売住宅の分譲およびリフォーム事業を行っている。そして，同社ではこれらの事業部のほかに，自社所有の不動産の賃貸を行う不動産事業部を有している。近年における各事業部の業績等の状況は以下のとおりである。

建材事業部においては，地域における住宅着工戸数が順調に推移しているため受注が増加しているものの，一方で円安や自然災害による建材の価格高騰などによって業績は低迷している。今後は着工戸数の減少が見込まれており，地域の中小工務店等ではすでに厳しい状況が見られている。また，建材市場においてはメーカーと顧客のダイレクトな取引（いわゆる中抜き）も増加してきており，これも将来において業績を圧迫する要因となると推測される。このような状況において，同事業部では，さらなる売上の増加のために，地域の工務店等の取引先と連携を深めるとともに質の高い住宅建築の知識習得および技術の向上に努めている。また，建材配送の小口化による配送コストの増大や非効率な建材調達・在庫保有が恒常的な収益性の低下を招いていると認識している。現在，よりタイムリーな建材配送を実現するため，取引先の了解を得て，受発注のみならず在庫情報についてもEDI（Electronic Data Interchange，電子データ交換）を導入することによって情報を共有することを検討中である。

マーケット事業部では，本社が所在する都市の隣接地域において建売分譲住宅の企画・設計・施工・販売を主に行い，そのほかにリフォームの受注も行っている。近年，同事業部の業績は低下傾向であり，とくに，当期は一部の分譲住宅の販売が滞ったことから事業部の損益は赤字となった。経営者は，この事業部について，多様な広告媒体を利用した販売促進の必要性を感じているだけでなく，新規事業開発によってテコ入れを図ることを検討中である。

不動産事業部では所有物件の賃貸を行っている。同事業部は本社所在地域においてマンション等の複数の物件を所有し賃貸しており，それによって得られる収入はかなり安定的で，全社的な利益の確保に貢献している。

D社の前期および当期の連結財務諸表は以下のとおりである。

連結貸借対照表

（単位：百万円）

	前期	当期		前期	当期
＜資産の部＞			＜負債の部＞		
流動資産	2,429	3,093	流動負債	2,517	3,489
現金預金	541	524	仕入債務	899	1,362
売上債権	876	916	短期借入金	750	1,308
棚卸資産	966	1,596	その他の流動負債	868	819
その他の流動資産	46	57	固定負債	1,665	1,421
固定資産	3,673	3,785	長期借入金	891	605
有形固定資産	3,063	3,052	その他の固定負債	774	816
建物及び構築物	363	324	負債合計	4,182	4,910
機械設備	9	7	＜純資産の部＞		
その他の有形固定資産	2,691	2,721	資本金	200	200
無形固定資産	10	12	利益剰余金	1,664	1,659
投資その他の資産	600	721	その他の純資産	56	109
			純資産合計	1,920	1,968
資産合計	6,102	6,878	負債・純資産合計	6,102	6,878

連結損益計算書

（単位：百万円）

	前期	当期
売上高	4,576	4,994
売上原価	3,702	4,157
売上総利益	874	837
販売費及び一般管理費	718	788
営業利益	156	49
営業外収益	43	55
営業外費用	37	33
経常利益	162	71
特別利益	2	7
特別損失	7	45
税金等調整前当期純利益	157	33
法人税等	74	8
親会社に帰属する当期純利益	83	25

1 事例のテーマ

「コスト構造の異なる複数事業を経営する企業が，事業ごとにコスト改善や新製品への新規投資を行い，収益改善を図ろうとする事例」

2 与件文の整理

事例企業の概要

業　　種　建材卸売業（1940代半ば創業）
主力商品　建材（木材製品，合板，新建材など）
　　　　　自社開発の建売住宅，リフォーム
　　　　　自社所有不動産の賃貸
財務内容　売上約50億円　総資産68億7800万円　資本金2億円
従業員数　正規・非正規別なし　合計70名
組織

<建材事業部>
- 工務店等に木材製品，合板，新建材等を販売
- 配送を担う連結子会社（100%出資）あり
- 地域における住宅着工戸数が堅調推移し受注増加も，今後は着工戸数が減少見込み→中小工務店は既に厳しい状況
- 円安や自然災害による建材価格高騰等により，業績は低迷
- メーカー・顧客のダイレクトな取引増加が，将来的な業績圧迫要因と推測
- 地域工務店等取引先との連携深めるとともに質の高い住宅建築知識習得・技術向上に努力
- 配送の小口化による配送コスト増大，非効率な調達・在庫保有が恒常的な収益性の低下を招く
- タイムリーな配送実現のため，EDI導入による取引先との受発注・在庫情報の共有を検討中

<マーケット事業部>
- 自社開発の建売住宅分譲，リフォーム事業
- 近年業績は低下傾向
- 当期は一部の分譲住宅の販売が滞ったことから赤字
- （経営者の考え）多様な広告媒体を利用した販売促進，新規事業開発によるテコ入れ必要

<不動産事業部>
- マンション等の複数の物件を所有し賃貸
- 収入は安定的。全社的な利益の確保に貢献

<連結子会社>
建材事業部の配送を専門に担当する連結子会社（D社100%出資）

SWOT		
	強み ○同一市場（同一地域）での建材，住宅販売，不動産賃貸とバリューチェーン上関連性のある複数事業の展開 ○不動産賃貸業の安定収入	機会 ○タイムリーな建材配送ニーズ ○安定的な不動産賃貸市場
	弱み ○配送の小口化による配送コスト増大 ○非効率な建材調達・在庫保有 ○一部分譲住宅の販売停滞	脅威 ○今後減少が見込まれる住宅着工戸数 ○円安や自然災害による建材価格の高騰 ○建材市場におけるメーカーと顧客のダイレクトな取引増加

3 全体観

与件文は1ページ余り，貸借対照表と損益計算書もあり，問題用紙は全部で7ページです。平成29年に出題された連結財務諸表がまたも出されています。平成30年でも合併に関わる出題がされており，企業再編関連の出題は3年連続です。もはや，中小企業診断士試験受験生にとって連結決算等企業再編に関する知識習得は逃げられない課題となっており，「財務が苦手」なんて言っていられない状況かもしれません。

D社は80年ほど前に設立され，本業である木材・建材卸売（建材事業部）に加え，不動産の建売分譲やリフォーム（マーケット事業部），賃貸（不動産事業部）の3つの事業と，配送を営む100％出資の連結子会社を持っています。現在，円安や自然災害による建材価格の高騰で収支が悪化していることに加え，今後は住宅着工戸数の減少も見込まれており，先行き厳しい事業環境です。そのため，収益を改善するべくEDI化を進めて非効率な管理体制を改めるとともに，これまで培ってきた技術や知識を活かした音響機器事業へと多角化を進める計画です。

設問の構成は次の通り。

第1問　25点

設問1　悪化，改善している財務指標

設問2　前期と比較した財政状況と経営成績の特徴（50字）

第2問　25点
　設問1　全社・事業部の変動費率
　設問2　全社の損益分岐点売上高と管理上の問題点（30字）
　設問3　目標利益を達成するための変動費率
第3問　30点
　設問1　新規事業のキャッシュフロー
　設問2　新規事業の正味現在価値
　設問3　高性能機の導入可否の正味現在価値による判断
第4問　20点
　設問1　子会社化のメリット・デメリット（30字×2）
　設問2　EDI導入で期待される財務的効果（60字）

第1問の指標選択がセオリー通りでなかったり，朝から事例Ⅰ～Ⅲを解いて疲れ切ったアタマに拷問のような計算の第3問があったりするものの，全体としてはオーソドックスで，その分，記述問題でポイントをきちんと理解して表現できたかが問われる出題構成となっています。

第1問（配点25点）

設問1

D社の前期および当期の連結財務諸表を用いて比率分析を行い，前期と比較した場合のD社の財務指標のうち，①悪化していると思われるものを2つ，②改善していると思われるものを1つ取り上げ，それぞれについて，名称を（a）欄に，当期の連結財務諸表をもとに計算した財務指標の値を（b）欄に記入せよ。なお，（b）欄の値については，小数点第3位を四捨五入し，カッコ内に単位を明記すること。

【橋詰がたどり着いた答案】

	(a)	(b)
①	売上高営業利益率	0.98（%）
	棚卸資産回転率	3.13（回）
②	有形固定資産回転率	1.64（回）

解　説

第1問（設問1）は，定番の財務指標を指摘する問題です。今年度は，前期の自社と比較して「改善」「悪化」している指標を問われています。同業他社との比較で「良い」「悪い」指標を問われたりすることもありますが，本質的には同じです。

まず，SWOT分析を行い，当社の現状を整理します。目につく弱みとして「非効率な建材調達・在庫保有による収益性の低下」とあります。この要因を探ってみると，第3段落に「建材の価格高騰」「建材配送の小口化による配送コストの増大」とあり，売上原価・販管費に関わる弱みが指摘されています。そのため，売上原価と販管費の両方の悪化を反映する財務指標として「売上高営業利益率」を選択し，収益性が悪化していると判断します。

また，第4段落に「分譲住宅の販売が滞ったことから事業部の損益は赤字になった」とありますので，棚卸資産回転率の悪化を疑い貸借対照表で確認すると，棚卸資産の大幅な増加がみられます。計算上も「棚卸資産回転率」が悪化しているので，棚卸資産の効率性が低いと判断します。

迷うのが，もう一つの悪化している財務指標です。「収益性」「効率性」が決まったので，セオリーに基づいて「安全性」から候補を考えたのですが，改善したものが見当たりません。ここで橋詰は「安定性」の指摘をあきらめ，他の指標を探ることにしました。第5段落の「かなり安定的」な不動産賃貸事業部の収入は強みです。といっても収益性は悪化していますから，「効率性」の「有形固定資産回転率」を疑います。有形固定資産が前期比でやや減少しているにもかかわらず売上高は増加しているので，「有形固定資産回転率」を改善している指標として，設備投資の効率性が高いと判断します。

財務指標の問題においては，今回のようにセオリー通りいかないこともあります。ただ，肝に銘じて頂きたいことは，「経営分析は，診断及び助言の基礎となる数値を算出し，D社社長に対して財務指標を用いて現状を説明するためのものであり，財務指標当てコンテストではない」ことです。セオリーよりも根本的な問題として何を指摘すべきかを優先すべきと考えます。

設問2

D社の当期の財政状態および経営成績について，前期と比較した場合の特徴を50字以内で述べよ。

【橋詰がたどり着いた答案】

「不動産は効率的だが，建材高騰や配送コスト増大で収益性低下，住宅販売不振や在庫増で棚卸資産は効率性低下。」(50字)

解　説

（設問2）は，D社の財政状態および経営成績の定性面をD社社長に説明するものです。50字という限られた字数の中で，一貫性をもって解答しなければなりませんので，「～（原因）で○○性低下（上昇）」という解答を簡潔に記載します。ここでは，（設問1）で各財務指標を選択した理由として与件文にある内容とともに，収益性や効率性が低下したと記載します。ただ，投資効率が上昇した理由については与件文に記載がないため，字数も考慮して「不動産は効率的」と述べるにとどめ，この解答にたどり着きました。

損益計算書

（単位：百万円）

	前期	当期	＜安全性＞	前期	当期
売上高	4,576	4,994	流動比率	95.50%	88.65%
売上原価	3,702	4,157	当座比率	56.30%	41.27%
売上総利益	874	837	自己資本比率	31.47%	28.61%
販売費及び一般管理費	718	788	負債比率	217.81%	249.49%
営業利益	156	49	固定比率	191.30%	192.33%
営業外収益	43	55	＜効率性＞		
営業外費用	37	33	売上債権回転率	5.22	5.45
経常利益	162	71	棚卸資産回転率	4.74	3.13
特別利益	2	7	有形固定資産回転率	1.49	1.64
特別損失	7	45	＜収益性＞		
税金等調整前当期純利益	157	33	売上高総利益率	19.10%	16.76%
法人税等	74	8	売上高営業利益率	3.41%	0.98%
当期純利益	83	25	売上高経常利益率	3.54%	1.42%

貸借対照表

（単位：百万円）

	前期	当期		前期	当期
＜資産の部＞			＜負債の部＞		
流動資産	2,429	3,093	流動負債	2,517	3,489
現金預金	541	524	仕入債務	899	1,362
売上債権	876	916	短期借入金	750	1,308
棚卸資産	966	1,596	その他の流動負債	868	819
その他の流動資産	46	57	固定負債	1,665	1,421
固定資産	3,673	3,785	長期借入金	891	605
有形固定資産	3,063	3,052	その他の固定負債	774	816
建物及び建築物	363	324	負債合計	4,182	4,910
機械設備	9	7	＜純資産の部＞		
その他の有形固定資産	2,691	2,721	資本金	200	200
無形固定資産	10	12	利益剰余金	1,664	1,659
投資その他の資産	600	721	その他の純資産	56	109
			純資産合計	1,920	1,968
資産合計	6,102	6,878	負債・純資産合計	6,102	6,878

第2問（配点25点）

D社のセグメント情報（当期実績）は以下のとおりである。

（単位：百万円）

	建　材事業部	マーケット事業部	不動産事業部	共通	合計
売上高	4,514	196	284	—	4,994
変動費	4,303	136	10	—	4,449
固定費	323	101	30	20	474
セグメント利益	−112	−41	244	−20	71

（注）セグメント利益は経常段階の利益である。売上高にセグメント間の取引は含まれていない。

設問1

事業部および全社（連結ベース）レベルの変動費率を計算せよ。なお，％表示で小数点第3位を四捨五入すること。

【橋詰がたどり着いた答案】

建材事業部	95.33%
マーケット事業部	69.39%
不動産事業部	3.52%
全社	89.09%

解　説

第2問（設問1）は「変動費率の計算」という超・基本論点です。求め方は以下の通りです。

建材　4,303÷4,514×100=95.325‥‥=95.33%
マーケット　136÷196×100=69.387‥‥=69.39%
不動産　10÷284×100=3.521‥‥=3.52%
全社　4,449÷4,994×100=89.086‥‥=89.09%

この設問については，あまりに簡単で受験生の中には「なにか，ワナがあるのでは…」と疑心暗鬼に陥った方もおられたようです。誰もが正解してくる問題での計算ミスは命取りになります。その場で3回検算し，桁数（小数点以下第3位を四捨五入）もチェックし，確実に全問正解しましょう。

設問2

当期実績を前提とした全社的な損益分岐点売上高を（a）欄に計算せよ。なお，（設問1）の解答を利用して経常利益段階の損益分岐点売上高を計算し，百万円未満を四捨五入すること。

また，このような損益分岐点分析の結果を利益計画の資料として使うことには，重大な問題がある。その問題について（b）欄に30字以内で説明せよ。

【橋詰がたどり着いた答案】

(a) 損益分岐点売上高＝固定費/(1−変動費率)=474/(1−0.8909)=4,345百万円
(b)「変動費率が極端に異なる複数事業があり，事業部毎の分析が必要。」

（30字）

解　説

(a) これも基本論点で，求め方としては上記の通り，公式に代入して算定します。

但し「（設問1）の解答を利用して」という制約条件がありますので，「89.09％」を使うことに気を付けてください。四捨五入前の数字（89.0869‥‥）を使うと，「4,343百万円」となってしまい，基本の問題ですから減点される可能性があります。

(b) 解答すべき主旨は，「3事業の費用構成がまるで違うので，セグメント別に見ないと意味が無いこと」です。これも基本の論点ですのできっちり得点しましょう。ただ，書いて良いのはたった30文字です。要点を簡潔かつ端的にまとめて，この解答にたどり着きました。

この設問を読んで，「最初，(a) で計算させたにも関わらず否定する理由を聞くなんて!」と思いました。ただ，会社側が作った計画に対し，「それでは駄目ですよ」と中小企業診断士として指摘する場面は十分に想定されますので，実践に即した設問といえるかも知れません。

設問3

次期に目標としている全社的な経常利益は250百万円である。不動産事業部の損益は不変で，マーケット事業部の売上高が10％増加し，建材事業部の売上高が不変であることが見込まれている。この場合，建材事業部の変動費率が何％であれば，目標利益が達成できるか，(a) 欄に答えよ。(b) 欄には計算過程を示すこと。なお，（設問1）の解答を利用し，最終的な解答において％表示で小数点第3位を四捨五入すること。

【橋詰がたどり着いた答案】

(a) 98.65％

(b) 建材事業部の変動費率をA％とする

建材事業部売上高＋マーケット事業部売上高×110％

−（建材事業部変動費＋建材事業部固定費＋マーケット事業部変動費×110％

＋マーケット事業部固定費＋共通固定費）＝目標経常利益−不動産事業部損益

となるため，それぞれ数値を代入すると

4,514+196×1.1−（4,514×A%+323+196×1.1×69.39%+101+20）=250−244=6
A=91.49%

解　説

（設問3）は，全社の目標利益を達成するための，建材事業部の変動費率を求める問題です。計算方法は（b）の解答欄の通り，固定費と，建材事業部以外の変動費率を現状通りとして算定し，この解答にたどり着きました。

厳密にいうと，設問文によればマーケット事業部は「売上高が10%増える」とあるのみで，利益については記載がありませんので，情報が不足しています。とはいえ，実際に試算する場面を考えると，改善・悪化する情報が無いのであれば前年並みと想定する，即ち（設問1）の値を活用すると考えられます。このように字面で情報が足りない場合は，論理的に考えて補ってゆく必要があります。

ちょっと視点を変えて，この設問が何故あるのか考えてみましょう。建材事業の材料費が高騰していますので，D社社長さんは「変動費率を何%以下に抑える必要があるのだろう?」と悩まれています。ここで「不動産事業部は昨年並みの損益，マーケット事業部は昨年より売上高が10%増える」という情報がありますので，それをもとに数字で示しています。まさに経営コンサルタントとして経営者に助言する場面を想定した設問と言えます。

第3問（配点30点）

D社は，マーケット事業部の損益改善に向けて，木材の質感を生かした音響関連の新製品の製造販売を計画中である。当該プロジェクトに関する資料は以下のとおりである。

<資料>

大手音響メーカーから部品供給を受け，新規機械設備を利用して加工した木材にこの部品を取り付けることによって製品を製造する。

・新規機械設備の取得原価は20百万円であり，定額法によって減価償却する（耐用年数5年，残存価値なし）。

・損益予測は以下の通りである。

（単位：百万円）

	第1期	第2期	第3期	第4期	第5期
売上高	20	42	60	45	35
原材料費	8	15	20	14	10
労務費	8	12	12	11	6
減価償却費	4	4	4	4	4
その他の経費	5	5	5	5	5
販売費	2	3	4	3	2
税引前利益	−7	3	15	8	8

・キャッシュフロー予測においては，全社的利益（課税所得）は十分にあるものとする。また，運転資本は僅少であるため無視する。なお，利益（課税所得）に対する税率は30％とする。

設問1

各期のキャッシュフローを計算せよ。

【橋詰がたどり着いた答案】

（単位：百万円）

	第1期	第2期	第3期	第4期	第5期
減価償却費①	4	4	4	4	4
税引後利益②	−4.9	2.1	10.5	5.6	5.6
CF（①＋②）	−0.9	6.1	14.5	9.6	9.6

解　説

第3問（設問1）は，2次試験の頻出論点であるキャッシュフローで，確実に取りたい問題です。運転資本の増減を無視できると注釈にありますので，単に税引後利益＋減価償却費で算定できます。税率は30％で，全社では課税所得はありますので，この事業の赤字・黒字にかかわらず税引後利益を各期の税引前利益×0.7と算定し，それに減価償却費4百万円を加えれば完成です。

注意点は，新規機械設備の取得原価20百万円をいつ支払ったか，特に指示がありませんので，第0期に支払っていると考えることです。もう少し深く考えると，第1期から第5期まで等しく4百万円ずつ減価償却費を計上していますので，第1期は期中からではなく期首から設備が稼働していることがわかります。ということは，設備の購入と設置はそれより前であり，すなわち支払いは第0期に行っていると考えるのが自然と言えます。

設問2

当該プロジェクトについて，(a) 回収期間と (b) 正味現在価値を計算せよ。なお，資本コストは5％であり，利子率5％のときの現価係数は以下のとおりである。解答は小数点第3位を四捨五入すること。

	1年	2年	3年	4年	5年
現価係数	0.952	0.907	0.864	0.823	0.784

【橋詰がたどり着いた答案】

(a) 20+0.9−6.1−14.5=−0.312×(0.3÷9.6)=0.375

よって3年と0.38カ月

(b)

（単位：百万円）

	1年	2年	3年	4年	5年	5年間合計
CF（①+②）	−0.9	6.1	14.5	9.6	9.6	
現価係数	0.952	0.907	0.864	0.823	0.784	
現在価値	−0.8568	5.5327	12.528	7.9008	7.5264	32.6311

従って，正味現在価値は32.63−20=12.63百万円。

解　説

（設問2）はこれも頻出の論点である回収期間と正味現在価値（NPV）の算定です。（設問1）で算定した各期のキャッシュフローを使用して算定式に当てはめて算定します。

(a) 回収期間

回収期間法は金利を考慮しない計算になりますので，単に累計キャッシュフローに基づいて，何年で回収が出来るか計算します。まず，1年目からのキャッシュフローの累計を計算すると，

1年目終了時点−20.9百万円（−20−0.9）

2年目終了時点−14.8百万円（−20−0.9+6.1）
3年目終了時点−　0.3百万円（−20−0.9+6.1+14.5）

そのため，4年目で残り0.3百万円を回収すれば投資回収できると考えます。4年目のキャッシュフローは9.6百万円，つまり月0.8百万円ですので，0.3÷0.8=0.38カ月　よって解答は3年と0.38カ月となります。3.03年という解答でも良いのですが，せっかく12で割り切れるキャッシュフローですので，記載ミスをしにくい表記にすることにし，この解答にたどり着きました。

(b) 正味現在価値

正味現在価値法は金利を考慮する計算になりますので，（設問1）で算定した各期のキャッシュフローに現価係数を掛けて算定します。計算方法は答案欄外の通り，キャッシュフローの正味現在価値の5年間合計から投資額を引くことで，この解答にたどり着きました。なお，投資額を引くのを忘れて書いてしまう単純ミスをしがちですので，注意してください。

設問3

<資料>記載の機械設備に替えて，高性能な機械設備の導入により原材料費および労務費が削減されることによって新製品の収益性を向上させることができる。高性能な機械設備の取得原価は30百万円であり，定額法によって減価償却する（耐用年数5年，残存価値なし）。このとき，これによって原材料費と労務費の合計が何％削減される場合に，高性能の機械設備の導入が<資料>記載の機械設備より有利になるか，(a) 欄に答えよ。(b) 欄には計算過程を示すこと。なお，資本コストは5%であり，利子率5%のときの現価係数は（設問2）記載のとおりである。解答は，％表示で小数点第3位を四捨五入すること。

【橋詰がたどり着いた答案】

(a) 10.53％

(b)（毎年の削減額×(1−税率)+減価償却増加額の節税効果）の現在価値が投資増加額を超える点

削減率をA％とすると

	第1期	第2期	第3期	第4期	第5期
原材料費	8	15	20	14	10
労務費	8	12	12	11	6
合計	16	27	32	25	16
現価係数	0.952	0.907	0.864	0.823	0.784

$(16A\times0.7+2\times0.3)\times0.952+(27A\times0.7+2\times0.3)\times0.907+(32A\times0.7+2\times0.3)\times0.864+(25A\times0.7+2\times0.3)\times0.823+(16A\times0.7+2\times0.3)\times0.784=10$

A=10.5229・・・従って，10.52％では有利にならないので，10.53％

解　説

高価だが高性能な設備を導入する場合に，どれだけコストダウンできれば有利かを，正味現在価値法で計算して判断する設問です。

計算の過程で考慮することは，

①原材料費と労務費が減少することによる利益（税引後）の増加

②設備投資を行って減価償却費を計上することによる，節税効果

③設備投資を行うことによる資金の減少

で，①+②の現在価値が③を上回る場合に有利となります。①のコスト削減割合がわからないためAとし，上記の式にあてはめることで，この解答にたどり着きました。

この設問3は，実際の投資判断で如何にも検討しそうな実践的な設定ですが，試験問題としては，この年度の事例Ⅳで最も「効率の悪い」設問です。なぜなら，パソコンが使えない試験中に手計算で行うには相当の時間がかかり，さらに1日の受験で疲労困憊したアタマで計算ミスをする可能性も高いからです。それでは何故こんな拷問のような問題を出すのでしょう。ここで受験生に時間を浪費させ，この後の第4問の論述問題を解答する時間を奪って焦らせる，出題側の悪意を感じます。事例Ⅳが得意な過去の合格者は，この問題を見て「きっと計算ミスするので，よほど時間が余らない限り捨てる。」と言い切っていました。年に一度の試験でそこまで思い切れるかという問題はありますが，そんな「冷静な判断が出来るかが問われる設問」と言えます。少なくとも，他の設問を確実にしたうえで最後に解きましょう。

第4問（配点20点）

設問1

D社は建材事業部の配送業務を分離し連結子会社としている。その（a）メリットと（b）デメリットを，それぞれ30字以内で説明せよ。

【橋詰がたどり着いた答案】

(a) メリット「①成果や責任の明確化②意思決定の迅速化③事業リスクの遮断」(28字)

(b) デメリット「①経営資源の重複②情報の遮断③統制の困難性④人事交流の遮断」(29字)

解　説

（設問1）は，一部の事業を連結子会社とすることのメリットとデメリットという1次知識を問う設問となっています。まずは，子会社化のメリットとして，成果や責任の明確化，意思決定の迅速化という事業運営しやすくなる観点と，リスク遮断という危機対応の観点が考えられます。デメリットとしては，経営資源を重複して持たなければならない，情報や人事交流が法人間で遮断されるといった，一体性を毀損してしまうことと，連結子会社とはいえ統制が困難になる可能性が考えられます。1点でも多く取ることを狙って，短文で多くの要素を詰め込み，この解答にたどり着きました。

深く検討するならば，D社は配送事業だけどうして子会社化しているのか？建材，分譲，賃貸の3つの異なる事業を本体で行っているのに？と考えることもできます。しかし，その論拠となることが与件文には触れられておらず，出題者の書いてほしい内容を外すリスクがあります。そのため，安全策をとるのが妥当だと考え，上記の通り1次知識ベタベタの解答としました。

設問2

建材事業部では，EDIの導入を検討している。どのような財務的効果が期待できるか。60字以内で説明せよ。

【橋詰がたどり着いた答案】

「効果は，ITによる受発注の迅速化・効率化に伴い効率的な調達，在庫管理，

タイムリーな配送が実現し，コストダウンが期待できる事。」(60字)

解　説

(設問2) は，EDIの導入に伴う財務的効果を問う問題です。

与件文を見ると，D社は非効率な建材調達・在庫保有による収益性の低下に悩んでおり，これらをEDIの導入によって改善しようとしていますので，これらが解答のヒントとなります。ここで考えられる改善点としては，①タイムリーなデータ共有で業務を迅速かつ効率的に行えるようになる，②取引先と在庫情報を共有できることで，調達，在庫保有，配送を合理的に行える，といったことが考えられます。また，「財務的効果」を問われていますので，「費用が削減される」といった効果を解答に織り込みます。これらを簡潔に記すことで，この解答にたどり着きました。

これも基本的には，1次知識を問う設問となっていますが，「D社にとっての」メリットを記す必要がある点には留意してください。中小企業診断士試験は，あくまでも経営コンサルタントとしての能力を測るための論述試験です。

平成30年事例Ⅳ

D社は資本金5,000万円，従業員55名，売上高約15億円の倉庫・輸送および不動産関連のサービス業を営んでおり，ハウスメーカーおよび不動産流通会社，ならびに不動産管理会社およびマンスリーマンション運営会社のサポートを事業内容としている。同社は，顧客企業から受けた要望に応えるための現場における工夫をブラッシュアップし，全社的に共有して一つ一つ事業化を図ってきた。

D社は，主に陸上貨物輸送業を営むE社の引越業務の地域拠点として1990年代半ばに設立されたが，新たなビジネスモデルで採算の改善を図るために，2年前に家具・インテリア商材・オフィス什器等の大型品を二人一組で配送し，開梱・組み立て・設置までを全国で行う配送ネットワークを構築した。

同社は，ハウスメーカーが新築物件と併せて販売するそれらの大型品を一度一カ所に集め，このネットワークにより一括配送するインテリアのトータルサポート事業を開始し，サービスを全国から受注している。その後，E社の子会社F社を吸収合併することにより，インテリアコーディネート，カーテンやブラインドのメンテナンス，インテリア素材調達のサービス業務が事業に加わった。

さらに，同社は，E社から事業を譲り受けることにより不動産管理会社等のサポート事業を承継し，マンスリーマンションのサポート，建物の定期巡回やレンタルコンテナ点検のサービスを提供している。定期巡回や点検サービスは，不動産巡回点検用の報告システムを活用することで同社の拠点がない地域でも受託可能であり，全国の建物を対象とすることができる。

D社は受注した業務について，協力個人事業主等に業務委託を行うとともに，配送ネットワークに加盟した物流業者に梱包，発送等の業務や顧客への受け渡し，代金回収業務等を委託しており，協力個人事業主等の確保・育成および加盟物流業者との緊密な連携とサービス水準の把握・向上がビジネスを展開するうえで重要な要素になっている。

また，D社は顧客企業からの要望に十分対応するために配送ネットワークの強化とともに，協力個人事業主等ならびに自社の支店・営業所の拡大が必要と考えている。同社の事業は労働集約的であることから，昨今の人手不足の状況下で，同社は事業計画に合わせて優秀な人材の採用および社員の教育にも注力する方針である。

D社と同業他社の今年度の財務諸表は以下のとおりである。

貸借対照表

（単位：百万円）

	D社	同業他社		D社	同業他社
＜資産の部＞			＜負債の部＞		
流動資産	388	552	流動負債	290	507
現金及び預金	116	250	仕入債務	10	39
売上債権	237	279	短期借入金	35	234
たな卸資産	10	1	未払金	−	43
前払費用	6	16	未払費用	211	87
その他の流動資産	19	6	未払消費税等	19	50
固定資産	115	64	その他の流動負債	15	54
有形固定資産	88	43	固定負債	34	35
建物	19	2	負債合計	324	542
リース資産	−	41	＜純資産の部＞		
土地	66	−	資本金	50	53
その他の有形固定資産	3	−	資本剰余金	114	3
無形固定資産	18	6	利益剰余金	15	18
投資その他の資産	9	15	純資産合計	179	74
資産合計	503	616	負債・純資産合計	503	616

損益計算書

（単位：百万円）

	D社	同業他社
売上高	1,503	1,815
売上原価	1,140	1,635
売上総利益	363	180
販売費及び一般管理費	345	121
営業利益	18	59
営業外収益	2	1
営業外費用	2	5
経常利益	18	55
特別損失	−	1
税引前当期純利益	18	54
法人税等	5	30
当期純利益	13	24

1 事例のテーマ

「収益性と効率性を改善するために新規営業拠点の開設投資と業務委託の有効活用に取組む事例」

2 与件文の整理

事例企業の概要	
	業　　種　倉庫・輸送および不動産関連のサービス業 主力商品　ハウスメーカー・不動産流通会社・不動産管理会社・マンスリーマンション運営会社のサポート 財務内容　売上約15億円　総資産5億300万円　資本金5,000万円 従業員数　正規・非正規別なし　合計55名 市場（企業）の特性 顧客からの要望に応えるべく現場における工夫をブラッシュアップし，全社的に共有して一つ一つ事業化 受注業務は，協力個人事業主等に業務委託するとともに，配送ネットワークに加盟の物流業者に梱包，発送等の業務や顧客への受け渡し，代金回収業務等を委託 協力個人事業主等の確保・育成および加盟物流業者との緊密な連携とサービス水準の把握・向上がビジネス展開の重要な要素 顧客の要望に十分対応するため，配送ネットワークの強化，協力個人事業主等，自社の支店・営業所の拡大が必要 事業は労働集約的 昨今の人手不足の状況下で，事業計画に合わせて優秀な人材の採用および社員の教育にも注力する方針 時系列の出来事 1990年代半ば 陸上貨物輸送業を営むE社の引越業務の地域拠点として設立 2年前 新ビジネスモデルで採算の改善を図るため家具・インテリア商材・オフィス什器等の大型品を二人一組で配送し，開梱・組立・設置までを全国で行う配送ネットワークを構築 E社の子会社F社の吸収合併により，インテリアコーディネート，カーテンやブラインドのメンテナンス，インテリア素材調達のサービス業務が事業に加わった E社からの事業譲受により不動産管理会社等のサポート事業を承継し，マンスリーマンションのサポート，建物の定期巡回やレンタルコンテナ点検のサービスを提供 定期巡回や点検サービスは，不動産巡回点検用報告システム活用で，同社拠点ない地域でも受託可能，全国の建物を対象

SWOT		
	強み ○顧客からの要望をブラッシュアップし事業化する力 ○不動産巡回点検用報告システム活用で，同社拠点ない地域でも受託可能	機会 ○顧客からの要望
	弱み ○顧客の要望に十分対応するため，配送ネットワークの強化 ○協力個人事業主等，自社の支店・営業所の拡大が必要 ○事業は労働集約的 ○アウトソーシングが多い ○M&Aや事業譲受で事業拡大	脅威 ○昨今の人手不足の状況

3 全体観

与件文は1ページ，貸借対照表と損益計算書もあり，問題用紙は全部で6ページとなっています。D社は設立20年超の倉庫・輸送および不動産関連サービス業者で，主に陸上貨物輸送業を営むE社の引越業務の地域拠点として設立されました。採算の改善を図るために事業を多角化し，人手不足の状況下であっても外注や業務委託の活用，採用強化と共に社員教育に力を入れています。顧客要望に対応しようと，営業拠点の開設を慎重に検討しています。

設問の構成は次の通り。

第1問　24点

設問1　財務指標　優れているもの1つ，課題を示すもの2つ

設問2　財政状況・経営成績の課題を説明（50字）

第2問　31点

設問1　WACCと要求CFの計算

設問2　増加CFの計算と企業価値の視点での合併判断（70字）

設問3　CF成長率の計算

第3問　30点

設問1　CVP分析

設問2　営業拠点の費用構造と開設投資の特徴（60字）

設問3　営業拠点の新たな開設と成長性の関係（60字）
第4問　15点　業務委託による悪影響の可能性と対応策（70字）

複雑な計算は少ない印象です。ただ，全体的に記述や計算過程を書かせる設問が多く，D社の状況を財務の視点から分析・説明する能力や計算の基礎的な能力の有無を問われていると感じました。第2問のWACCや企業価値の判断等ファイナンスの問題は苦手な方が多い印象ですが，今後事業承継やM&Aが一般的となる中，中小企業診断士として身に付けておくべき知識ですので，連結決算同様本問程度の事項はしっかり解けるようになっておきたいものです。設問ごとの難易度を考えると，第1問，第3問，第4問でしっかりと得点を稼ぎ，第2問は計算過程をしっかりと書くことで部分点を狙うことで，十分に合格点を狙える事例であると思います。

第1問（配点24点）

設問1

D社と同業他社の財務諸表を用いて経営分析を行い，同業他社と比較してD社が優れていると考えられる財務指標を1つ，D社の課題を示すと考えられる財務指標を2つ取り上げ，それぞれについて，名称を（a）欄に，その値を（b）欄に記入せよ。なお，優れていると考えられる指標を①の欄に，課題を示すと考えられる指標を②，③の欄に記入し，（b）欄の値については，小数点第3位を四捨五入し，単位をカッコ内に明記すること。

【橋詰がたどり着いた答案】
優れていると考えられる財務指標
　自己資本比率35.59％
課題を示すと考えられる財務指標
　売上高営業利益率1.20％　有形固定資産回転率17.08回

解　説

（設問1）は，昨年度と同様に同業他社と比較して「優れている財務指標1つ」，「課題を示す財務指標2つ」を指摘するもので，セオリー通り「安全性」，「収益性」，「効率性」の3点から検討します。

まず，D社の特徴として「事業は労働集約的」，「アウトソーシングが多い」ことが，第5段落と第6段落から読み取れるので，販管費に問題がある可能性があります。実際の数値でも，売上高総利益率では同業他社を大幅に上回っているのに，売上高営業利益率では下回っています。従って，与件文と財務指標の結果から，課題を示す財務指標の1つとして，「売上高営業利益率」を選択し，「収益性が低い」と判断します。

次に，「安全性」「効率性」については，与件文に決定的な良し悪しの記述がないので，貸借対照表を見ると，資本剰余金が114百万円（同業他社は3百万円）あるのが目立ちます。合併しているので当然ではあるのですが，自己資本比率を比較しても同業他社を大幅に上回っているため，優れている財務指標として，「自己資本比率」を選択し，「安全性が高い」と判断しました。

また，資産の部では有形固定資産が同業他社の2倍以上になってます。第3段落に「大型品を一度一カ所に集め」という記述があることから所有不動産が多くなっていることが推定されることや，第3問の設問文に「営業拠点として，地方別に計3カ所の支店または営業所を中核となる大都市に開設している。」との記述があることから，倉庫や支店・営業所などの所有を推定しました。数値的にも同業他社を大幅に下回っていますので，2つ目の課題を示す財務指標として，「有形固定資産回転率」を選択し，「効率性が低い」と判断しました。

損益計算書

（単位：百万円）

	D社	同業他社	＜安全性＞	D社	同業他社
売上高	1,503	1,815	流動比率	133.79%	108.88%
売上原価	1,140	1,635	当座比率	121.72%	104.34%
売上総利益	363	180	自己資本比率	35.59%	12.01%
販売費及び一般管理費	345	121	負債比率	181.01%	732.43%
営業利益	18	59	固定比率	64.25%	86.49%
営業外収益	2	1	＜効率性＞		
営業外費用	2	5	売上債権回転率	6.34	6.51
経常利益	18	55	棚卸資産回転率	150.30	1,815.00
特別利益	0	0	有形固定資産回転率	17.08	42.21
特別損失	0	1	＜収益性＞		
税金等調整前当期純利益	18	54	売上高総利益率	24.15%	9.92%
法人税等	5	30	売上高営業利益率	1.20%	3.25%
当期純利益	13	24	売上高経常利益率	1.20%	3.03%

貸借対照表

（単位：百万円）

	D社	同業他社		D社	同業他社
＜資産の部＞			＜負債の部＞		
流動資産	388	552	流動負債	290	507
現金預金	116	250	仕入債務	10	39
売上債権	237	279	短期借入金	35	234
棚卸資産	10	1	その他の流動負債	245	234
その他の流動資産	25	22	固定負債	34	35
固定資産	115	64	長期借入金		
有形固定資産	88	43	その他の固定負債		
建物及び構築物	19	2	負債合計	324	542
機械設備	66	41	＜純資産の部＞		
その他の有形固定資産	3	0	資本金	50	53
無形固定資産	18	6	利益剰余金	15	18
投資その他の資産	9	15	その他の純資産	114	3
			純資産合計	179	74
資産合計	503	616	負債・純資産合計	503	616

設問2

D社の財政状態および経営成績について，同業他社と比較してD社が優れている点とD社の課題を50字以内で述べよ。

【橋詰がたどり着いた答案】

「払込資本が多いため安全性が高く，外注費，労働集約的業務，不動産保有の影響で収益性，効率性に課題あり。」（50字）

解　説

（設問2）は，D社の財政状態および経営成績の定性面をD社社長に説明するもので，50字という限られた字数の中，「安全性」，「収益性」，「効率性」の3点の視点を解答しなければなりません。ここでは，（設問1）で各財務指標を選択した理由を簡潔にまとめました。いつもの通り，解答のテクニックは，「～のため，○○性が高い（低い）」とすることです。ただ，昨年の40字，今年の50字と字数制限が厳しいので，言葉の選び方が重要です。

第2問（配点31点）

D社は今年度の初めにF社を吸収合併し，インテリアのトータルサポート事業のサービスを拡充した。今年度の実績から，この吸収合併の効果を評価することになった。以下の設問に答えよ。なお，利益に対する税率は30％である。

設問1

吸収合併によってD社が取得したF社の資産及び負債は次のとおりであった。

（単位：百万円）

流動資産	99	流動負債	128
固定資産	91	固定負債	10
合計	190	合計	138

今年度の財務諸表をもとに①加重平均資本コスト（WACC）と，②吸収合併により増加した資産に対して要求されるキャッシュフロー（単位：百万円）を求め，その値を（a）欄に，計算過程を（b）欄に記入せよ。なお，株主資本に対する資本コストは8％，負債に対する資本コストは1％とする。また，（a）欄の値については小数点第3位を四捨五入すること。

【橋詰がたどり着いた答案】
① 1%×(1−0.3)×324/503+8%×179/503=3.297‥‥≒3.30（%）
②CF÷0.033=190
CF=190×0.033=6.27（百万円）

解　説

（設問1）は，①加重平均資本コスト（WACC）と②吸収合併により増加した資産に対して要求されるキャッシュフローを求める基本的な問題です。WACCは1次試験の頻出論点であり，確実に正解したい設問です。

それぞれの求め方は以下のとおりです。

①WACC=負債コスト×(1−法人税率)×負債/総資産+株主資本コスト×株主資本/総資産
=1%×(1−0.3)×324/503+8%×179/503
=3.297‥‥
=3.30（%）

②要求CF=F社総資産(企業価値)×WACC
=190×0.033
=6.27（百万円）

設問2

インテリアのトータルサポート事業のうち，吸収合併により拡充されたサービスの営業損益に関する現金収支と非資金費用は次のとおりであった。

（単位：百万円）

収益	収入	400
費用	支出	395
	非資金費用	1

企業価値の増減を示すために，吸収合併により増加したキャッシュフロー（単位：百万円）を求め，その値を（a）欄に，計算過程を（b）欄に記入せよ。（a）欄の値については小数点第3位を四捨五入すること。また，吸収合併によるインテリアのトータルサポート事業のサービス拡充が企業価値の向上につながったかについて，（設問1）で求めた値も用いて理由を示して（c）欄に70字以内で述べよ。なお，運転資本の増減は考慮しない。

【橋詰がたどり着いた答案】

(a) 3.8百万円

(b) (400−395−1)×(1−0.3)+1=3.8（百万円）

(c)「CFは3.8百万円増加したものの，吸収合併により増加した資産に対して要求されるCF6.27百万円に届かず，企業価値の向上につながっていないといえる。」(69字)

解　説

（設問2）では，運転資本の増減は考慮しないため，吸収合併により増加したキャッシュフローは税引き前営業利益のキャッシュフローとして求めます。(a) と (b) の計算問題は基本的な問題であり，現金の出入りやタックスシールドに気を付けながら，丁寧に計算しましょう。(c) は，吸収合併により増加したCF3.8百万円 (a) が（設問1）で求めた②要求CF6.27百万円に届いておらず，企業価値の向上につながっていないと判断します。

求め方は以下のとおりです。

吸収合併により増加したCF＝営業利益×(1−税率)＋非資金費用
＝(400−395−1)×(1−0.3)+1
=3.8（百万円）

設問3

（設問2）で求めたキャッシュフローが将来にわたって一定率で成長するものとする。その場合，キャッシュフローの現在価値合計が吸収合併により増加した資産の金額に一致するのは，キャッシュフローが毎年度何パーセント成長するときか。キャッシュフローの成長率を (a) 欄に，計算過程を (b) 欄に記入せよ。なお，(a) 欄の成長率については小数点第3位を四捨五入すること。

【橋詰がたどり着いた答案】

成長率をg%とすると，{3.8×(1+g)}÷(0.033−g)=190
{3.8×(1+g)}=190×(0.033−g)
193.8g=2.47
g=0.01274‥‥≒1.27（%）

解　説

（設問3）は，（設問1）で求めたWACCと（設問2）で求めた増分キャッシュフローに基づき，資産価値の維持に必要な成長率を求める問題です。成長率も1次試験の頻出論点ですのでしっかりと身に付けて行きましょう。

求め方は以下のとおりです。

成長率をg%とすると，

増分キャッシュフロー×(1+g)/(WACC−g)=F社総資産（企業価値）

$$\{3.8\times(1+g)\}\div(0.033-g)=190$$

$$\{3.8\times(1+g)\}=190\times(0.033-g)$$

$$193.8g=2.47$$

$$g=0.01274\cdots$$

$$g\fallingdotseq 1.27\ (\%)$$

第3問（配点30点）

D社は営業拠点として，地方別に計3カ所の支店または営業所を中核となる大都市に開設している。広域にビジネスを展開している多くの顧客企業による業務委託の要望に応えるために，D社はこれまで営業拠点がない地方に営業所を1カ所新たに開設する予定である。

今年度の売上原価と販売費及び一般管理費の内訳は次のとおりである。以下の設問に答えよ。

（単位：百万円）

変動費	売上原価			1,014
		外注費		782
		その他		232
	販売費及び一般管理費			33
	計			1,047
固定費	売上原価			126
	販売費及び一般管理費			312
		支店・営業所個別費		99
			給料及び手当	79
			貸借料	16
			その他	4
		本社費・共通費		213
	計			438

設問1

来年度は外注費が7％上昇すると予測される。また，営業所の開設により売上高が550百万円，固定費が34百万円増加すると予測される。その他の事項に関しては，今年度と同様であるとする。

予測される以下の数値を求め，その値を（a）欄に，計算過程を（b）欄に記入せよ。

①変動費率（小数点第3位を四捨五入すること）
②営業利益（百万円未満を四捨五入すること）

【橋詰がたどり着いた答案】

①変動費率（小数点第3位を四捨五入すること）
（782×1.07+232+33）÷1,503×100=73.302‥‥≒73.30（％）

②営業利益（百万円未満を四捨五入すること）
売上高：1,503+550=2,053
変動費：2,053×0.7330=1,504.849≒1,505
固定費：438+34=472
従って，営業利益：2,053−1,505−472=76（百万円）

解　説

第3問は，2次試験の頻出論点であるCVP分析の問題です。（設問1）は，①変動費率，②営業利益を求めるもので，定義を正確に理解していれば確実に解ける基本的な問題です。中小企業診断士にとってクライアントさんの事業計画を立てることは基本中の基本ですし，シミュレーションの中で前提条件を変えていくことにより，望ましい事業計画を作ってあげることは実務上必要となってきますので，正確に解けるようにしておきましょう。

それぞれの求め方は以下のとおりです。

①変動費率＝（今年度の外注費×1.07＋売上原価・その他＋販管費）÷
　　今年度の売上高×100
　＝（782×1.07+232+33）÷1,503 × 100
　=73.302‥‥
　≒73.30（％）

②営業利益=予想される来年度の売上高−予想される来年度の変動費−
　　予想される来年度の固定費
　=2,053−1,505−472
　=76（百万円）

※予想される来年度の売上高2,053（百万円）=今年度の売上高1,503+営業所開設による売上高550

予想される来年度の変動費1,505（百万円）=予想される来年度の売上高2,053×0.7330
=1,504.849
≒1,505

予想される来年度の固定費472（百万円）=今年度の固定費438+営業所開設による固定費34

設問2

D社が新たに営業拠点を開設する際の固定資産への投資規模と費用構造の特徴について，60字以内で説明せよ。

【橋詰がたどり着いた答案】
「固定資産への投資規模は相対的に小さく費用構造は投資により変動費率が上昇し売上により収益が左右されにくい構造となるのが特徴。」(60字)

解　説

（設問2）は，60字の字数制限の中で，①固定資産への投資規模，②費用構造の特徴の2点について解答します。第3問の情報だけで十分に解答できる設問です。

①設問文の売上原価と販売費及び一般管理費の内訳より，固定費の中に支店・営業所個別費の内訳として賃借料16百万円とあります。第1問（設問1）で，D社の有形固定資産は自社倉庫や支店・営業所などによるものと推定しましたが，この賃借料をワザワザ設問文に記載していることを考えると営業所の開設は賃借で行っているものと考えられ，固定資産への投資規模は相対的に小さいと判断できます。

②この設問での費用構造とは，変動費と固定費の割合を示しており，解答方法は「変動費率が上昇（低下）した」や「固定費が増加（低下）した」という

表現方法で行います。D社は新たに営業所を開設することで変動費率が上昇しており，その結果として売上により収益が左右されにくい構造となります。

設問3

（設問2）の特徴を有する営業拠点の開設がD社の成長性に及ぼす当面の影響，および営業拠点のさらなる開設と成長性の将来的な見通しについて，60字以内で説明せよ。

【橋詰がたどり着いた答案】
「開設により当面，売上・利益ともに増加も，さらなる開設による将来的な見通しは費用構造の変化により限界利益率が逓減していく。」（60字）

解　説

（設問3）は，営業所の新たな開設がD社の成長性にどのように関係するのか，短期的・長期的な観点で解答する設問です。ここでの成長性は売上や利益の増加と考えています。短期的には，営業所の新たな開設により売上と利益が増加しますが，営業所のさらなる開設を進めると費用構造は変動費率が高まり，次第に限界利益率が逓減していきます。

第4問（配点15点）

D社が受注したサポート業務にあたる際に業務委託を行うことについて，同社の事業展開や業績に悪影響を及ぼす可能性があるのはどのような場合か。また，それを防ぐにはどのような方策が考えられるか。70字以内で説明せよ。

【橋詰がたどり着いた答案】
「悪影響は，外注費高騰や委託先確保・サービス水準維持不能の場合。方策は，委託先の確保・育成と緊密連携，顧客要望の全社的共有，報告システムの活用。」（70字）

解　説

第4問は，D社がサポート業務を業務委託することについて，与件文から悪影響を及ぼす可能性とそれを防ぐ方策を解答するものです。

悪影響を及ぼす可能性については，第5段落「協力個人事業主等の確保・育成および加盟物流業者との緊密な連携とサービス水準の把握・向上がビジネスを展開するうえで重要な要素になっている」，第6段落「昨今の人手不足の状況下」との記載から，「外注費」，「業務委託先」，「サービス水準」に着目しました。

方策については，第5段落「加盟物流業者との緊密な連携」に加え，第4段落「報告システム」との記載から，報告システム活用による顧客要望の社内共有，業務委託先の育成を行うこととし，悪影響への対策としました。

平成29年事例Ⅳ

D社は，所在地域における10社の染色業者の合併によって70年前に設立され，それ以来，染色関連事業を主力事業としている。現在，同社は，80％の株式を保有する子会社であるD-a社とともに，同事業を展開している。D社の資本金は2億円で，従業員はD社単体（親会社）が150名，子会社であるD-a社が30名である。

親会社であるD社は織物の染色加工を主たる業務とし，子会社であるD-a社がその仕立て，包装荷造業務，保管業務を行っている。先端技術を有するD社の主力工場においてはポリエステル複合織物を中心に加工作業を行っているが，他方で，人工皮革分野やマイクロファイバーにおいても国内のみならず海外でも一定の評価を得ている。またコーティング加工，起毛加工などの多様な染色加工に対応した仕上げ，後処理技術を保有し，高品質の製品を提供している。

現状におけるD社の課題をあげると，営業面において，得意先，素材の変化に対応した製品のタイムリーな開発と提案を行い，量・質・効率を加味した安定受注を確保すること，得意先との交渉による適正料金の設定によって採算を改善すること，生産面においては，生産プロセスの見直し，省エネルギー診断にもとづく設備更新，原材料のVAおよび物流の合理化による加工コスト削減があげられている。

D社は新規事業として発電事業に着手している。D社の所在地域は森林が多く，間伐等で伐採されながら利用されずに森林内に放置されてきた小径木や根元材などの未利用木材が存在しており，D社はこれを燃料にして発電を行う木質バイオマス発電事業を来年度より開始する予定である。同社所在の地方自治体は国の基金を活用するなどして木質バイオマス発電プラントの整備等を支援しており，同社もこれを利用することにしている（会計上，補助金はプラントを対象に直接減額方式の圧縮記帳を行う予定である）。この事業については，来年度にD社の関連会社としてD-b社を設立し，D社からの出資2千万円および他主体からの出資4千万円，銀行からの融資12億円を事業資金として，木質バイオマス燃料の製造とこれを利用した発電事業，さらに電力販売業務を行う。なお，来年度上半期にはプラント建設，試運転が終了し，下半期において商業運転を開始する予定である。

以下は，当年度のD社と同業他社の実績財務諸表である。D社は連結財務諸表である一方，同業他社は子会社を有していないため個別財務諸表であるが，同社の事業内容はD社と類似している。

貸借対照表

（単位：百万円）

	D社	同業他社		D社	同業他社
<資産の部>			<負債の部>		
流動資産	954	798	流動負債	636	505
現金及び預金	395	250	仕入債務	226	180
売上債権	383	350	短期借入金	199	200
棚卸資産	166	190	その他	211	125
その他	10	8	固定負債	1,807	602
固定資産	2,095	1,510	長期借入金	1,231	420
有形固定資産	1,969	1,470	社債	374	—
建物	282	150	リース債務	38	42
機械設備	271	260	退職給付引当金	164	140
リース資産	46	55	負債合計	2,443	1,107
土地	1,350	1,000	<純資産の部>		
その他	20	5	資本金	200	250
投資その他の資産	126	40	資本剰余金	100	250
投資有価証券	111	28	利益剰余金	126	701
その他	15	12	非支配株主持分	180	—
			純資産合計	606	1,201
資産合計	3,049	2,308	負債・純資産合計	3,049	2,308

損益計算書

（単位：百万円）

	D社	同業他社
売上高	3,810	2,670
売上原価	3,326	2,130
売上総利益	484	540
販売費及び一般管理費	270	340
営業利益	214	200
営業外収益	32	33
営業外費用	70	27
経常利益	176	206
特別損失	120	—
税金等調整前当期純利益	56	206
法人税等	13	75
非支配株主損益	16	—
当期純利益	27	131

（注）営業外収益は受取利息・配当金、営業外費用は支払利息、特別損失は減損損失および工場閉鎖関連損失である。また、法人税等には法人税等調整額が含まれている。

1 事例のテーマ

「投資戦略や収益管理に課題がある事業体が，新事業や取替投資で収益を上げようとしている事例」

2 与件文の整理

<table>
<tr><td rowspan="1">事例企業の概要</td><td colspan="2">業　種　染色関連事業（D社：加工，D-a社：織物仕立，荷造り，保管）
主力商品　ポリエステル複合織物（主力），人工皮革分野，マイクロファイバーの染色加工，仕上げ，後処理
財務内容　売上38億1,000万円　総資産6億600万円　資本金2億円
従業員数　D社：150名，D-a社：30名
新規事業
周辺地域の森林にある未利用木材を燃料にした木質バイオマス発電事業
燃料製造～発電～販売を行う
来年度D-b社を設立し，上期にプラント建設，下期より商業運転を開始
資本金6,000万円（うちD社2,000万円出資）
銀行融資12億円
課題
営業面
得意先・素材の変化に対応した製品のタイムリーな開発・提案による安定受注の確保
得意先との価格交渉による採算改善
生産面
生産プロセス見直し，設備更新，原材料のVAおよび物流合理化による加工コスト削減</td></tr>
<tr><td>SWOT</td><td>強み
○国内外で評価を得ている染色加工の先端技術を保有
○多様な染色加工に対応可能な仕上げ，後処理技術を保有
○上記2点により，高品質の製品提供が可能</td><td>機会
○近隣森林の未利用木材資源
○地方自治体の木質バイオマス発電プラント支援（補助金あり）</td></tr>
</table>

SWOT	弱み（課題より） ○製品のタイムリーな開発・提案ができていない ○得意先との価格交渉力が弱い ○加工コストが高い ○親会社が単体赤字	脅威

3 全体観

与件文は1ページ，貸借対照表と損益計算書もあり，問題用紙は全部で8ページと例年並みです。新規事業や関連事業を関連会社で行う比較的珍しい事例です。連結決算による出題はおそらく初ではないでしょうか。それほど複雑な内容ではありませんが，財務に弱い受験生の心を折るには十分なインパクトです。

設立70年以上の染色関連事業を主とする会社が題材です。既存事業である染色関連事業の設備投資による収益性向上と新規事業である発電事業への参入を検討しており，事業が複数の関連会社に分かれていることを踏まえた分析・提案が求められる事例です。

設問の構成は次の通りです。

第1問　25点
- 設問1　財務指標　課題を示すもの2つ，優れているもの1つ
- 設問2　財政状態・経営成績の特徴を説明（40字）

第2問　18点
- 設問1　予測損益計算書の計算
- 設問2　来年度の予想営業利益の計算
- 設問3　再来年度以降の予想営業利益と収益の見込める最低売電単価の計算

第3問　29点
- 設問1　キャッシュフローの計算
- 設問2　投資の安全性，収益性の分析

第4問　28点

設問1　親会社単体の損益状況の分析（30字）
設問2　関連会社の子会社化による財務指標に対する影響の分析（30字）
設問3　関連会社の子会社化による財務指標以外の面での影響の分析（60字）

問題も例年より難易度は高いように思われますが，連結決算がわからなくても60点を確保できるサービス問題もちりばめられているので，あきらめず粘ってできる問題を確実に解答していくことが必要です。第1問，第2問，第3問設問1で確実に点を積み重ねられると良いでしょう。

第1問（配点25点）

設問1

D社と同業他社のそれぞれの当年度の財務諸表を用いて経営分析を行い比較した場合，D社の課題を示すと考えられる財務指標を2つ，D社が優れていると思われる財務指標を1つ取り上げ，それぞれについて，名称を（a）欄に，財務指標の値を（b）欄に記入せよ。なお，解答にあたっては，①，②の欄にD社の課題を示す指標を記入し，③の欄にD社が優れていると思われる指標を記入すること。また，（b）欄の値については，小数点第3位を四捨五入し，カッコ内に単位を明記すること。

【橋詰がたどりついた答案】
課題となる指標　負債比率573.47％　売上高総利益率12.70％
優 れ た 指 標　棚卸資産回転率22.95回

解　説

鉄板の財務指標選びの問題です。ここは連結決算ということを意識せず素直に解答すれば良いと思います。選択肢が3つですので，セオリー通り「収益性」，「効率性」，「安全性」の3つから1つずつ選ぶよう考えます。

まず，与件文に解答を求めに行くと，収益性に関する記述が散見されます。第2段落では「国内のみならず海外でも一定の評価を得ている」や「高品質の製品を提供している」という記述があり，一旦，「付加価値が高く収益性に優れているのではないか?」と推定しましたが，第3段落で「得意先との交渉による適正料金の設定」や「加工コスト削減」などの記述から，要するに，高品質・高評価の製品を適正価格で売ることができず，加工コスト（製造原価）も高い。従って，課題は『総利益率』」と気付きます。

安全性と効率性については，与件文に決定的な記述が見当たりませんでしたので，やむを得ず財務諸表を探りに行きました。財務諸表を一見すると，「長期借入金が同業他社の3倍近く」と突出して目立ちます。従って，迷わず「負債比率」を課題としました。安全性の比率で「負債比率」と「自己資本比率」は表裏ですが，橋詰は，負債がテーマになる場合は負債比率，純資産がテーマになる場合には自己資本比率を選びます。今回も，自己資本比率が13.97%と問題に感じるほど悪いとは思えない（逆に，自己資本比率52%の同業他社はメッチャ優良企業です）ことからも，「負債比率」がイメージしやすいと感じました。

効率性については，よく用いられる「売上債権回転率」「棚卸資産回転率」「有形固定資産回転率」は，全て同業他社と比べて良いので，ハタと困ってしまいました。ただ，開きが大きいのは「棚卸資産回転率」です。ここで，第3段落の課題をみると「安定受注」「設備更新」があがっていることから，「売上債権回転率」「有形固定資産回転率」は「優れている」と理由付けしにくいので除外します。第2段落の「子会社であるD-a社が，仕立て，包装荷造業務，保管業務を行っている」という記述から，「棚卸資産を子会社に保有させているのでは?」と一瞬思いましたが，「連結財務」でしたね。ワナに引っかかるところでした。ただ，ネガティブな記述もないので，「棚卸資産回転率」を最終的に選択しました。

また，課題にあげた収益性と安全性については，後の問題を通してどのような課題を解決しようとしているか確認することで，解答の妥当性を検証できます。第2問では既存事業と新規事業の収益性の分析，第3問では設備投資による収益性の改善と安全性への配慮，第4問でも安全性への配慮，がそれぞれ論点となっています。課題にあげた収益性や安全性に配慮して改善を図る内容となっており，選んだ指標の妥当性がうかがえます。なお，負債比率の算定式は負債÷自己資本ですが，自己資本には少数株主持分を含まないことに注意してください。

設問2

D社の財政状態および経営成績について，同業他社と比較した場合の特徴を40字以内で述べよ。

【橋詰がたどりついた答案】
「在庫少なく効率性高いが，高品質ながら価格交渉力や投資管理が弱く安全性・収益性低い。」(40字)

解　説

今年度の特徴の記述は，字数制限が40字と例年より少なくなりました。限られた文字数の中で，課題である「安全性」，「収益性」と優位である「効率性」の3つの視点を盛り込む必要があります。あまり多くの要素を盛り込むことはできないので，上記の3つの視点が高いか低いかという点に，与件文から拾った特徴を端的に付け加えることで解答としました。

損益計算書

（単位：百万円）

	D社	同業他社	＜安全性＞	D社	同業他社
売上高	3,810	2,670	流動比率	150.00%	158.02%
売上原価	3,326	2,130	当座比率	122.33%	118.81%
売上総利益	484	540	自己資本比率	13.97%	52.04%
販売費及び一般管理費	270	340	負債比率	573.47%	92.17%
営業利益	214	200	固定比率	491.78%	125.73%
営業外収益	32	33	＜効率性＞		
営業外費用	70	27	売上債権回転率	9.95回	7.63回
経常利益	176	206	棚卸資産回転率	22.95回	14.05回
特別損失	120	0	有形固定資産回転率	1.93回	1.82回
税金等調整前当期純利益	56	206	＜収益性＞		
法人税等	13	75	売上高総利益率	12.70%	20.22%
非支配株主損益	16		売上高営業利益率	5.62%	7.49%
当期純利益	27	131	売上高経常利益率	4.62%	7.72%

貸借対照表

（単位：百万円）

	D社	同業他社		D社	同業他社
＜資産の部＞			＜負債の部＞		
流動資産	954	798	流動負債	636	505
現金及び預金	395	250	仕入債務	226	180
売上債権	383	350	短期借入金	199	200
棚卸資産	166	190	その他	211	125
その他	10	8	固定負債	1,807	602
固定資産	2,095	1,510	長期借入金	1,231	420
有形固定資産	1,969	1,470	社債	374	
建物	282	150	リース債務	38	42
機械設備	271	260	退職金給付引当金	164	140
リース資産	46	55	負債合計	2,443	1,107
土地	1,350	1,000	＜純資産の部＞		
その他	20	5	資本金	200	250
投資その他の資産	126	40	資本剰余金	100	250
投資有価証券	111	28	利益剰余金	126	701
その他	15	12	非支配株主持分	180	
資産合計	3,049	2,308	純資産合計	606	1,201

第2問（配点18点）

設問1

以下の来年度の予測資料にもとづいて，染色関連事業の予測損益計算書を完成させよ。なお，端数が生じる場合には，最終的な解答の単位未満を四捨五入すること。

＜予測資料＞

当年度の損益計算書における売上原価のうち1,650百万円，販売費及び一般管理費のうち120百万円が固定費である。当年度に一部の工場を閉鎖したため，来期には売上原価に含まれる固定費が100百万円削減されると予測される。また，当年度の売上高の60%を占める大口取引先との取引については，交渉によって納入価格が3%引き上げられること，さらに，材料価格の高騰によって変動製造費用が5%上昇することが見込まれる。なお，その他の事項に関しては，当年度と同様であるとする。

予測損益計算書

（単位：百万円）

売上高	（　　　）
売上原価	（　　　）
売上総利益	（　　　）
販売費及び一般管理費	（　　　）
営業利益	（　　　）

【橋詰がたどりついた答案】

予測損益計算書

（単位：百万円）

売上高	（　3,879）
売上原価	（　3,310）
売上総利益	（　569）
販売費及び一般管理費	（　270）
営業利益	（　299）

解　説

固変分解の基本的な問題です。問題文を丁寧に読んで変化点を抜け漏れなく抽出し，固定費と変動費に分けて計算すれば解答できます。簡単ですので，丁寧に計算して確実に取りたい問題です。計算過程は下記の通りです。

損益計算書

（単位：百万円）

	D社	D社予想	変化についてのコメント
売上高	3,810	3,879	納入価格3%引き上げ
売上原価	3,326	3,310	
固定費	1,650	1,550	固定費100百万円削減
変動費	1,676	1,760	変動製造費用5%上昇
売上総利益	484	569	
販売費及び一般管理費	270	270	
固定費	120	120	変動なし
変動費	150	150	変動なし
営業利益	214	299	

設問2

発電事業における来年度の損益は以下のように予測される。発電事業における予想営業利益（損失の場合には△を付すこと）を計算せよ。

<来年度の発電事業に関する予測資料>

試運転から商業運転に切り替えた後の売電単価は1kWhあたり33円，売電量は12百万kWhである。試運転および商業運転に関する費用は以下のとおりである。

（単位：百万円）

	試運転	商業運転
年間変動費	60	210
年間固定費	370	

【橋詰がたどりついた答案】
営業利益　△244（百万円）

解　説

損益予測の基本的な問題です。これも落とせない問題です。計算過程は下記の通りです。

売 上 高　12×33=396（百万円）
費　　用　固定費370+変動費（60+210）=640（百万円）
営業利益　396−640=△244（百万円）

設問3

再来年度以降，発電事業の年間売電量が40百万kWhであった場合の発電事業における年間予想営業利益を計算せよ。また，売電単価が1kWhあたり何円を下回ると損失に陥るか。設問2の予測資料にもとづいて計算せよ。なお，売電単価は1円単位で設定されるものとする。

【橋詰がたどりついた答案】
年間予想営業利益　250（百万円）
最 低 売 電 単 価　27（円/kWh）を下回ると赤字となる。

解　説

CVP分析の基本的な問題です。CVP分析の知識がなくても，設問文にそって計算していけば解答できる問題です。これも落とせない問題です。計算過程は下記の通りです。

売上高	40×33=1,320（百万円）
費　用	固定費370+変動費210÷12×40=1,070（百万円）
営業利益	250（百万円）
売電単価	費用1,070÷売電量40=26.75（円/kWh）<27（円/kWh）を下回ると赤字となる。

第3問（配点29点）

設問1

染色関連事業の収益性を改善するために，設備更新案を検討中である。以下に示す設備更新案にもとづいて，第X1年度末の差額キャッシュフロー（キャッシュフローの改善額）を解答欄に従って計算したうえで，各年度の差額キャッシュフローを示せ。なお，利益に対する税率は30%，更新設備の利用期間においては十分な利益が得られるものとする。また，マイナスの場合には△を付し，最終的な解答において百万円未満を四捨五入すること。

<設備更新案>

第X1年度初めに旧機械設備に代えて汎用機械設備を導入する。これによって，従来の染色加工を高速に行えることに加えて，余裕時間を利用して新技術による染色加工を行うことができる。

旧機械設備を新機械設備（初期投資額200百万円，耐用年数5年，定額法償却，残存価額0円）に取り換える場合，旧機械設備（帳簿価額50百万円，残存耐用年数5年，定額法償却，残存価額0円）の処分のために10百万円の支出が必要となる（初期投資と処分のための支出は第X1年度初めに，旧機械設備の除却損の税金への影響は第X1年度末に生じるものとする）。設備の更新による現金収支を伴う，年間の収益と費用の変化は以下のように予想されている（現金収支は各年度末に生じるものとする）。

（単位：百万円）

	旧機械設備	汎用機械設備	
		従来の染色加工分	新技術加工分
収益	520	520	60
費用	380	330	40

なお，耐用年数経過後（5年後）の設備処分支出は，旧機械設備と新機械設備ともに5百万円であり，この支出および税金への影響は第X5年度末に生じるものとする。

第X1年度末における差額キャッシュフローの計算	
項目	金額
税引き前利益の差額	（　　）
税金支出の差額	（　　）
税引後利益の差額	（　　）
非現金支出項目の差額	（　　）
第X1年度末の差額キャッシュフロー	（　　）

各年度の差額キャッシュフロー	
	金額
第X1年度初め	（　　）
第X1年度末	（　　）
第X2年度末	（　　）
第X3年度末	（　　）
第X4年度末	（　　）
第X5年度末	（　　）

（注）金額欄については次のとおり。
1. 単位は百万円。
2. マイナスの場合には△を付すこと。

【橋詰がたどりついた答案】

第X1年度末における差額キャッシュフローの計算	
項目	金額
税引き前利益の差額	△20
税金支出の差額	6
税引後利益の差額	△14
非現金支出項目の差額	90
第X1年度末の差額キャッシュフロー	76

各年度の差額キャッシュフロー	
	金額
第X1年度初め	△210
第X1年度末	76
第X2年度末	58
第X3年度末	58
第X4年度末	58
第X5年度末	58

（注）金額欄については次のとおり。
1. 単位は百万円。
2. マイナスの場合には△を付すこと。

解　説

フリーキャッシュフローの問題です。節税効果も含めて利益を計算し，減価償却費をはじめとした非現金支出項目を足し戻すことで計算します。第2問のようなCVP分析の問題と比べると計算に慣れは必要ですが，設問文を丁寧に読んで要素を抜け漏れなく抽出すれば得点源にできる種類の問題です。

ただし，今年度の「第X1年度の差額キャッシュフロー」を求める問題は，難しい（というか不適切な）問題です。旧設備廃棄のための費用10百万円をX1期初めに現金支出しているために，第X1年度末の差額キャッシュフローは76百万円となります。しかしながら，これを左側の「第X1年度末における差額キャッシュフローの計算表」と合わせようと思うと，その10百万円を「非現金支出項目の差額」の欄に加えるしかありません。全受験機関がこの解答で一致しているため，その解答を良しとするにはこのように解釈するしかありませんが，現金支出したものを非現金支出項目の差額に入れることには違和感があります。実際にこの年度の合格者からも，「この問題は落とした」と多く聞きました。計算過程は下記の通りです。

第X1年度のキャッシュフロー	従前	本件後	差額
売上高	520	580	60
費用	380	370	△10
減価償却費＋除却損	10	40+50+10	90
税引前利益	130	110	△20
税金	39	33	△6
税引後利益	91	77	△14
非現金支出項目	10	40+50+10	90
第X1年度の差額キャッシュフロー			76

第X2～4年度のキャッシュフロー	従前	本件後	差額
売上高	520	580	60
費用	380	370	△10
減価償却費	10	40	30
税引前利益	130	170	40
税金	39	51	12
税引後利益	91	119	28
非現金支出項目	10	40	30
第X2～4年度の差額キャッシュフロー			58

第X5年度のキャッシュフロー	従前	本件後	差額
売上高	520	580	60
費用	385	375	△10
減価償却費	10	40	30
税引前利益	125	165	40
税金	37.5	49.5	12
税引後利益	87.5	115.5	28
非現金支出項目	10	40	30
第X5年度の差額キャッシュフロー			58

設問2

この案の採否を検討する際に考慮するべき代表的な指標を安全性と収益性の観点から1つずつ計算し，収益性の観点から採否を決定せよ。資本コストは7%である。なお，解答にあたっては，以下の複利現価係数を利用し，最終的な解答の単位における小数点第3位を四捨五入すること。

利子率7%における複利現価係数

	1年	2年	3年	4年	5年
複利原価係数	0.9346	0.8734	0.8163	0.7629	0.7130

【橋詰がたどりついた答案】
収益性：正味現在価値44.63（百万円），安全性：回収期間3.31（年）
正味現在価値がプラスになるので「投資を実行する」。

解　説

投資の意思決定を判断する問題です。収益性の評価手法としては，複利原価係数が与えられているので，最もオーソドックスな手法である正味現在価値法を選択します。安全性の評価手法としては，回収期間法を選択します。投資の回収が遅くなればなるほど不確実性が高まるという考え方です。この設問は設問1でキャッシュフローの合計額を誤ると，正味現在価値法と回収期間法の計算値は芋づる式に誤りとなってしまいます。計算過程は下記の通りです。

各年度のキャッシュフロー差額		複利現価係数	正味現在価値	投資回収残額（回収期間法）
X1年度初め	△210	1	△210.00	△210
X1年度末	76	0.9346	71.03	△134
X2年度末	58	0.8734	50.66	△76
X3年度末	58	0.8163	47.35	△18
X4年度末	58	0.7629	44.25	40
X5年度末	58	0.713	41.35	

第4問（配点28点）

設問1

親会社D社単体の事業活動における当年度の損益状況を，30字以内で説明せよ。なお，子会社からの配当は考慮しないこと。

【橋詰がたどりついた答案】
「子会社利益が64百万円含まれており単体損益はマイナスである。」（29字）

解　説

ここは連結決算や関連会社・子会社の知識を問われている問題です。制約条件として，「D社単体」の損益状況を説明することが求められていますので，提示されている連結損益計算書からD-a社の分を抜いた損益を算定する必要があります。この算定にあたって，唯一の手掛かりとなるのが，連結決算に特有の「被支配株主損益16百万円」という項目です。

被支配株主損益とは，子会社の損益のうち，支配株主（本問の場合はD社）以外の株主に帰属する損益という意味です。D社のD-a社に対する持ち株割合は80％ですので，16百万円の利益はD-a社の20％の株主に帰属すること，つまりD社には80％にあたる64百万円の利益が帰属することがわかります。ここで，D社の連結損益計算書を見ると，税引前利益は56百万円で，64百万円より少ないので，D社単体では赤字であることがわかります。

財務に明るくないと数字を入れた解答にはできませんが，数字を入れられずとも部分点を狙うことは可能でしょう。

設問2

再来年度に関連会社D-b社を子会社化するか否かを検討している。D-b社を子会社にすることによる，連結財務諸表の財務指標に対する主要な影響を30字以内で説明せよ。

【橋詰がたどりついた答案】
「借入合算に伴う債務の大幅増で，負債比率が上がり，安全性が低下。」
（30字）

解　説

「子会社化することが勘定科目にどのような影響を与えるか?」を考えます。今までD-b社は関連会社だったので，D-b社の利益の持ち株割合分だけを営業外収益として得ていました。子会社になると連結決算が適用され，個別の財務諸表が合算されます。内部取引の相殺等による調整も入りますが，ここは計算問題ではないので細かい点は割愛します。D-b社は与件文の「D社からの出資2千万円および他主体からの出資4千万円，銀行からの融資12億円」という記述から負債比率の高い会社です。ここから子会社化による負債比率の悪化に気付けば，上記の解答が導けます。

設問3

関連会社を子会社化することによって，経営上，どのような影響があるか。財務指標への影響以外で，あなたが重要であると考えることについて，60字以内で説明せよ。

【橋詰がたどりついた答案】
「議決権50%を超え普通決議を単独でできることから外部のステークホルダーとの調整が減少し，経営判断が速くなる点が重要と考える。」（60字）

解　説

関連会社と子会社の定義を知っている必要があります。すなわち，子会社化する（持ち株割合が50%を超える）ことで，どのような影響があるかを問われています。「財務指標への影響以外で」という制約から，「議決権（会社の支配権）への影響」の知識で解答すると良いでしょう。第4問の中では，ここは中小企業診断士として押さえておきたいポイントです。

「あなたが重要であると考えること」，という問い方に面喰われた受験生もいらっしゃると思いますが，あなたが「中小企業診断士」として重要と考えることを解答するようにしてください。

平成28年事例Ⅳ

D社は，創業20年ほどの資本金5,000万円，正規従業員81名の，県内産の高級食材を活かして県内外に店舗を展開するレストランである。

同社は，カジュアルで開放感ある明るい店内で，目の前で調理されるステーキや野菜などの鉄板焼きを楽しむレストランの1号店を開店した。その後，このタイプの鉄板焼きレストランを県内にさらに3店舗開店した。

一方，別のタイプの店舗として，落ち着いた雰囲気の店内で，新鮮な食肉や旬の野菜を使って熟練した料理人が腕をふるう創作料理店1店舗を開店した。鉄板焼きレストランは，1店舗を閉店する一方で，数年前に県外初となる店舗を大都市の都心部に開店した。前期の第3四半期には同じ大都市の都心部に創作料理店を1店舗，別の大都市の都心部に鉄板焼きレストランを1店舗開店し，現在の店舗数は合計7店舗である。

全般的には依然として顧客の節約志向が強く，業界環境は厳しいなか，主要顧客である県外からの観光客数が堅調に推移しており，D社の県内店舗の来店客数は増加傾向を維持し，客単価も維持できている。

同社は，顧客満足の提供を追求して，食材にこだわり，きめ細やかな心配りによるホスピタリティあふれるサービスのために社員教育の徹底に努めている。県外の鉄板焼きレストランも，県内店舗と同様に店舗運営を徹底したこと，それにより固定客を獲得できたこと等から，業績は順調に推移している。

大都市に前期に出店した2店舗も新規固定客の獲得に努めている。しかし，開店から1年以上が経過しても，創作料理店は業績不振が続いており，当期は通年で全社業績に影響が出ているため，その打開が懸案となっている。

県外進出の一方で，D社は，本社機能の充実に加え，人材育成の拠点となる研修施設の拡充，新規出店の目的で，用地代を含め約8億円を投じて新しい本社社屋を建設する計画である。投資資金は，自己資金と借入れによって調達する。調達額とその内訳は，投資総額が確定した段階で最終的に決定する。

同社は，当期に新社屋の用地として市内の好適地を取得し，建設計画を進めている。本社社屋には店舗と研修施設とが併設される。新規店舗は鉄板焼きレストランと，新しいタイプの店舗として同じ価格帯のメニュー，同格の店舗の雰囲気・意匠をもって顧客に満足感を提供するしゃぶしゃぶ専門店とを開店する予定である。

D社の前期および当期の財務諸表は以下のとおりである。

貸借対照表

（単位：百万円）

	前期	当期		前期	当期
＜資産の部＞			＜負債の部＞		
流動資産	225	259	流動負債	138	465
現金及び預金	164	195	仕入債務	17	20
売上債権	13	14	短期借入金	－	318
たな卸資産	7	10	一年内返済予定の長期借入金	43	47
その他の流動資産	41	40	一年内償還予定の社債	10	－
固定資産	371	641	その他の流動負債	68	80
有形固定資産	287	531	固定負債	112	66
建物	267	191	長期借入金	67	20
土地	－	320	その他の固定負債	45	46
その他の有形固定資産	20	20	負債合計	250	531
無形固定資産	1	2	＜純資産の部＞		
投資その他の資産	83	108	資本金	50	50
			資本剰余金	23	23
			利益剰余金	273	296
			純資産合計	346	369
資産合計	596	900	負債・純資産合計	596	900

損益計算書

（単位：百万円）

	前期	当期
売上高	831	940
売上原価	410	483
売上総利益	421	457
販売費及び一般管理費	322	350
営業利益	99	107
営業外収益	3	8
営業外費用	8	20
経常利益	94	95
特別損失	－	56
税引前当期純利益	94	39
法人税等	27	12
当期純利益	67	27

損益計算書に関する付記事項

（単位：百万円）

	前期	当期
減価償却費	28	36
受取利息・配当金	－	－
支払利息	1	4

1 事例のテーマ

「相応に堅調なレストランチェーンが，既存事業の展開とバランスを図りつつ，将来への投資を検討する事例」

2 与件文の整理

<table>
<tr><td rowspan="1">事例企業の概要</td><td colspan="2">業　　種　高級レストラン
主力商品　レストラン5店，創作料理店2店
財務内容　売上9億4,000万円　総資産9億円　資本金5,000万円
従業員数　正規81名
市場（企業）の特性
　県外からの観光客
本社社屋建設プロジェクト
　本社機能の充実，人材育成の拠点となる研修施設，新規出店
　→用地代含め本社社屋建設8億円
　　自己資金と借入
　投資総額が確定した段階で調達総額決定
　土地は当期に市内の好立地を取得済み，鉄板焼きレストランと同格のしゃぶしゃぶ</td></tr>
<tr><td>SWOT</td><td>強み
○来客数増加　客単価も維持
○顧客満足の提供，食材にこだわり，きめ細やかな心配りによるホスピタリティあふれるサービス
○社員教育の徹底
　→固定客獲得</td><td>機会</td></tr>
</table>

SWOT	弱み	脅威
	○大都市の創作料理店が不振で全社業績に影響，打開が懸案事項	○顧客の節約志向

3 全体観

与件文は1ページ，貸借対照表も損益計算書もあり，問題用紙は全部で8ページと例年並みです。創業20年の中堅レストランチェーンが最近開店の店舗の伸び悩みに苦戦しつつ，将来を見据えた投資を既存事業とのバランスや当該投資の収益性を検証しながら慎重に検討している事例です。

設問の構成は次の通りです。

第1問　25点
　設問1　　課題となる財務指標選び
　設問2　　課題が生じた理由（70字）
第2問　35点
　設問1　　営業キャッシュフローの算出
　設問2　　投資の現在価値分析
第3問　15点　投資の意思決定（50字）
第4問　25点
　設問1　　新システム導入の可否
　設問2　　CVP分析

となっており，複雑な計算は少なく，ひっかけも見あたりません。ただ，第2問設問2は悩むと時間を取られる可能性のある問題ですので，第1問→第2問設問1→第3問→第4問→第2問設問2の順番でやると良いと思います。ここ数年では突出して難易度の低い事例ですが，受験生の方からの情報を集める限り，得点は決して高くない傾向にありましたので，厳しく採点されたことが推測されます。

4 設問ごとの答案・解説

第1問（配点25点）

設問1

D社の前期および当期の財務諸表を用いて経営分析を行い，前期と比較した場合のD社の課題を示す財務指標のうち重要と思われるものを3つ取り上げ，それぞれについて，名称を（a）欄に，当期の財務諸表をもとに計算した財務指標の値を（b）欄に記入せよ。なお，（b）欄の値については，小数点第3位を四捨五入し，カッコ内に単位を 明記すること。

設問2

設問1で取り上げた課題が生じた原因を70字以内で述べよ。

【橋詰がたどりついた答案】

（設問1）

(a)	(b)
売上高経常利益率	10.11％
有形固定資産回転率	1.77 回
負債比率	143.90％

（設問2）

「課題が生じた原因は，従来からの積極的な店舗展開に加え購入した本社用土地がまだ収益に貢献していないこと，新規出店の店舗が不振であることである。」（70字）

解　説

「課題を示す財務指標3つ」ときましたので，セオリー通り「収益性」「安全性」「効率性」から検討します。

与件文の第8, 9段落で「用地代含め約8億円を投じて新しい本社屋を建設する計画」とあるところから，「安全性＝負債比率」「効率性＝有形固定資産回転率」をまず推定しました。だいたい，大きな設備投資がテーマとなる事例では「安全性＝負債比率」「効率性＝有形固定資産回転率」が第一候補になることが多いです。数値的にも悪化しているので，まずは，この二つで問題ないと思います。数値的に悪い「流動比率」や「当座比率」を選んだ方も多くいらっしゃいましたが，これらの比率は基本的に「商売上の資金繰りがうまく廻っていない企業へ問題点を指摘する比率」です。建物の建築計画・調達額が未確定で土地を先行して購入する場合に，金融機関から短期借入で「つなぎ融資」をする（そして，計画・調達額決定後に長期借入にシフトする）のは常識的な調達形態です。そして，これらを課題となる指標とした際の解決策・検討策が設問文中にも見あたりませんでしたので，これらの指標を選択することはしませんでした。

「利益率」は「売上高営業利益率」にするか「売上高経常利益率」にするかを悩みました。売上高総利益率は，与件文の記述で「高級感・サービスの高さ」が訴求され「客単価の維持できている」とあることから，課題となる指標にはならないと判断できますし，キャッシュフローの悪化につながらない「特別損失」を含めた「当期純利益率」を「課題」とする判断は，当該企業が表向きの財務内容で入札の可否を判断される公共事業に関わる企業等でない限り，あまり行いませんので，2つとも検討対象としませんでした。

ここでは設問中に「課題になる」とあったので，出題者がこの事例全体を通して何を課題解決しようとしているのかの検証をすることにより判断材料を求めました。

第1問で課題抽出した後，第2問設問1で営業キャッシュフローをもとめ，現在の商売が全体として十分にお金が廻っていると安心したので，設問2で本社での投資効果に目を移し税引き利益で6年で回収できるレベルのリスク額を算定，第3問で不振店を貢献利益（営業利益）ベースで問題ないレベルと判断，最終的に第4問で全体のコストダウンを経常利益ベースで課題解決を行ってます。従って，売上高経常利益率を最終的に選びました。ただ，ここは「営業利益率」を選択しても違和感を感じません。

第2問（配点35点）

D社は新しい本社社屋の建設計画を進めており，社屋は用地取得の1年後には完成して引き渡しを受ける予定である。以下の設問に答えよ。

設問1

前期と当期の財務諸表を用い，空欄に金額を記入して当期の営業活動によるキャッシュフローに関する下記の表を完成せよ。

（単位：百万円）

税引前当期純利益	39
減価償却費	（　　）
減損損失	56
営業外収益	（　　）
営業外費用	（　　）
売上債権の増減額	（　　）
棚卸資産の増減額	（　　）
仕入債務の増減額	（　　）
その他	13
小計	（　　）
利息及び配当金の受取額	―
利息の支払額	△4
法人税等の支払額	△35
営業活動によるキャッシュフロー	（　　）

【橋詰がたどりついた答案】

（設問1）

（単位：百万円）

税引き前当期純利益	39	
減価償却費	（36）	当期減価償却費36を加算
減損損失	56	
営業外収益	（△8）	当期営業外収益8を減算
営業外費用	20	
売上債権の増減額	（△1）	売上債権の増分（当期14−前期13）を減算
棚卸資産の増減額	（△3）	棚卸資産の増分（当期10−前期7）を減算
仕入債務の増減額	（3）	仕入債務の増分（当期20−前期17）を加算
その他	13	
小計	（155）	上記を小計して
利息及び配当金の受取額	―	
利息の支払額	△4	
法人税等の支払額	△35	
営業活動によるキャッシュフロー	（116）	小計から利息・法人税支払額を減算

解　説

営業キャッシュフローの基礎的な問題です。現状のCFで結構儲かっています。不振店も儲かるに越したことはないですが，これであれば，多少の投資をしても大丈夫との判断ができます。この問題は，実はCFの整合性として検算をすると表面上「営業CF+投資CF+財務CF=貸借対照表上の現金の増加額」とはならないのです。そういった意味では「財務の熟練者」を迷わせる「ワナ」なのかもしれません。そもそも，営業外費用の増加要因に占める支払利息以外の費目が不明なので突っ込みどころはあるのですが，試験問題としてのCF計算はあまりに単純明快なので，時間のない試験中にあえてこだわると時間を浪費するハメに陥ります。

設問2

新しい本社社屋を建設するための投資の内訳および減価償却に関する項目は以下のとおりである。この投資の意思決定は，本社が移転し，新設される2店舗が営業を開始してから5年間（当初投資後2年目から6年目まで）のキャッシュフローの予測をもとに行われている。土地および建物・器具備品の6年後の売却価値は簿価と同額と予測される。

（金額単位：百万円）

	投資額		耐用年数	残存価額	減価償却方法
	当初投資時点	1年後			
土地	320	0	―	―	―
建物	0	420	30	0	定額法
器具備品	0	50	10	0	定額法

以下の金額を求め，その金額を（a）欄に，計算過程を（b）欄に，それぞれ記入せよ。なお，（a）欄の金額については，単位を百万円とし，小数点第1位を四捨五入すること。

①土地および建物・器具備品について，投資額，6年後の売却価値およびそれぞれの当初投資時点における現在価値はいくらか。

②新しい本社社屋を建設するための投資の意思決定に際し，新設される2店舗が営業を開始した後の税引後キャッシュフローの増加分はいくら以上と見込まれているか。ただし，キャッシュフローは，2年後から6年後まで毎年均等に生じるものとする。

複利現価係数表（割引率6%）

年	1	2	3	4	5	6
複利現価係数	0.9434	0.8900	0.8396	0.7921	0.7473	0.7050

年金現価係数表（割引率6%）

年	1	2	3	4	5	6
年金現価係数	0.9434	1.8334	2.6730	3.4651	4.2124	4.9173

【橋詰がたどりついた答案】

（単位：百万円）

①

土地				建物・器具備品			
投資額		6年後の売却価値		投資額		6年後の売却価値	
当初投資時点	現在価値	売却価値	現在価値	1年後	現在価値	売却価値	現在価値
−320	−320	320	226	−470	−443	375	264

土地　投資額　現在価値−320（土地は減価償却しないので変化なし）
　　　6年後　売却価値 320（土地は減価償却しないので変化なし）
　　　　　　　現在価値 226（320×6年後の複利原価係数0.7050=225.6≒226）

建物・器具部品
　　　投資額　現在価値−443（470×1年後の複利原価係数0.9434=443.398≒443）
　　　6年後　売却価値 375（建物420×(30−5)/30+器具備品50×(10−5)/10=375）
　　　　　　　現在価値 264（375×6年後の複利原価係数0.7050=264.375≒264）

②新店舗が5年間に生み出すCFの現在価値の合計額（a）
≧投資金額と6年後の売却価値の差額の現在価値（b）が見込めれば投資を行う。

ここで，毎年のCFを「A」とおくと

(a)=A×5年間の年金原価係数4.2124×1年後の複利原価係数0.9434

(b)=下記の（c)−(d)

投資額の当初投資時点での現在価値

=土地320+(建物420+器具部品50)×1年後の複利原価係数0.9434=763.398‥‥（c)

売却価値の当初投資時点での現在価値

=土地売却価値の現在価値225.6+建物・器具備品の現在価値264.375=489.975‥‥（d）

従って，4.2124A×0.9434≧763.398−489,975

A≧68.803

A≧69百万円

解　説

①については，土地には減価償却が存在しないこと，建物・器具への投資が一年後であること，建物と器具備品との償却期間が異なることに気を付ければ大丈夫。時系列をキチンと理解して係数表を使えるかどうかが問われています。

②については，「意思決定に際し～いくら以上が見込まれているか?」という表現が少しわかりにくいです。①の流れから考えると，要するに6年で本社社屋を売るとは思えませんが，経営者としては，5年間の本社ビルの新店舗が生むキャッシュフローで投資のマイナス分を回収できることが投資決定の基準となるということを言っているのだと思います。従って，毎年のキャッシュフローの現在価値≧投資のマイナス分の現在価値（=投資額の現在価値−売却額の現在価値）となるように毎年のキャッシュフローを算出することにします。

第3問（配点15点）

大都市の都心部に出店した創作料理店は業績の不振が続いている。そこで，同店を閉店するかどうかの検討を行うことにした。同店は，商業施設にテナントとして出店している。同店の見積損益計算書は以下のとおりである。この見積損益計算書をもとに，閉店すべきかどうかについて，意思決定の基準となる尺度の値と計算過程を（a）欄に記入し，結論を理由とともに（b）欄に50字以内で述べよ。

店舗見積損益計算書

（単位：百万円）

売上高	98
変動費	49
限界利益	49
個別固定費*	40
共通固定費配賦額	26
営業利益	△17

*店舗個別の付属設備および器具備品は償却済みである。

【橋詰がたどりついた答案】

（a）貢献利益＝限界利益−個別固定費＝9>0

（b）50字

「閉店しない。貢献利益は正であり，共通固定費配賦額の一部を賄い全体の利益に寄与しているからである。」（48字）

解　説

事業ごとの存廃判断は，「貢献利益がプラスかマイナスか?」で判断します。貢献利益ベースでマイナスであれば「閉店する」と判断しますが，一応貢献利益がプラスであれば共通固定費の負担を軽くしてくれる存在として，事業の存続を判断します。

財務会計に慣れている方には少し違和感のある表ですが，2次試験では管理会計を取り上げることが多く，固定費，変動費での分析に慣れておいた方が良いと思います。診断士さんは合格後も管理会計でものを考えることが多いようです。

第4問（配点25点）

D社は業者が運営する複数のネット予約システムを利用している。ネット予約システムは，営業時間外でも予約の受付が可能であり，業者の検索サイトに店舗情報が掲載され，契約によっては広告などでもネット上の露出が増える。初期登録や利用，予約成約などに関するネット予約システムの料金体系は，業者によってさまざまである。

その一方で，店舗側では複数のネット予約システムからの予約と従来どおりの予約とをあわせ，予約を管理する必要がある。D社でも，各店舗で予約管理に一定の時間が費やされている。そこで，同社は業者が運営するネット予約システムに加えて，店舗別の予約を集中管理する機能も有する自社のネット予約システムを導入することを検討している。

設問1

業者が運営するネット予約システムを利用することにより，同システムを利用しない場合と比較し，D社の収益や費用はどのような影響を受けているか，60字以内で述べよ。

【橋詰がたどりついた答案】

「収益面で営業時間外予約やネット上の露出度向上等による増加とともに，費用面で初期登録・利用・成約費用等の増加の影響を受ける。」(60字)

解　説

第4問の設問文の前半部の記述を収益面・費用面に分けて抜き出します。

設問2

自社のネット予約システム（取得原価20百万円，耐用年数5年，残存価額ゼロ）の導入により，予約管理費が各店舗で3分の1に削減され，予約の成約による送客手数料の総額が3分の2に低下することが見込まれる。

自社のネット予約システムを導入する前の短期利益計画は以下のとおりである。損益分岐点売上高の変動額およびその変動要因について，その金額を（a）欄に，計算過程を（b）欄に，それぞれ記入せよ。なお，（a）欄の金額は単位を百万円とし，小数点第1位を四捨五入すること。また，②と③はカッコ内に上昇・低下の別を明記すること。

①自社のネット予約システム導入前の損益分岐点売上高はいくらか。

②自社のネット予約システム導入による損益分岐点売上高の変動額はいくらか。

③導入前の固定費をもとにした，自社のネット予約システム導入にともなう変動費率の変動による損益分岐点売上高の変動額はいくらか。

短期利益計画
（自社ネット予約システム導入前）

（単位：百万円）

売上高	1,120
変動費*	560
限界利益	560
固定費	430
（うち予約管理費）	（12）
経常利益	130

*売上高に対する送客手数料の比率は1.8%である。

【橋詰がたどりついた答案】

①導入前の損益分岐点売上高

＝固定費430÷限界利益560×売上高1,120=860百万円

②導入後の損益分岐点売上高

＝固定費426（従前430+減価償却費増加20÷5年-予約管理費減少12÷3×2）÷限界利益567（従前560+売上高1,120×1.8%÷3）×売上高1,120=842百万円

なので，860百万円-842百万円=18百万円の低下

③変動費率変更に伴う損益分岐点売上高

＝固定費430÷限界利益567（従前560+売上高1,120×1.8%÷3）×売上高1,120=850百万円

従って，変動費率変更に伴う損益分岐点売上高の変動額は，

860百万円-850百万円=10百万円の低下

解　説

①は単純にCVPの公式に代入するだけです。

②は従来の固定費に減価償却費の増加分の加算と予約管理費の減少分の減算を行い，従来の限界利益に送客手数料の減少による利益の上昇分を加算してCVPの公式に代入します。

③は「システム導入に伴う変動費率の変動」のみの影響を図るための計算ですので，固定費は横置きにした上で変動費率の影響のみを限界利益に加算して算出します。

この問題も，丁寧に行えば大丈夫です。

平成27年事例Ⅳ

D社は，地方主要都市の郊外に本社および工場を有する1950年創業の金属加工業を営む企業（現在の資本金は1億円，従業員60名）である。同社は，創業時には農業用器具を製造・販売していたが，需要低迷のため一時期は事業を停止していた。しかし，しばらくして，自動車部品等の製造・販売を主な事業とするX社への供給を目的とした，カーエアコン取り付け部品セットやカーエアコン用コンプレッサ関連の精密部品の製造・販売を開始した。

その後，D社はX社以外への精密部品の製造・販売にも事業拡大を図ってきた。その過程で多様な金属加工技術（板金・切削）を蓄積したことにより，D社の技術力は市場から一定の評価を受けている。

現時点におけるD社は，X社向けの部品製造を事業の中核としており，同社からの受注がD社の売上高全体の7割程度を占めている。しかし，最近では，自社開発のz鋼板を使用した精密部品が主力製品の1つになりつつあり，その効果によってX社向け以外の精密部品の受注が増加傾向にある。さらに，同社が有する金属加工技術を活かした新規事業として，これまでの取扱製品とは異なる需要動向を示す環境関連製品の製造・販売を計画しており，すでに一部の製品開発を終了している。なお，当該新規事業分野への進出にあたって慎重な市場調査を行った結果，一定の需要が存在することが分かっている。

D社を取り巻く経済環境は回復傾向にあるが，なお先行きの不透明感があることも事実であり，同社の受注状況を見ると，ここ数年間における製品ごとの需要変動や月次ベースでの生産数量の変動が大きくなっている。また，来期において，主要取引先のX社は部品調達の一部を海外企業に求めることを決定しており，そのため，来期の受注数量が減少すると予想している。このように，同社は環境の不透明性だけでなく，目先の受注減少という状況に直面しており，その経営が不安定になってきている。

このような環境下で，経営陣はD社の安定的な成長・発展をどのようにして達成していくかを日頃より議論している。

以下は，今期（第×2期）のD社の実績財務諸表と同期における同業他社の実績財務諸表である。

貸借対照表

（単位：百万円）

	D社	同業他社		D社	同業他社
＜資産の部＞			＜負債の部＞		
流動資産	600	620	流動負債	520	250
現金及び預金	40	20	仕入債務	260	110
売上債権	440	450	短期借入金	240	130
棚卸資産	110	140	その他の流動負債	20	10
その他の流動資産	10	10	固定負債	360	380
固定資産	530	650	長期借入金	300	310
有形固定資産	430	600	その他の固定負債	60	70
機械設備	230	340	負債合計	880	630
その他の有形固定資産	200	260	＜純資産の部＞		
投資その他の資産	100	50	資本金	100	400
			利益剰余金	150	240
			純資産合計	250	640
資産合計	1,130	1,270	負債・純資産合計	1,130	1,270

損益計算書

（単位：百万円）

	D社	同業他社
売上高	2,150	2,800
売上原価	1,770	2,320
売上総利益	380	480
販売費及び一般管理費	320	410
営業利益	60	70
営業外収益	13	7
営業外費用	24	13
経常利益	49	64
特別損失	7	8
税引前当期純利益	42	56
法人税等	12	13
当期純利益	30	43

（注）営業外収益はその全額が受取利息であり，営業外費用はその全額が支払利息である。

1 事例のテーマ

「新規事業投資により，需要の低迷・不安定性，特定取引先への依存から脱却し，安定化を目指す事例」

2 与件文の整理

事例企業の概要		
	業　　種　精密部品製造業 主力商品　カーエアコン用部品 財務内容　売　上21億5,000万円 総資産11億3,000万円 資本金　1億円 従業員数　合計60名 時系列の出来事 1950年 創業（農業器具製造販売）も需要低迷で事業停止 →X社への供給で事業再開 その後 X社以外にも事業拡大	
SWOT	強み ○金属加工技術の蓄積で技術力に市場評価あり	機会 ○Z鋼板開発によりX社以外の受注が増加傾向 ○さらに有望な新規事業計画に受注有り ○経済環境が回復傾向
	弱み ○X社向けが7割と依存	脅威 ○製品ごとの需要変動や月次ベースでの生産数量変動大きくなる。 ○X社の部品調達の海外企業発注決定

3 全体観

与件文は，例年通り1ページ。貸借対照表も損益計算書も，チャンとあります。予想損益計算書を書かされますが，これは固定費，変動費の基本的なことがわかっていれば，大丈夫です。

D社は，技術力はあり粗利は高いのですが，大半の売上をX社に依存しており，需要変動が非常に激しく資金繰りが多忙な状況です。そこで，確実に儲かりそうな新事業があるのですが，どの事業に投資するかお悩みのD社社長に助言する事例です。

設問の構成は次の通りです。

第1問　28点
- 設問1　財務指標 優れているもの1つ，課題となるもの2つ
- 設問2　財政状態・経営成績の説明（60字）

第2問　34点
- 設問1　予想損益計算書の作成
- 設問2　財務体質の傾向（40字）と要因（60字）
- 設問3　CVP分析

第3問　26点
- 設問1　プロジェクト採用により増加するCF
- 設問2　正味現在価値分析
- 設問3　適切な評価指標の選択

第4問　12点
- 設問1　大口取引先のデメリット（30字）
- 設問2　新事業開始のメリット（30字）

設問ごとの難易度については，第1問，第2問，第4問は確実に取りたい問題です。第3問は，設問1，設問2はある意味ひっかけ問題（「増加する」CFなので）ですが，例年通りの採点の仕方であれば，引っかかってもおそらく得点はあると思います。設問3は，できない人の方が多いでしょうから，わからなければ捨て問にして，その時間を他の問題の検算にあてた方が得策です。

今年の事例Ⅳは，例年対比ボリュームも少なく難易度は低いと思います。得意な方は，かなりの高得点が狙えるんではないでしょうか？

4 設問ごとの答案・解説

第1問（配点28点）

設問1

D社および同業他社の財務諸表を用いて経営分析を行い，同業他社と比較した場合において，D社が優れていると判断できる財務指標を1つ，課題となる財務指標を2つあげ，(a) 欄に名称，(b) 欄に算定した数値を，それぞれ記入せよ。なお，優れている指標については①の欄に，課題となる指標については②，③の欄に，それぞれ記入すること。また，数値については，(b) 欄のカッコ内に単位を明記し，小数点第3位を四捨五入すること。

設問2

D社の財政状態および経営成績について，同業他社と比較した場合の特徴を60字以内で述べよ。

【橋詰がたどりついた答案】

（設問1）

	(a)	(b)
優れていると判断できる財務指標	売上高総利益率	17.67%
課題となる財務指標	売上債権回転率	4.89%
課題となる財務指標	負債比率	352.00%

（設問2）

「特徴は，技術力に定評があり収益力が高い反面，受注の不安定性や借入過多であることから，効率性・安全性が低いことである。」(58字)

（単位：百万円，%，回）

	D社	同業他社
売上高	2,150	2,800
売上総利益	380	480
営業利益	60	70
売上債権	440	450
棚卸資産	110	140
有形固定資産	860	1,200
負債合計	880	630
純資産合計	250	640
資産合計	1,130	1,270

	D社	同業他社
①売上高売上総利益率	17.67%	17.14%
売上高営業利益率	2.79%	2.50%
②売上債権回転率	4.89	6.22
棚卸資産回転率	19.55	20.00
有形固定資産回転率	2.50	2.33
自己資本比率	22.12%	50.39%
③負債比率	352.00%	98.44%

解　説

鉄板の財務諸表を選ぶ問題です。この問題は財務指標当てゲームではなく，D社社長に財務指標を使って現状の姿を説明するためのものです。従って，与件文から選定根拠を拾ってくるのが基本です。

まず，「優れていると判断できる」財務指標については，D社の強みを与件文から探します。すると，「技術力は市場から一定の評価を受けている。」と書いてあります。技術力に定評があるのであれば，粗利益が高いと推定されるので，売上高総利益率を比較すると，やはり他社対比相対的に高いです。ここで，販管費が安いとか，支払利息が低いとかという記述がないので，優れている財務指標は「売上高総利益率」を選択し，収益力が高いと判断します。

次に，「課題となる」財務指標については，D社の弱みを与件文から探します。すると，「需要変動や月次ベースでの生産数量が大きくなっている。」という記述が見つかります。貸借対照表は「連続して存在している資産・負債バランスをある時点で輪切りにしたもの」ですので，需要変動が大きいと，判定する時点により売上債権が過大になったり過少になったりします。従って，「売上債権回転率」を他社と比較してみるとやはり悪くなってますので，この指標を選択し，効率性の悪さを指摘します。また，「販売先がX社に依存しているから，取引条件が悪く（支払サイトが長くなっている）なっているのでは?」という推定も成り立ちます。

最後に，受験テクニックからいうと安全性が低い指標を探すことになりますが，与件文に「創業時には農業器具を製造・販売していたが，需要低迷のため一時期は事業を停止していた」という記述があり，ここから，赤字資金負債の存在や既に廃棄した設備の借入が存在することが推定されます。また，売上債権が多いので，短期運転資金を借入れている可能性もあります。財務内容を見ると負債比率が他社対比高いので，この指標を選択して，安全性の低さを指摘します。ただし，負債が多い原因を決めつけられるほど明示的に原因が記述されていないので，「借入金が多く安全性が低い」ぐらいで逃げておいた方が無難かもしれません。こういった理屈で，上記の解答にたどりつきます。

第2問（配点34点）

設問1

以下の損益予測に基づいて，第×3期の予測損益計算書を完成させよ。なお，利益に対する税率は30％とし，損失の場合には税金は発生しないものとする。

<損益予測>

第×3期の売上高は，X社からの受注減少によって第×2期と比較して10％減少すると見込まれる。また，第×2期の損益計算書の費用項目を分析したところ，売上原価に含まれる固定費は1,020百万円，販売費及び一般管理費に含まれる固定費は120百万円である。第×3期における固定費と変動費率は第×2期と同じである。

損益計算書

（単位：百万円）

売上高	
売上原価	
売上総利益	
販売費及び一般管理費	
営業損益	
営業外収益	13
営業外費用	24
経常損益	
特別利益	0
特別損失	0
税引前当期純損益	
法人税等	
当期純損益	

設問2

設問1の予測損益計算書から明らかとなる傾向を（a）欄に40字以内で，そのような傾向が生じる原因を，（b）欄に60字以内で述べよ。

【橋詰がたどりついた答案】

（設問1）（下記の通り）↓

損益計算書

（単位：百万円）

売上高	1,935
売上原価	1,695
売上総利益	240
販売費及び一般管理費	300
営業損益	−60
営業外収益	13
営業外費用	24
経常損益	−71
特別利益	0
特別損失	0
税引前当期純損益	−71
法人税等	0
当期純損益	−71

（設問2）

a）40字

「売上高変動における損益変動割合が大きく，売上のわずかな減少で赤字に陥る傾向がある。」（40字）

b）60字

「原因は，安全余裕率が低い事，限界利益に占める固定費の割合が大きい為売上高の減少の利益の減少幅への影響が大きくなる事である。」（60字）

解　説

まず，設問1の計算過程について

・売上高=×2期の10%ダウン=2,150×0.9=1,935百万円

・売上原価＝変動費＋固定費

＝変動費率×売上高＋固定費=×2期変動費/×2期売上××3期売上＋固定費

=(×2期売上原価−固定費)/×2期売上××3期売上高＋固定費

=(1,770−1,020)/2,150×1,935+1,020=675+1,020=1,695百万円

・売上総利益＝売上高−売上原価=1,935−1,695=240百万円

・販売費及び一般管理費（以下，販管費）＝変動費＋固定費
＝変動費率×売上高＋固定費=×2期の変動費/×2期売上××3期売上＋固定費
=(×2期販管費-固定費)/×2期売上高××3期売上高＋固定費
=(320-120)/2,150×1,935+120=180+120=300百万円
・営業損益＝売上総利益-販管費=240-300=▲60百万円
・経常損益＝営業損益＋営業外損益＝▲60+13-24=▲71百万円
・税引前当期純損益＝経常損益＋特別損益＝▲71+0-0=▲71百万円
・法人税等=0（損失計上につき）
・当期純損益＝税引前当期純損益-法人税等＝▲71-0=▲71百万円

（単位：百万円）

	×2期	×3期	変化
売上高	2,150	1,935	▲10%
売上原価	1,770	1,695	
うち変動費	750	675	▲10%
うち固定費	1,020	1,020	変わらず
売上総利益	380	240	
販管費	320	300	
うち変動費	200	180	▲10%
うち固定費	120	120	変わらず
営業損益	60	−60	
営業外利益	13	13	変わらず
営業外費用	24	24	変わらず
経常損益	49	−71	
特別損失	7	0	
税引前純損益	42	−71	
法人税等	12	0	
当期純損益	30	−71	

設問2は，安全余裕率と営業レバレッジの問題です。安全余裕率=(売上高-損益分岐点売上高)/売上高のことで，今の売上高が赤字になるまでどのくらいの余裕があるかを計る指標です。問題では直接求められていませんが，D社の損益分岐点売上高は2,062百万円で，安全余裕率は4.09%しかありません。これでは，すぐ赤字に転落してしまいます。また，営業レバレッジとは，「売上高の増減に伴いどれだけ営業利益が変動するか」を表す指標です。

数式では，

営業レバレッジ＝限界利益÷営業利益＝(営業利益＋固定費)÷営業利益

で算出します。

従って，固定費が高いほど営業レバレッジが大きくなり，売上高が少し動くと利益が大きく動く傾向があります。そして，安全余裕率は営業レバレッジの逆数だったりします。ここで，設問1では売上高が10％ダウンしただけで，営業利益が+60百万円⇨−60百万円と赤字に転落してます。

また，固定費が1,140百万円と売上高の半分以上を占めていることから，上記の裏付けとなっております。まあ，この問題は，あまり小難しいことや専門用語を並べるよりも，「売上高が下がるとすぐ赤字になること」，「固定費が高いので，利益のブレ幅が大きいこと」を指摘しておけば，良いのではないでしょうか?ここは，みなさん得点が取れそうですね。

設問3

設問1の予測損益計算書をもとにCVP分析を行うことによって，以下の金額を求め，(a) 欄にその金額を，(b) 欄に計算過程を，それぞれ記入せよ。なお，解答にあたっては，金額単位を百万円とし，百万円未満を四捨五入すること。

(1) 第×3期において100百万円の経常利益を達成するために必要となる売上高 はいくらか。

(2) 第×3期において100百万円の経常利益を達成するために固定費の削減を検討している。必要な固定費削減を行った場合，経常利益がゼロとなる損益分岐点売上高はいくらか。

【橋詰がたどりついた答案】

	(a)	(b)
(1)	2,241百万円	(計算過程については解説をご参照)
(2)	1,756百万円	(　　〃　　)

解　説

これは，CVPの基本的な計算問題です。経常利益ベースですので，固定費に営業外損益▲11百万円を加算することに気を付けて解いていきましょう。

(1) の計算については，下記の公式に当てはめます。

目標達成売上高＝(固定費＋目標利益)/(1-変動費/売上高)
=(1,020+120+11+100)/(1-(675+180)/1,935)
=1,251/1,080×1,935=2,241百万円

(2) の計算については，売上高-固定費-変動費＝目標利益の公式より，
売上高-固定費-変動費率×売上高＝目標利益であることから，
目標利益100百万円を達成する固定費は，
1,935-固定費-(675+180)/1,935×1,935=100

よって，
固定費=1,935-(675+180)/1,935×1,935-100=980百万円となります。

従って，その固定費を980百万円とする損益分岐点売上高は，損益分岐点売上高を求める公式に当てはめて，
980/(1-(675+180)/1,935)=1,756百万円となります。

この問題も，絶対落とせない問題ですね。

第3問（配点26点）

X社からの受注の減少が第×3 期以降継続し，機械設備gの遊休化が予想される。経営陣は，当該機械設備を利用して全社的な収益性を改善したいと考え，以下に示す2つのプロジェクトを検討中である。遊休化が予想されている機械設備gは，取得原価50百万円，年間減価償却費10百万円，残存耐用年数3年である。なお，以下において，利益に対する税率は30%とする。

下記の設問に答えよ。

<プロジェクトZ>

受注減少に伴って遊休化する機械設備gの生産能力を利用してz鋼板を生産する。それにより，主力製品の1つとなりつつあるz鋼板の生産体制を増強し，さらなる効率化と安定化および将来的な一貫生産を達成することを目指す。製造・販売予測に基づく損益等の予測は以下のとおりである。なお，当初投資時点は第×3期首で，あり，同時点における投資は在庫等に対する純投資額である。

（単位：百万円）

	当初投資時点	第×3期	第×4期	第×5期
売上（現金収入）		100	100	100
費用（現金支出）		70	70	70
投資額	20	5	0	0

<プロジェクトE>

遊休化する機械設備gと新たに購入する機械設備hを利用することによって，技術力を活かした環境関連製品の本格生産を目指す。機械設備hの取得原価は80百万円であり，耐用年数5年，残存価額ゼロ，定額法で減価償却する。また，機械設備hの第×5期末時点での価値は簿価と同額の32百万円と予測される。製造・販売予測に基づく損益等の予測は以下のとおりである。なお，当初投資時点は第×3期首であり，同時点における投資は機械設備hと在庫等に対する純投資額である。

（単位：百万円）

	当初投資時点	第×3期	第×4期	第×5期
売上（現金収入）		100	250	250
費用（現金支出）		70	150	150
投資額	90	20	0	0

設問1

プロジェクトZを採用したことによって増加する各期のキャッシュ・フロー（当初投資時点の投資額を含まない）を，以下の2つのケースについて計算せよ。

ケース1：各期におけるプロジェクトZ以外の事業活動からの税引前当期純利益がゼロである。

ケース2：各期におけるプロジェクトZ以外の事業活動からの税引前当期純損失が10百万円である。

【橋詰がたどりついた答案】
（下記の通り）

（単位：百万円）

ケース1	当初投資時点	×3期	×4期	×5期	ケース2	当初投資時点	×3期	×4期	×5期
売上（現金収入）		100	100	100	売上（現金収入）		100	100	100
費用（現金支出）		70	70	70	費用（現金支出）		70	70	70
減価償却費					減価償却費				
利益		30	30	30	利益		30	30	30
税金		9	9	9	税金		6	6	6
税引き後利益		21	21	21	税引き後利益		24	24	24
投資額	20	5			投資額	20	5		
税引後CF	−20	16	21	21	税引後CF	−20	19	24	24

解　説

遊休化予定の設備を流用した収益改善プロジェクトの選択についての問題です。

①プロジェクトZは，新しい設備投資をせず，主力製品となりつつあるZ鋼板の生産体制の増強を図るプロジェクトです。

②プロジェクトEは，遊休化予定の設備に新しい設備投資を加えて，確実な需要の見込める環境関連製品の生産を目指すプロジェクトです。

設問1は，プロジェクトZの採用について，
ケース1：他事業の損益を考慮しないケース，
ケース2：他事業の損失が10百万円存在するケース
　のキャッシュフローの増分を計算する問題です。
この問題は，受験機関によって解答が割れた，とっても楽しい問題です。
(受験生にとっては，たまったものではありませんが‥‥)

多くの受験機関は，下記のように解答しました。

（ある受験機関の答案）　　　　　　　　　　　　　　　　　　　　　　　（単位：百万円）

ケース1	当初投資時点	×3期	×4期	×5期	ケース2	当初投資時点	×3期	×4期	×5期
売上（現金収入）		100	100	100	売上（現金収入）		100	100	100
費用（現金支出）		70	70	70	費用（現金支出）		70	70	70
減価償却費		10	10	10	減価償却費		10	10	10
利益		20	20	20	利益		20	20	20
税金		6	6	6	税金		3	3	3
税引き後利益		14	14	14	税引き後利益		17	17	17
投資額	20	5			投資額	20	5		
税引後CF	−20	19	24	24	税引後CF	−20	22	27	27

違いは，遊休設備の減価償却の節税効果をキャッシュフローに加えていることです。

私も，当初は同様に計算しました。

計算を単純化すると，

利益＝現金収入−現金支出−非支出費用
税金＝利益×税率
CF＝利益−税金＋非支出費用

素直にプロジェクトを評価するのであれば，こう計算するのが普通だと思います。

ただ，出題者は「プロジェクトZを採用することによって『増加する』各期のキャッシュフローを計算せよ。」と求めてます。遊休設備の減価償却は本件プロジェクトを実施しなくても発生しているので，純粋に「テストの問題を解く」観点から言えば，「遊休設備の減価償却による節税効果」は，このプロジェクトを採用することにより増加したキャッシュフローではありません。それに，他事業の損失があれば，節税効果は発生していない可能性だってあります。従って，橋詰の解答のように計算するのが「テストの解答」としては正しいと思います。

設問2

両プロジェクトの正味現在価値を計算して（a）欄に記入し，採用するべきプロジェクトについて（b）欄に○印を付けよ。なお，計算においてはかねてより同社が採用している資本コスト10％を適用し，プロジェクト以外の事業活動からの税引前当期純利益はゼロであるとする。解答にあたっては，金額単位を百万円とし，小数点第2位を四捨五入すること。

割引率10%の現価係数表

年	1	2	3
現価係数	0.9091	0.8264	0.7513

【橋詰がたどりついた答案】

（b）「プロジェクトEに○をする。」としました。

プロジェクトZの計算

（単位：百万円）

	当初投資時点	×3期	×4期	×5期	
売上（現金収入）		100	100	100	
費用（現金支出）		70	70	70	
減価償却費					
利益		30	30	30	
税金		9	9	9	
税引き後利益		21	21	21	
投資額	20	5			
税引後CF（ケース1）	−20	16	21	21	（a）
現価係数	1	0.9091	0.8264	0.7513	現在価値計
現在価値	−20	14.5456	17.3544	15.7773	27.7

プロジェクトEの計算

	当初投資時点	×3期	×4期	×5期	
売上（現金収入）		100	250	250	
費用（現金支出）		70	150	150	
減価償却費g					
減価償却費h		16	16	16	
利益		14	84	84	
税金		4.2	25.2	25.2	
税引き後利益		9.8	58.8	58.8	
投資額	90	20			
税引後CF	−90	5.8	74.8	106.8	(a)
現価係数	1	0.9091	0.8264	0.7513	現在価値計
現在価値	−90	5.27278	61.81472	80.23884	57.3

解　説

基本的な考えは，下記の通りです。（計算過程は上記表をご参照）

①各期の税引き後利益を求めて，減価償却分を加算して，投資額を減算することにより，各期のキャッシュフローを求める。

（最終期のキャッシュフローには新規設備投資分の残存価格を加算するのを忘れないように）

②それぞれのキャッシュフローに原価係数を掛けて，現在価値を計算する。

③現在価値の和から当初投資額を引いて，プラスになれば実施，マイナスになれば不実施。プラスの大きい方を採用する。

④両方プラスになるが，現在価値のより大きいプロジェクトEを選択する。

設問3

設問2においては正味現在価値によってプロジェクトの収益性を評価したが，D社の財務状況に鑑みて，プロジェクトの流動性を検討するべきである。適切なプロジェクトの評価指標を計算し，両プロジェクトについて比較せよ。

【橋詰がたどりついた答案】

「借入が多く安全性に課題のあるD社の投資には，流動性の観点で投下資本の早期回収が望ましく，回収期間法による回収期間を評価指標とする。

プロジェクトZ：1+(20−16)÷21　　　　=1.190年
プロジェクトE：2+(90−5.8−74.8)÷106.8=2.088年
プロジェクトZの方が回収期間が短く，望ましいと判断する。」

解　説

設備投資の評価法としては

①正味現在価値法（NPV法）
設備投資により得られるキャッシュフローの現在価値の合計額から初期投資額を差し引いた額がプラスならば採用するという投資評価基準

②内部収益率法（IRR法）
投資の正味現在価値をゼロとする内部収益率が資本コストを上回る場合に投資を実施すべきという投資評価基準

③回収期間法
投資の回収期間を計算し，回収期間の短い投資案を採用すべきという投資評価基準

④収益性指数法（PI法）
設備投資により得られるキャッシュフローの現在価値の合計額を初期投資額で割り，その比率が大きい投資案を採用べきという投資評価基準

の4手法があります。

まず，①は当然除外して，②も計算が大変なので想定されていないものとして除外します。ここで，③回収期間法と④収益性指数法のどちらを選ぶかですが，出題者は「D社の財務状況に鑑みて，プロジェクトの流動性を検討するべきである。」と制約条件を入れてきてます。すなわち，「D社は借金が多いのでチャッチャと回収できるプロジェクトを採用すべきである。」と出題者は考えているのです。従って，流動性=「プロジェクトの元を如何に早く回収するか」の観点からの評価手法である「回収期間法」が選択されます。

収益性指数法でも，プロジェクトZを選択することになるのですが，流動性の観点を説明しにくいと思います。

第4問（配点12点）

X社はD社にとって主要な取引先であり，D社の受注全体に占めるX社から

の受注割合が大きい。この点に関して，下記の設問に答えよ。

設問1

X社のような大口取引先の存在は，D社にとってメリットもあるがデメリットもある。どのようなデメリットがあるか，30字以内で述べよ。

設問2

設問1におけるデメリットを解消するための方策として，環境関連製品の製造・販売をすることの意義を30字以内で述べよ。

【橋詰がたどりついた答案】
（設問1）
「特定取引先の交渉力・意向・業況に左右され，経営が不安定となる。」
（30字）
（設問2）
「異なる需要動向や顧客増加で大口取引先への依存度低下し経営安定。」
（30字）

解　説

設問1と2は表と裏ですね。設問1で解答したデメリットを設問2で解決できることを書けば良いです。大口の特定取引先を有していることは，安心材料である反面，その取引先を失った際の経営リスクは死活問題になります。力関係でも劣位となり，取引条件交渉も有利に進められません。やはり，異なった取引先，事業分野を確保しておくことが，事業ポートフォリオの観点から望ましく，経営の安定化につながると思います。そういったことを各30字に詰め込みました。

第3編

勉強法，ノウハウ，チョッとお得な情報

1 勉強の進め方

1. 日常的な勉強について

① 一番鍛えるべきなのは，相手の話を聞く力（ニーズを探る力）。

1次試験の合格者は，既にコンサルタントとして必要な知識があることは証明済みです。ですから，2次試験で求められるのは，適切な現状分析とあるべき姿の設定，そしてそのギャップを埋めるための提案・助言をするための能力です。

その中で，もっとも重要なのは「相手の話を聞く力」。言いかえれば，クライアントから伝えられる情報を適切に整理する能力です。2次試験ではその能力を測るため，整理された情報をわざとバラバラにして与件文を作成し，設問文を使って整理させ，ゴールを設定させ，提案させます。

ですから，まずはバラバラに提供された情報を整理する能力を高める必要があります。すなわち，クライアントのまとまりのない話の中から，客観的に現状を見極め，あるべき姿やニーズを探る力を試される試験なのです。

ただ，実際の試験では情報を提供してくるのは出題者であり，学者さんです。2次試験は学者さんが作る「箱庭の世界」の出来事ですので，2次試験の勉強とは，「出題者の意図を探る力を身につける『訓練』」ということになります。

従って，受験生がなすべきことは，与件文・設問文から，出題者が，どんな解答を望み，書かせようとしているかを大きくはずすことなく絞込み・固めることです。

2次試験の世界では，あなたが如何に優秀な能力を持ち画期的なアイデアがあろうと，それが必ずしも有利には働きません。かえって有害無益だったりします。この試験は「官製コンサルタント選抜試験」と割り切って，出題者の意図を汲み，出題者の望む答案を作ることができるかどうかが合否を分けます。

② 過去問分析に勝る対策なし

2次試験において，過去問分析に勝る対策はありません。過去問は，出題者が長い時間をかけて作り込んできたものです。失礼ながら，受験機関の事例とは到底比較にならない精密さです（たまに不思議な問題もありますが････）。

従って，まずは過去問を時間制限なしで解いてみることから始めましょう。

過去問は新制度になった平成13年から数えても19年分あります（本書掲載の過去問だけでも過去5年分20事例あります）。過去問を順々に解きながら，手順を固めていって，最終的に初見の過去問を80分で『正解』にまで導けるようになるのが理想です。

でも，『正解』は発表されないし，受験機関ごとの模範答案はバラバラ。協会の出題の趣旨は抽象的でよくわからないし，どうすれば基準となる『正解』を手に入れられるのでしょうか?

私は，「ふぞろいな合格答案」（同友館）シリーズの模範答案をできる限り集めました。

試験を実施する診断協会から『正解』が発表されないなか，最も『正解』に近いと思われるのは，採点者の厳しいフィルターを通った『合格者の答案の共通部分』。それを集めた「ふぞろい」の解答が，最も信頼度が高いと判断しました。

合格した年の春には，買いそろえられる限りの「ふぞろいな合格答案」シリーズを買い集め，その答案をながめながら，「どうやったら与件文・設問文から，この『ふぞろい』の模範答案にたどりつけるか?」を考えておりました。たとえば，「与件文や設問文にこのキーワードが出たら，こう答える」と決めて対比表を作ったり，そのための与件文の読み方や設問文の分析の仕方，答案の書き方等の手順を考え，その手順を固めることが合格への一本道と考えて勉強しておりました。

そうやって，正解を導く手順を固め「過去問を解くたびに毎回答案が異なる」なんてことがなくなれば，『合格』はもう目の前と言えます。

③ 80分間のマネジメントを身につけること。

前述のとおり，2次試験の勉強は，80分間で与件文・設問文を分析し，出題者の意図を読み取り，解答欄をすべて埋める「技術」の訓練です。いくら与件文・設問文を正確に分析・解答ができるようになったとしても，80分以内にアウトプットできなければ合格はできません。そして，最近の事例問題は，初見で全問緻密に対応したとすると，とても80分で完全解答できるようにはなっておりません。

従って，事例問題を解くにあたっては，

・設問の取捨選択

・仮説思考によるショートカット

・80分間を「設問を分析する時間」，「与件を読む時間」，「メモする時間」，「答案用紙を埋める時間」に分ける時間配分
・不測の事態が発生したときの対応法の確立
等のタイムマネジメントが非常に大切になります。

80分という限られた時間の中で，極限状態でのタイムマネジメントを行い得点を極大化するためには，事例を解くにあたっての手順を身につけ，固めることです。

年に1回の2次試験で，緊張しない人はいません。普段考えていることが思いどおり行かないのはもちろん，ちょっとしたハプニングで頭が真っ白になったりします。一度パニックに陥ってしまったら，客観的な分析・解答ができなくなるばかりでなく，突拍子のないアイデア答案（私はこれを「悪魔のひらめき」と呼びます）が浮かび「これに違いない」，と思い込んだりします。

そうなってしまったら，取り戻すだけの時間はありません。それを防止するための手段が，「手順を徹底的に固めること」です。

まずは一通りやってみる
→それが，80分で機能できればOK
→80分で機能しない場合，少しの頑張りで機能するのであれば，訓練をする
→80分で機能しないと判断すれば，手順を組み直す

何度も言いますが，そうやって，解答技術を訓練するのが2次試験の勉強と考えてください。

ちなみに，私は，
試験開始から
・設問文分まで5分
・与件文読み1回目まで15分
・与件文読み2回目まで30分
・骨子を作るまで40～45分
を目安に時間配分をしておりました。

答案用紙記入に35～40分かかるので，最終期限として「残り35分になったら骨子ができていなくても書き始める。」と決めておりました。

また，問題の取捨選択については，

・抜出系，分析系の問題は下書きをして字数合わせもして精密に対応する
・助言系・提案系の問題は，答案骨子を中心に論理を大切にして解く
・みんなできないと思われる問題や推定問題で答案がひとによりバラバラになりそうな問題は，部分点を狙ってラフに解く，いわゆる「捨て問」と考える

と決めて対応しておりました。

2. 過去問以外の新作問題について

個人的には，過去問を徹底的に分析すれば大丈夫と思いますし，受験経験の浅い方は過去問以外にチャレンジする時間もないかと思いますが，過去問に飽きた方は「月刊企業診断」（同友館），「受験機関の答練問題」等の新作問題を80分間でやってみると良いと思います。

ただし，作り込みが雑な問題もあります。ただ，ある意味難問ぞろいで新鮮ですし，タイムマネジメントの練習にはなります。

また，「70分で過去問を解いてみる。」のも有効です。キチンとした手順で過去問を解けば，事例Ⅳを除き，既知の問題でも60分程度はかかるものです。ただし，あくまで手順の確認や訓練という意味で取り組みましょう。

3. 計算と事例1つを毎日やる。

前述のとおり，2次試験の勉強は技術の訓練であり，身体に覚えさせる勉強です。やった時間数には必ずしも実力は比例しませんが，ブランクを作ると急速にスピードダウンします。

夏を過ぎたころからは毎日1事例，1計算問題を手書きで解かれることをおススメします。

2 必要な知識について

知識習得については1次試験合格で既に証明されていますので，2次試験に必要な知識はそんなに多くありません。「中小企業診断士2次試験合格者の頭

の中にあった全知識」＋「意思決定会計講義ノート（通称イケカコノート）」が頭に入ってれば多すぎるぐらいです。

これらの本に書いていない知識が出ても，おそらく現場対応で何とかなりますし，なんともならない問題はみんな解けない問題なので，合否にあまり影響はありません。イケカコノートは，公認会計士さん向けのテキストなので結構難解です。基本部分だけ理解しておけば十分でしょう。

ただし，知識については，単に覚えるだけでなく，その言葉が出されたら反射的に関連事項を並べられるレベルにまで習熟し，自分の言葉で説明できるレベルにまで理解をしていただく必要があります。

2次試験はあくまで論述試験ですので，「知識」は使いこなせるレベルである必要があります。橋詰は，本書の各章にある「必要知識の一問一答」をすきま時間に覚えたり，瞬時に解答する練習をしておりました。

3 よく使われる参考書について

2次試験対策用の参考書については，「本書があれば大丈夫!」と言いたいところですが，橋詰もこれまでいろいろな参考書にお世話になってきましたし，本書を書く際にも一部参考にさせていただきましたので，主なものについてご紹介させていただきます。

なお，コメントにつきましては「橋詰さんの個人的感想」ですので，あくまで参考意見として‥‥

①中小企業診断士2次試験ふぞろいな合格答案（同友館）

2次試験受験生必読の書です。本試験採点者のフィルターをくぐり抜けた答案が集められている唯一の書ですので，ここから抽出された模範答案が「もっとも正解に近い」と言っても過言ではないと思われます。ただし，キーワードごとに集計処理して，最も高い得点が取れている「データの集合体」ですので，論理的一貫性や「どうしてこの答案になるの?」という論理的な解説の部分は期待されない方が良いと思います。そういったことを差し引きしても「価値はダントツ」。私の最終的な受験勉強のゴールは，そろえられる限りの同書のバックナンバーを入手して，「どうやったら『ふぞろい』の答案を書くことができるプロセスを身に付けられるか?」でした。

② 2次試験合格者の頭の中にあった全知識（同友館）

この本も必読書の一つです。中小企業診断士2次試験に必要なまさしく「全知識」が掲載されています。この本に掲載されていない知識は，おそらく他の受験生も知らない知識ですので，出題されても致命的な差には結びつきません。受験にだけ限って言えば，知識量が多すぎ，深すぎるような気もしますが，「全知識」ですし，コンサルタントとして身に付けるべき知識という意味では，間違いない本です。与件文や設問文にキーワードやそれに類する事象が記述されていた際に，この本の記述を思い浮かべて答案に再現できるレベルになることができれば理想です。

③ 2次試験合格者の頭の中にあった全ノウハウ（同友館）

2次試験の「知ってお得な情報集」です。内容を覚えておいて損はありません。インターネット上で玉石混交の「受験ノウハウ，受験テクニック」が氾濫しているなか，「玉」に近いものだけを集めたものとして買っておくのも良いかと思います。

④ 中小企業診断士試験問題集2次の知識はこれ1冊!（AAS名古屋）

名古屋の2次専門受験機関が出版されておられるコンパクトで手軽な入門問題集です。事例ごとに知識問題各20問（全80問）＋ミニ事例問題8問と解答解説集です。シンプルですので，基本的知識の整理にも良いと思いますし，コンパクトながら中小企業白書にも言及しています。

⑤ 中小企業診断士2次試験事例攻略のセオリー（ダイエックス出版）

中小企業診断士2次試験の解法に真正面から取り組んだ良書です。論理的・戦略的な思考能力を鍛える18のセオリーを提唱しておられます。メソッドの考案者の方が5 年前に逝去され，現在は他の方が引き継がれておられます。事例問題を解くにあたっての「お約束事」が多いので，ズボラな私向けではありませんでした。最近，書店であまり見かけないことも残念です。

⑥ 速修2次テキスト（TBC中小企業診断士試験シリーズ）（早稲田出版）

初めて2次試験に取り組まれる方向けの演習書です。「抽象化」↔「具体化」

メソッドはやや難解ですが，直近の事例が取り上げられていることや知識部分も見やすく整理されていることも好印象です。4,000円を超えるのでチョッと財布には優しくないのが玉にキズ。

⑦ 中小企業診断士2次試験世界一やさしい答案作成術（同文館出版）

これもコンパクトな入門書です。SWOTはせず，国語的に「与件文の対応付け」で対応しようとされており橋詰とは流儀が異なるようです。平成23年初版出版後更新されてなく過去問も平成22年までですので，出題傾向が変わっていることを考えると，更新が待たれる本です。

⑧ 中小企業診断士2次試験事例Ⅳの全知識＆全ノウハウ（同友館）

「こんな本が受験時代に欲しかった」というテキストです。出題分野ごとに知識や過去問が整理されている参考書で，分野ごとに集中したブラッシュアップを図れます。事例Ⅳが苦手で強化したい受験生には推薦の書です。

⑨ 中小企業診断士集中特訓財務・会計計算問題集（TAC出版）

この本は受験時代にお世話になりました。何回もやっているとさすがに飽きますが，この問題集をしっかりやっておけば事例Ⅳの計算問題はコワくありません。TAC生に言わせると，TAC さんがネット販売している問題集はもっと良質とのことです。やはり，財務に関してはTAC さんの信頼度が抜群です。

⑩ 意思決定会計講義ノート（税務経理協会）

通称イケカコノート，そもそもが公認会計士試験用の上級者向けテキストです。中小企業診断士2次試験は管理会計・意思決定会計を取り上げることが多く，一時期の事例Ⅳの難問がこの本が取り上げている分野から出題されていたので，出題ネタ本とウワサされていた伝説の書です。取り上げられているレベルが高くかつ深いので，財務を苦手とする受験生が手を出すと財務アレルギーが悪化する危険性があります。例題で取り上げている数値の桁数も中小企業レベルではないので，診断士試験レベルであれば，「一通り浅く理解する」程度で十分なテキストと思います。財務を極めたい方が徹底的にされる分にはお止めしませんが，フツーの受験生には本書には少し触れる程度で，他の事例の強化をされることをおススメします。

4 受験機関について

1. 受験機関の選び方

受験機関ごとにいろいろな個性があります。正攻法型，キーワード詰め込み型，国語重視型などアプローチは様々です。不思議なことに正攻法型機関が必ずしも合格率が高いわけではなく，かといって，キーワード詰め込み型受験機関とは流儀が合わない方もいらっしゃると思います。また，文の書き方から指導してくれる受験機関もあります。

資格取得のための試験と割り切るか，真正面から取り組むかによっても通うべき受験機関が異なりますし，1年間お世話になる受験機関ですので，いくつかの受験機関のガイダンスを聞き歩いたり，先輩診断士の方からお話を伺って，ご自身に合ったところを探すことです。

ここで，たった一人での「完全独学」はお勧めしません。

現在は，インターネットを中心に情報があふれかえっており，適切な道を自分ひとりで見つけることのできる方もいらっしゃいますが，客観的に自分を正してくれる指導者や仲間がいない中で，誤った手法を身に付けてしまうと「不合格への一本道」をまっしぐらです。

やはり，金銭的に許せば受験機関の指導の下で勉強した方が，効率的にノウハウを取得できますし，誤りも正してもらえます。そして，何よりも代えがたいモチベーションの源になる，お世話になった先生と励ましあえる受験仲間ができます。

2. 模擬試験について

時間と予算が許す限り多く受験しておくことをおススメします。2次試験の勉強とは，言うなれば「技術の修得」です。可能な限り本番形式の訓練機会を経験しておくことが，上達の秘訣です。

ただ，結果には一喜一憂しても仕方ありません。受験機関によって傾向や採点方針が異なりますし，本番とは問題の質も違います。それに，本番に一番近い時期の模擬試験でも，本番の1ヶ月以上前です。その間に相対的順位はドンドン変っていきます。ことに1次試験後のストレート生の実力は目覚しい勢いでUPしてきます。これまでも，模擬試験上位者が不合格になったケースなんてザラですし，橋詰も某模擬試験で全国11位になった年に不合格の憂き目にあいました（なんの自慢にもなりませんが‥‥）。

模擬試験はあくまで本番のシミュレーションと割り切り，いろんなことを試してみることをおススメします。

「成績が悪かった時には，素直に『何が足りなかったのか?』を冷静に分析し，良かった時には油断せず。」が肝要です。

5 勉強会について

上述したように，中小企業診断士試験2次試験の勉強は，ひとつ道を誤ったら不合格に向かってまっしぐらなので，自分を客観的に批判してくれる人，異なった見方をする人，勉強仲間の存在は本当に貴重です。そういった意味で，特に初学者の方については受験機関に通うことをおススメしますが，2回目以降の受験生の方については金銭的な負担も高いですし，同じ受験機関に2回通っても新しいノウハウを修得できるわけではありません。そういった方については，先輩診断士さんが主催する勉強会の門を叩いてみましょう。大規模なところでは東京・名古屋・大阪で勉強会を主催する「タキプロ」さんがありますし，わが「経士会勉強会」もそういった勉強会の一つです。特に，独学の方にとっては，勉強会は道しるべとできる存在になると思います。

ここで，受験生の方だけで運営される勉強会は，「遠慮しあったキズのなめあい」や「誤った道への一本道」へとなるリスクがあります。事情が許すかぎり中小企業診断士さんが適切に指導してくれる，キチンとした議論のできる勉強会への参加をおススメします。勉強会についても，雰囲気が様々ですし，「合う」「合わない」がありますので，受験機関同様いくつかの勉強会に，足を運んで，ご自身にあった勉強会を探してみることです。関西の方であれば，（手前ミソですが‥‥）当然，「経士会勉強会」は自信をもっておススメします。

6 おススメのWEBサイトについて

① 中小企業診断士試験一発合格道場

http://rmc-oden.com/blog/

ストレート合格者やそれに近い優秀な方々が運営する中小企業診断士受験支援ブログです。1次試験・2次試験ともにノウハウ満載でほぼ毎日更新。ぜひ毎日見たい秀逸なブログです。

② タキプロブログ合格者が伝える中小企業診断士試験突破のノウハウ

https://www.takipro.com/

こちらも，合格者ボランティア支援機関のタキプロさんのブログです。2次試験のノウハウ紹介が中心で，更新回数が多く（1日2回），セミナーや勉強会の告知等もあり，オフサイトの支援も充実してます。

③ 中小企業診断士鷺山はるこのブログ「Si.Eccolo（スィ，エッコロ）

http://blog.livedoor.jp/sagiyama_nagoya/

受験機関AAS名古屋の名物講師，鷺山はるこ氏のブログです。毎日更新。身近な題材を中心に楽しく2次試験への心構えを教えてくれます。文章は「肝っ玉母さん」ですが，実際の先生は小柄な優しい方です。

④ ふぞろいな合格答案公式ブログ

http://fuzoroina.com/

「ふぞろいな合格答案」プロジェクトが主催するサイトです。昔は情報量が少なかったのですが，最近は毎日更新されており，情報量も多くなってきています。再現答案を送ると採点して返却してくれたり，オフサイトセミナーの告知があったりしますので，橋詰も受験時代に時々見てました。

7 ちょっとしたノウハウについて

1. 文字数の合わせ方

書き直しは最大の敵（時間のロス）ですので，極力下書きをしてから解答用紙に記入することをおススメしてますが，文字制限のある論述問題は文字数を合わせるのが結構面倒です。慣れれば，一論点30文字～40文字見当で，論点の数から概算できますが，いちいち数えるのも大変です。「10文字ずつ数えながら書く」とか「5文字書いてスペースを一つ空ける」とか，いろんな工夫をされる方もいらっしゃるようです。

私は，解答用紙の上に，問題用紙の2ページ目にある白紙を重ねて，そこに透かし写った解答用紙のマス目の上から下書きしてました。そうすると，字数を意識しなくても字数を合わせた下書きが可能になります。

満点狙いの設問では必ず行い，あとは時間が許す限り行ってました。それにより，解答の精度も上がるし，再現答案も作りやすくなります。

2. 文房具の使い方

① 色分け用の筆記用具について

色分け用の筆記用具については，十人十色のやり方があるようです。まったく使用せずシャーペン1本で記号をつけて対応付けする方，設問の数だけの色のマーカーを器用に各指に挟んで，与件文をレインボーカラーに塗っている方など様々です。

私は，4色ボールペンとマーカー2本を使用して，4色ボールペンでSWOTの色分け，マーカーで課題・社長の思いをピックアップしてました。そして，「光る言葉」を鉛筆でグリグリッとするのが好きでした。

過去には7色マーカーを使っておりましたが，マーカーでの設問対応付けは自分にとって記憶への刷り込みが薄く，与件文と設問文を何度も往復する時間のロスを強く感じたので，メモ書きによる対応付けに変更しました。

感覚の問題なので，自分にあったやり方で良いと思います。

② シャーペンの芯はBか2Bで

手書きで40分間書き続けるのは，結構握力を使うものです。シャーペンは，濃い目の方が必要な力も少なく，消しゴムで消すのも簡単です。某有名ジャーナリストは，「速記用0.9mm（2B）」をススメられていましたね。ご興味のある方は試してみてはいかがでしょうか？

③ 消しゴムは，事例の数だけ柔らかい真新しいものを

書き直しは「最大の敵」といいながら，そうは言っても本番では発生するもの。書いた後で，誤字が発覚することもあります。他の字に影響を与えないように消すエリアを最小限にするには，真新しい角の尖った消しゴムを多く用意した方が良いと思います。

④ 置いてブラインドタッチできるルート計算付電卓を常に机上に出しておく。

平成25年から事例Ⅱで計算問題が連続して出されております。念のため事例Ⅰから机の上に出しておいた方が無難です。

（万一の場合は，手を上げて試験官に頼めば，試験官立会いの下で出すことができますが‥‥）

また，事例Ⅳでのバラツキの問題でルート計算を使う可能性もあります。そして，五本指でブラインドタッチできるものの方が，計算が速く，正確です。

3. 直前期（2週間前ぐらいから）の心得

① 体調管理は万全に

とにかく，年に一度の大勝負。これまでの勉強は，ひとえに試験当日に実力を最大限に発揮させるための技術の磨き上げです。従って，当日のコンディション整備が何よりも重要です。

2週間前ぐらいから，生活リズムを夜型から朝方に変え，なるべく早く寝るようにしました。何があっても風邪は引かないこと，右手を怪我しないこと，生ものは食べない等食事にも気を遣われる方が多いようです。

② 感覚を鈍らせない

直前期になったら，実力的にはもうそんなに伸びません。あせっても仕方ありませんので，せいぜい必要知識の再確認程度ですが，それでも感覚を鈍らせないため，1日に事例1件，計算問題1問は続けた方がベターです。

③ ファイナルペーパーについて

作成する人もいれば，しない人もいます。対策がしっかりできていれば，不要かもしれません。でも，人間は不安になるものです。覚えていることでも直前に見返せば，不安を和らげる作用はあります。

私は，各章についている各事例ごとの「一問一答」と

「心得10か条」

・油断大敵！

・支えてくれた人々のために絶対合格！

・文字は，一文字残さず全部読む！

・与件文と設問文に徹底的に忠実に！

・骨子（メモ）から書く！言葉がハネ出したら，一呼吸！

・ゆさぶり問題は，あるもの。動じるな！

・捨て問はみんなできない！骨子（メモ）と1次知識のみで書く！

・判らなくなったら，テーマと事例ごとのポイント，切り口にヒント！

・字は極力丁寧に！

・必ず，できる！

をファイナルペーパーに作り直して，当日唱えてました。

4. 当日の過ごし方について

① 仲間とのコミュニケーションについて

当日だけは，挨拶程度にとどめましょう。口を開けば，だいたい前の問題の出来のお話になるもの。不安が増すばかりです。激励に来られた先輩診断士や受験機関の講師の方に勝ち運を付けてもらうのは良いことですが，なるべく空き時間には，頭の休息とファイナルペーパー読みに努めましょう。

② 当日の飲み物・昼ごはん・おやつについて

飲み物は，エナジードリンクをペットボトルに移し換えて，机上において，事例Ⅰから合間に少しずつ飲んでました。朝から頭をフル回転させますので，事例Ⅳの時にガス欠にならないように，こまめにドーピングしてました。私は経験したことがないのですが，事例Ⅳの頃に思考能力が極端に落ちる感覚に襲われる方もいるようです。

昼ごはんは，おにぎり三つでした。重くなりすぎず，空腹は満たせるように。「眠くなるから」とバナナ1本という方もいらっしゃいましたが，私にはガス欠の方が恐ろしかったです。

そして，おやつはアーモンドチョコレート。事例の合間の休憩時間に毎回2，3個，口に放り込んでました。当日の脳力コントロールは万全にしましょう。

③ トイレについて

試験時間中にトイレ中座しないように，事例の合間の休憩時間に，ファイナルペーパー持参でこまめに行きましょう。出遅れると休憩時間中トイレの前で並んで過ごすハメになります。また，並んでいる間ボーっとして過ごすのも時間の無駄なので，ファイナルペーパーを持参しましょう。

④ 再現答案について

できれば当日，少なくとも2, 3日中に書きましょう。もうあきらめて，二度と受けない人は別ですが，受かった人は　どうせ口述試験までに作るハメになります。残念な結果となった方も，作ってLECさんや「ふぞろい」さんに提出しておけば，LECさんは試験発表までに評価して（評価はあまりあてになりません。ちなみに私のLECでの評価は「BBBB」でしたが, 実際は「AABA」でした。)，「ふぞろい」さんは，翌年忘れた頃に採点して返してくれます。

また，診断協会に情報開示請求をすれば，合格者に対しても不合格者に対しても点数まで教えてくれますので，再現答案と得点とセットにすれば貴重な資料になります。

あとがき

偉そうなことを並べてきましたが，私は，中小企業診断士試験2次試験を合格するまで数年かかってしまいました。そんな私を合格にまで引き上げてくださり著作の機会までくださった経士会勉強会の森藤会長や先輩診断士の皆様，同友館の佐藤さん，いろんな示唆を下さった同輩診断士や教え子である受験生の皆様，受験機関の先生方には，感謝の念で一杯です。

私の受験時代は，「中小企業診断士試験2次試験を深く理解できた」という意味においては，決して「無駄ばかりの期間だった」とは思いませんが，初めからキチンとした方法論を理解して臨んでいれば，決してそこまで時間のかかる試験ではなかったと，取り組み方については後悔しております。本書は後進の方々に，「私のような目に遇わずに済むように」という思いで作らせていただきました。

ただ，この本書の方法は，あくまで私が合格年度に実行して，たまたま上手く行った道です。そして，中小企業診断士2次試験は「ビギナーズラック」あり，「実力者落ち」のある，なんとも不可解な試験です。従って，結果として私の方法が本書を読まれている方のお役に立つかどうかは，保証の限りではありません。ただ，そうは言っても，この方法は，より安定的に受験機関の指導者の方や先輩診断士の方々に評価していただけた答案を作り出せたメソッドであり，合格後受験生を指導する中で，約4割〜6割の方を合格に導くことのできたメソッドですので，「役に立つ」と思っていただいたものは取り入れていただくと，「幾分かでも合格に近づいていただけるのではないか」とも，考えております。

そして，この関所さえ通ってしまえば，経営コンサルタントの卵として様々な方々と出会える世界が待っております。

お仲間になれる日をお待ちしております。

経士会中小企業診断士チーム勉強会
講師　橋詰 秀幸

監修のことば

この度は経士会中小企業診断士チームの勉強会に受験生として，また講師としても関わって頂いた橋詰秀幸さんが2次試験の受験生向けに前回に引き続き改訂版の本書を出版されたことは，当勉強会を主催する一人として大変嬉しく思っています。

前回の著書の出版のお蔭で当勉強会のテキストとして活用することができるようになり，勉強会の内容が充実し，大変ありがたく思っています。また書籍を読んだ受験生が勉強会に参加されるようになり，数多くの新たな出会いを頂き，勉強会が活気にあふれるようになりました。

当勉強会の発足については，平成23年11月のタキプロ関西主催の「よろず相談勉強会」に端を発しており，受験生の方から受験機関よりも費用面のハードルが低い独学者向けの勉強会を開催してほしいという要望に基づいて立ち上げたのが始まりです。その後平成24年4月にスタートし，足かけ8年間勉強会を続けさせてもらっています。

現在の勉強会は，グループディスカッションの形式を取り入れた過去問を中心にした事例演習を行い，毎年1月～7月の期間は月2回（第2・第4）日曜日に開催し，8月～10月の直前期については毎週日曜日に開催しています。

これまで当勉強会に参加した約150名の受験生の合格率は，平均4割程度という結果で推移していますが，6割の受験生が不合格になっているという現実があります。

当勉強会のゴールが2次試験の合格ではなく，中小企業の伴走者になれる診断士の育成で，一人でも多くの中小企業の経営者に寄り添った診断士を生み出せる場にしたいと考えています。現在の勉強会では実際のコンサルティングで行う方法を身に付け，2次試験に対処できる実力をつけてもらうことを目指しています。そこで重点的に行っていることは事例シートの作成を通じて，『現状分析→問題点の抽出→あるべき姿の設定→課題の設定→解決策の提示』の方法を受験生に身に付けてもらうことです。

橋詰秀幸さんのあとがきにもある通り，これまでの2次試験の受験や勉強会の講師を通じて得られたノウハウや知識，考え方を惜しみなく開示され，受験生の合格への道しるべを示した内容になっています。また今回当勉強会のメンバーが執筆に携わる機会を頂き，感謝とお礼をお伝えさせて頂きます。最後に本書を活用した受験生の方が２次試験に合格されることを願い，監修の辞とさせて頂きます。

経士会
会長　森藤 啓治郎

著者のご紹介

【監　修】

経士会

平成23年経営者と士業のマッチングを目的に発足。
現在は経営者のビジネスサポートを行う目的で，中小企業診断士チーム・社会保険労務士チーム等の分科会がサポートに携わっている。運営する会には約1,500名のメンバーが在籍し，これまで100回以上のセミナー・勉強会を開催，延べ5,000名以上が参加。
令和2年からは中小企業診断士チームを組織化し，コンサル事業，経営診断事業，講師・専門家派遣事業，出版事業，教育事業なども行っていくことになりました。
今後は受験生の入口から合格者，企業内診断士，プロコンまでの出口までを一気通貫で行い，中小企業の経営者の伴走役となる診断士の育成に取り組んでいきます。

【執筆者】

橋詰　秀幸

早稲田大学法学部卒。平成26年中小企業診断士試験合格，同年中小企業診断士登録。経士会勉強会講師はじめ，タキプロ東京・名古屋・関西で多くの受験生を支援し，4割〜6割の受験生を合格に導いた。三菱UFJ銀行で法人営業，融資，事業・資産承継コンサルタントを歴任し，現在は経営コンサルタントとして，事業承継，資金調達，M&A等の支援にあたっている。本書他補助金や経営に関する著書や雑誌への寄稿等執筆活動も積極的に行っている。
E-mail　handys97@gmail.com

2020年5月30日　第1刷発行

新版　中小企業診断士　2次試験　事例問題攻略マスター
与件文読み解き&手の届く答案作成のメソッド　第2版

©著　者　橋　詰　秀　幸

発行者　脇　坂　康　弘

〒113-0033 東京都文京区本郷 3-38-1
発行所　株式会社 同友館
TEL.03(3813)3966
FAX.03(3818)2774
http://www.doyukan.co.jp/

落丁・乱丁本はお取り替えいたします。　三美印刷／松村製本
ISBN 978-4-496-05480-8　Printed in Japan